"十四五"职业教育国家规划教材

高等职业教育交通运输与土建类专业"十四五"系列教材

铁路轨道检测技术

(第二版)

胡国喜　姜　凡◎主　编

赵　哲　张新安　张　莉◎副主编

陈　浩　韩春良◎主　审

中国铁道出版社有限公司

2025年·北　京

内 容 简 介

本书主要以铁路线路动态、静态检测为重点，依据相关技术标准、行业规范、作业方法等详细介绍了工务部门当前主要动、静态检测的设备和工具，并对每一种检测方式从原理、规章要求、现场作业技能、安全注意事项等方面进行了介绍，论述了轨道几何状态质量评定及病害分析检算方法，并结合实际案例对相关检测数据进行了分析。

本书可作为高等职业教育铁道工程技术、高速铁路施工与维护和城市轨道交通工程技术等专业教材，也可供相关技术人员和岗前培训与自学使用。

图书在版编目(CIP)数据

铁路轨道检测技术 / 胡国喜，姜凡主编. -- 2 版.
北京 ：中国铁道出版社有限公司，2025. 8. --（“十四五”职业教育国家规划教材）（高等职业教育交通运输与土建类专业“十四五”系列教材）. -- ISBN 978-7-113-32355-4

Ⅰ. U216. 3

中国国家版本馆 CIP 数据核字第 2025P5Q785 号

书　　名：铁路轨道检测技术
作　　者：胡国喜　姜　凡

策　　划：李露露
责任编辑：李露露　　**编辑部电话：**(010)51873240　　**电子邮箱：**790970739@qq. com
封面设计：高博越
责任校对：刘　畅
责任印制：高春晓

出版发行：中国铁道出版社有限公司（100054，北京市西城区右安门西街 8 号）
网　　址：https://www. tdpress. com
印　　刷：三河市宏盛印务有限公司
版　　次：2021 年 3 月第 1 版　2025 年 8 月第 2 版　2025 年 8 月第 1 次印刷
开　　本：787 mm×1 092 mm 1/16　**印张：**13. 5　**字数：**346 千
书　　号：ISBN 978-7-113-32355-4
定　　价：38. 00 元

第二版前言

QIAN YAN

根据国家职业教育发展趋势和社会需求，按照铁道工程人才培养目标的要求，本书在内容安排上，通过校企合作方式，与岗位任务对接、与生产过程对接、与职业标准对接、与职业资格证书对接，把企业的一线生产过程与教学过程密切结合，突出技能培养，以轨道检测的典型工作项目为载体，构建以实施为主导、以项目为主线的模块化课程体系。《铁路轨道检测技术》第一版自2021年出版以来，得到了许多读者的垂青，被多所职业院校选作教材，同时读者也对教材提出了许多建议和修改意见。

本次修订在参考国内外铁路轨道检测技术研究与工程实践资料的基础上，结合我国铁路检测维修特点，针对铁路轨道线路进行专业检测，通过静态检测、动态检测、钢轨探伤等现代检测监测技术加强线路检测，利用大数据提升智能化分析水平，实现对线路的智能分析，以掌握线路状态的变化规律，实施科学管理，并指导线路养护与维修，使线路处于良好状态，确保线路的安全运行。对铁路轨道检测相关的知识进行了归纳和提炼，并将其以基本原理和方法的形式融到全书的各个模块中。从轨道设备检查内容上完善和更新了轨道设备静态检查工量具中铁路轨道检查仪的内容。在轨道设备动态检查部分，结合最新的设备资料更新了便携式线路检查仪和车载式线路检查仪的内容。结合最新的内容，适应线路上对钢轨检测的需要将原来的模块四无损检测技术更改为钢轨状态检查与探伤检查，系统介绍了铁路线路维修当前主要检测设备和工具的作业方法、操作步骤以及静态检查的项目和技术标准、动态检查的发展及分析等。本次修订采用了最新的数据和相关铁路动静态技术标准资料。

本书由包头铁道职业技术学院胡国喜、姜凡担任主编，包头铁道职业技术学院赵哲、张新安、张莉担任副主编，内蒙古伊泰呼准铁路有限公司陈浩、包头铁道职业技术学院韩春良担任主审。参与本书编写的有：包头铁道职业技术学院逄宇、陈贵叶、于涛、陈昊、李杰、李智、刘文晓、李旸、张喆，中国铁路呼和浩特局集团有限公司包头工务段特级技师柴永强、呼和浩特工务段卜易天，中国铁路上海局集团有限公司上海工务段张沛，黑龙江交通职业技术学院曲宏伟、徐明，广州铁路职业技术学院申富林，河北轨道运输职业技术学院陈文帅。具体编写分工如下：赵哲、陈文帅承担模块一的编写，胡国喜、姜凡、于涛、陈昊、逄宇、陈贵叶、张莉承担模块二单元一、单元二的编写，张新安、姜凡、张沛、陈文帅、张喆承担模块二单元三的编写,姜凡、李旸、曲宏伟、徐明承担模块二单元四的编写,赵哲、姜凡、卜易天、柴永强承担模块三单元一～单元四的编写,赵哲、张沛承担模块三单元五的编写,姜凡、刘文晓承担模块三单元六的编写,赵哲、卜易天承担模块三单元七的编写,柴永强、李杰、李智、刘文晓、李旸承担模块四的编写。

本书在编写过程中,得到了包头铁道职业技术学院、中国铁路呼和浩特局集团有限公司、中国铁路上海局集团有限公司上海工务段等相关院校和有关企业领导的大力支持,在此表示衷心感谢。

由于作者编写水平有限,书中难免有不足之处,敬请批评指正。

编　者

2025年4月

QIAN YAN 第一版前言

随着我国铁路运输任务的逐年增加，铁路轨道设备变化周期加快，养护维修任务加重，以工区为主体的生产模式已不能满足当前铁路设备的维修管理。所以线路维修推行检、养、修分开，进一步优化设备修程修制，以便延长设备修理周期。围绕天窗修，合理调整生产力布局，优化维修作业组织模式，积极开展集中修理，充分利用好天窗、人力和机具等生产资源，大力提高作业效率和作业质量。

检、养、修分开后，深入落实"检重于修、严检慎修"的理念，线路维修将线路设备的检查放在首要位置，规范工务设备的检查分析工作，提高设备修理的针对性、计划性和科学性，使工务设备始终处于可控状态。

为了不断创新高等职业教育办学机制体制，深化教育教学改革，提高人才培养质量和办学水平，全面提升高等职业教育服务经济社会发展，加快高水平示范性职业院校建设，提升专业技术能力，更好地培养高素质高技能人才，本书以铁路轨道检测的动态、静态两个大项为学习内容，结合当前国内铁路设计及检修方面的规范、标准，详细地介绍了铁路线路维修当前主要检测设备和工具的作业方法、操作步骤以及静态检查的项目和技术标准、动态检查的发展及分析等。

本书由包头铁道职业技术学院胡国喜、姜凡担任主编，内蒙古伊泰呼准铁路有限公司陈浩、包头铁道职业技术学院张新安、张莉担任副主编，包头铁道职业技术学院韩春良担任主审。参与本书编写的有：包头铁道职业技术学院逵宇、陈贵叶、于涛、陈昊、赵哲、李杰、李智、刘文晓、李旸、李宗哲，内蒙古伊泰呼准铁路有限公司高云、陈海军，中国铁路上海局集团有限公司上海工务段张沛，黑龙江交通职业技术学院曲宏伟、徐明，广州铁路职业技术学院申富林。

具体编写分工如下：赵哲、陈海军承担模块一的编写，胡国喜承担模块二单元一的编写，胡国喜、姜凡、于涛、陈昊、逵宇、陈贵叶承担模块二单元一、单元二的编写，张新安、陈浩、张沛、高云、申富林、李宗哲承担模块二单元三的编写，曲宏伟、徐明承担模块二单元四的编写，张莉、李杰、李智、刘文晓、李旸承担模块三的编写，陈浩、姜凡承担模块四单元一～单元四的编写，赵哲、张沛承担模块四单元五的编写。

本书在编写过程中，得到了包头铁道职业技术学院、内蒙古伊泰呼准铁路有限公司、中国铁路上海局集团有限公司上海工务段等相关院校和有关企业领导的大力支持，在此对他们表示衷心感谢。

在本书的编写过程中参考了大量的文献资料,在此对文献的作者表示衷心的感谢和敬意。

由于作者学术水平、教学经验和写作能力有限,书中难免有不足之处,敬请批评指正。

编　者

2020年12月

MU LU

目录

模块一　线路设备管理与维修体制改革

引子

随着社会经济的发展，铁路运输任务的逐年增加，铁路设备周期变化快，维修任务重，所以对铁路线路养护和维修提出了更高的要求，因此，做好铁路线路维修管理是至关重要的。尤其是现代铁路的发展以及铁路建设环境的多样性给工务线路维修工作带来了一定的困难。为了更好地满足现代铁路的养护维修要求，需从维修理念及作业方法上改变原有的维修模式，以提高铁路线路维修的整体水平和效率。

岗位要求

工务系统是铁路“车、机、工、电、辆、供”联动系统中的主要子系统，作为线路工等技术人员，工作中不仅要具备认知轨道结构的能力，同时也应该全面了解和掌握线路维修管理制度及规则。

学习目标

【知识】

熟悉生产组织模式的基本含义、职能以及职能划分。

【技能】

能够按照“4＋2”生产组织模式组织生产。

【素质】

1. 树立正确的职业态度与责任意识；
2. 培养工匠精神与创新思维；
3. 提升团队协作与沟通能力；
4. 关注铁路行业的新技术、新政策，培养自主学习和持续发展的能力。

《普速铁路线路修理规则》(TG/GW 102—2019)中规定，优化劳动组织，实行检、养、修分开，大力推进检测、修理专业化建设；积极推行工务、电务、供电等专业日常维修一体化管理，促进专业管理和综合管理融合。线路设备修理实行天窗修制度，铁路局集团公司应安排足够数量的天窗，以满足线路设备修理的需要。大力推广“集中修”。

工务专业为全面深化维修体制的改革，切实强化生产组织管理，发挥车间安全生产的主体作用，采用了先进的“4＋2”生产组织模式，改变了以前无依据、无调查、无方案，随意分散的作业模式，提升了工务安全生产管理水平，提高了安全风险防范能力，建立了良好的安全生产秩序,发挥了“检查工区”在生产中的设备质量分析、工作量调查、生产计划建议三大职能,准确定位了线路工区职能,实现了设备安全受控、作业安全受控、消灭无效作业、消灭有害作业、减少点外上道作业、延长设备修理周期。

单元一　线路设备管理

线路设备是铁路的基础设施,直接影响到铁路运输的安全与效率。对铁路线路设备的有效管理,一直是国内外铁路工作者的研究重点。不断优化生产组织,夯实安全基础,保障线路的安全运营,抓好线路的检、养、修管理,确保提速安全。实现线路质量均衡提高,全面提升安全保障能力。

一、线路设备修理

线路设备修理的基本任务是通过科学合理和经济的维修策略,保持和恢复线路设备安全性、可靠性。

(一)线路设备修理概念

线路设备修理分为线路设备大修和维修。线路设备大修是为全面恢复和提高线路设备固有可靠度而对线路进行的大规模修理。线路设备维修是根据线路设备变化规律,维持列车以规定速度安全和不间断地运行而对线路进行的日常维护和小规模修理。

(二)线路设备修理方式

线路设备修理采用周期修与状态修相结合。线路设备大修以周期修为主,线路设备维修以状态修为主。

(三)线路设备修理原则

线路设备大修应按照“运营条件匹配、轨道结构等强、修理周期合理、线路质量均衡”和“全面规划、适度超前、区段配套”原则,根据运输需要及线路设备变化规律,及时对线路设备进行更新和修理,恢复和提高线路设备强度。线路设备大修项目原则上应按周期安排,并可根据设备状态评价结果合理调整。线路设备大修应由专业大修设计、施工队伍承担。

线路设备维修应坚持“预防为主、防治结合、修养并重、严检慎修”原则,根据线路设备变化规律,合理安排计划维修与临时补修,有效预防和整治线路病害,有计划地补偿线路设备损耗,保持线路设备完整和质量均衡,延长设备使用寿命,以取得较好的技术经济效益。线路设备维修项目原则上按状态评价结果安排修理。

积极推行机械化、标准化、信息化,提高修理质量和作业效率,确保作业安全。采用新技术、新设备、新材料、新工艺,改善劳动条件,提高作业效率,保证作业质量。

二、信息化管理

加快和完善铁路局集团公司、工务段、车间、班组信息平台和网络通道建设,按要求配置硬件和网络,确保系统运行环境要求。加强人员培训,提高工务技术人员信息化应用水平。积极应用大数据、物联网、移动互联网、人工智能等信息技术,推进线路设备全服役寿命周期信息化管理。

逐步建立健全信息管理系统,运用大数据分析,掌握设备变化规律,预测设备发展趋势,科学指导设备修理,合理控制设备修理成本。

推广应用铁路工务安全生产管理信息系统，做好数据采集，强化作业关键环节控制，实现对线路设备状态、安全生产计划和作业过程控制的动态闭环管理，及时消除设备隐患，不断促进工务管理水平的提升。

单元二　生产组织模式基本含义

一次日常维修作业可归纳为“检查、分析、方案、计划、整修、回检”六项重点工作。深入落实“检重于修、严检慎修”的理念，将检查、分析、方案、计划四项工作定为“4”，将整修、回检两项工作定为“2”，合起来称为“4＋2”生产模式。

“准确修”——重点要解决好检查、分析、方案、计划四项工作，做到检查要准、分析要准、方案要准、计划要准。

“精确修”——重点要解决好整修和回检两项工作，做到作业过程要精细，质量标准要高一档，验收回检严一格。

一、准确理解

“4＋2”生产组织模式为“管”＋“干”。生产行为六步走当中的前四步体现为“管”，后两步体现为“干”，二者关系为前后顺序关系，只有在“管”字上下足功夫，才能落实“干”。管的精力占70％，干的精力占30％，管好了就能干好了，真正实现由“以干为主”向“以管为主”的理念转变。

“4＋2”生产组织模式为“车间”＋“工区”。车间主要负责前四项工作的组织安排，强抓管理和生产组织；工区主要负责后两项工作，重点落实和执行作业与回检。只有这样，才能真正突出车间是生产组织的责任主体地位。

二、推行“4＋2”生产组织模式的必要性

（一）适应“天窗修”的需求

按照“行车不施工、施工不行车”的原则，“天窗”是工务专业最根本的资源，没有“天窗”就谈不上什么作业，生产就要中断。所以对待“天窗”这个资源不仅要管好、用好，还要全面适应。

（二）适应“专业修、集中修”的需求

为了进一步提高作业效率、作业质量，结合“天窗”资源，车间应大力开展区域集中修、加强专业修。例如，成段人工清筛道床板结冒泥地段、成段整治线路冻害、岔区人工打磨、接头冻结（胶接）等专业性较强、较集中的作业由车间统一集中安排、制定方案、组织实施。这样可以实现最大限度地减少上道作业频次，延长设备使用周期的目的。

（三）适应“检、养、修”分开的需求

为了深化维修体制改革，突出检查工作的重要性，根据“检、养、修”分开要求，结合新线陆续开通接管、开通运营，使设备等级与修理方法更加科学匹配，车间班组的设置将更加优化，检查工区、线路工区、维修工区职能分工将更加明确细化，推行“4＋2”生产组织模式势在必行。

（四）规范生产组织的需求

以生产有序、安全平稳为目标，按照管理层工作复杂化、作业层操作简单化的思路，涉及施工作业、Ⅰ级维修（普速区段开行路用列车及小型爆破开挖侧沟或基坑项目）的生产组织由段

技术部门负责实施。Ⅰ级维修的其他项目(普速区段更换道岔轨件及岔枕)、Ⅱ级维修作业由车间负责实施。车间应负责组织包括设备检查、月度和周生产计划编制、维修作业方案制定并跟班或带班作业、作业质量验收评价等在内的主要生产环节。班组在生产执行过程中必须清楚作业标准、作业程度,作业质量力求精益求精。只有理清了车间和班组的职能界定,车间组织生产才能逐步规范。

维修体制的改革,各级管理层必须要转变观念,确保车间主体作用的发挥,充分认识"4+2"生产组织模式,车间在生产组织管理过程中落实"检查、分析、计划、方案"4项工作,工区在作业中落实"作业过程卡控、作业质量回检"2项工作。

单元三　生产组织模式的职能组成

维修体制改革的关键要突出车间是生产组织的主体,车间各级管理人员需树立大工长意识,紧密围绕生产组织、专业管理、安全管理核心职能,推进"4+2"生产组织模式,提升车间的综合管理能力,突出发挥以下主要职能:

一、设备检查职能

消除设备管理盲区,实现设备检查按周期覆盖、质量受控的目标。车间组织制定月度周期检查计划,根据各项目检查周期,确定检查工作量和进度计划。

二、设备病害分析和计划管理职能

车间组织生产技术室、检查工区每月召开设备病害分析会,编制月度生产任务计划。

三、作业计划、组织管理职能

车间依据月度计划,按照轻重缓急铺排周作业计划,组织检查工区、线路工区进行工作量调查,确定下周作业地点、作业项目、影响范围及配合协调部门;根据工作量、作业难度及维修项目等级确定由工区组织实施或采用车间集中作业模式,生成周维修计划。

四、设备质量管理职能

强化设备结构达标,均衡提升设备质量。一是以设备结构性病害整治为重点,车间在组织病害处理或进行临时补修时,要充分分析设备结构的病因,要大力整治结构性病害,把扣件、胶垫检查整修纳入维修重点工作项目管理,消除设备病害的结构性源头问题。二是积极推行"状态修",避免欠维修和过维修,提高作业有效性,杜绝盲目动道、无效作业、有害作业,均衡提升设备质量。三是落实好设备质保期。强化线路设备大修、大机维修和日常保养作业验收,确保作业质量达标,通过大力提高作业质量来逐步延长设备的修理周期,从而逐步减少重复作业和上道频次,全面提升作业效率。

五、专业技术管理职能

根据设备变化,做好设备图表和技术资料管理;根据质量管理要求,做好无缝线路、钢轨、曲线、道岔管理。

思政案例

在铁路运输系统中，线路设备如同铁路的“血管”，其状态直接关乎行车安全与运输效率。随着社会经济发展，铁路运量逐年攀升，列车开行密度不断加大，线路设备面临着周期变化快、维修任务重的严峻挑战。《普速铁路线路修理规则》(TG/GW 102—2019)明确提出“检、养、修分开”及“集中修”等改革方向，而工务系统推行的“4+2”生产组织模式，更是对传统维修模式的革新，要求从“以干为主”向“以管为主”转变，这背后不仅是技术流程的优化，更是对从业者职业素养与工匠精神的考验。随着京包线运量猛增，列车开行密度加大，造成道岔尖轨尖端离缝、转辙部分轨距超限等问题增多。中国铁路呼和浩特局集团有限公司集宁工务段线路工首席技师谢伟在检查管内红砂坝站 1 号道岔时，发现尖轨尖端离缝 5 mm，严重危及行车安全。针对这一隐患，他大胆采用“离几改几”整治法，使难题迎刃而解，有效防止了一起行车事故的发生。土贵乌拉站 9 号道岔连续出现影响列车安全运行的轨检车三级分，工区反复整修效果不佳。谢伟扎根现场检查，发现尖轨中部轨距小了 11 mm 是造成该道岔不合格的主要原因。为消除隐患，他前往道岔生产厂家查找资料，与厂方技术人员共商解决办法，对道岔进行“诊断”，确定“病根”，开出放劲归零调整法的“良方”。他还采取捣固、垫砟作业法，解决了福生庄站 2 号道岔尖轨翘头的难题，使这一道岔成为“星级”标杆道岔。

“失之毫厘，谬以千里”。正是因为这种工匠精神，谢伟与同事不到 2 个月就走遍了管内 48 个站场和近 1 200 km 铁道线，一寸一寸精确为 1 342 组道岔“把脉问诊”，对检查出的各类问题逐一整治，累计消除了管内 172 组道岔惯性病害，处理钢轨折断两起、钢轨重伤二十多起、胶接或冻结接头重伤二十多起，稳步提升管内线路整体质量，让旅客不仅坐上安心车，更坐上舒心车。

谢伟对待工作一丝不苟的精神中，深深地体现出新时代工匠精神与铁路工务改革的深度融合——它既是“检养修分开”制度落地的精神支撑，也是“集中修”“状态修”技术创新的动力源泉。在建设交通强国的征程上，每一组道岔的精准调整、每一米钢轨的状态维护，都需要像谢伟这样的工务人以“工匠之魂”坚守岗位，用技术创新破解难题，让“毫米级”的严谨成为铁路安全的坚实保障。树立正确的德行和态度是做好工作的前提，唯有将工匠精神融入生产组织模式的每一个环节，才能推动铁路维修体制改革行稳致远，为中国铁路高质量发展筑牢根基。

单元四　生产组织模式的职能划分

为了优化维修作业组织模式，积极开展集中修理，充分利用好天窗、人力和机具等生产资源，提高作业效率和作业质量，故对各级部门职责进行了划分。通过各部门联合整治，密切配合、协作，层层把控，降低设备故障率，提高天窗利用率，减少重复检修造成的天窗、人力、物力的浪费，对存在的问题及时解决，降低因工作计划不周、信息沟通不畅造成工区工作重复、工时浪费。

一、工务段

工务段的管辖范围：正线线路延展长度不宜超过 1 200 km，特殊情况下由铁路局集团公司规定。工务段下设安全生产调度指挥中心和线路车间、重点维修车间、综合机修车间、探伤车间等。

工务段内部设线路技术、安全、桥隧技术等若干专业科室，以及人事、财务、教育、行政等若干后勤科室。负责专业技术管理职能，做好日常设备技术台账更新工作；负责落实设备技术管理标准和各项作业标准。强化维修质量管理，对轨检车动态数据进行分析，结合静态检查，编制月度施工、维修轮廓计划；下达生产任务，对生产任务进行设备质量验收。

二、线路车间

线路车间负责管辖范围，正线延展长度单线以 60～80 km 为宜，双线以 100～120 km 为宜。线路车间下设检查工区、维修工区、线路工区。支线铁路可只设车间，不设或少设工区。作为组织维修生产的主体，负责维护管内设备质量状态，组织落实设备检查、巡视、验收，组织制定年、月、周施工维修计划，组织计划的实施，跟踪考核维修、保养质量等。

(一)检查工区

检查工区负责管辖范围内正线、到发线、道岔及其他线路的周期性设备静态检查和重点病害的调查、复核等，为分析线路质量状态，确定修理计划提供依据。

(二)线路工区

线路工区负责管辖内线路设备的检查、维修工作，消灭线路超临时、计划管理值的病害，及时更换重伤设备，补充更换零配件，清理侧沟，整治线路外观和线路标志，封闭网围栏的巡视和保养等。

三、桥梁车间

桥梁车间负责桥梁、隧道、涵洞的保养与维修。

四、重点维修车间

重点维修车间负责铁路线路的大中维修施工作业。

五、综合机修车间

综合机修车间负责机具检修、配件修理、辅助加工等。每个车间下设若干作业班组。

案例分析

工区生产依据的是车间编制的生产计划，工区作业的标准依据的是工务段相关的技术标准和作业要求。现场的生产管理是如何开展的呢？具体车间生产管理流程如下所述。

1. 设备检查。检查工区负责车间管内所有设备的检查工作，根据工务段检查周期对设备进行周期性检查，对发现的病害进行记录，并根据病害的严重程度形成病害库。

2. 计划的编制。车间负责工区的生产组织，工区的生产计划编制，维修工区的生产计划主要包含几方面内容：各类施工计划、年度生产任务、季节性重点工作、设备病害等，检查工区的生产计划主要根据检查工区月度固化周期进行编制。车间计划编制后，需要与电务、供电和车站进行平衡，最终形成正式的周计划下发工区。

3. 计划的执行。工区根据车间编制的周计划，编制日计划并组织实施。日计划包括作业地点、作业项目、作业人员、携带机具、防护设置等。现场作业由工区工班长负责，作业质量由带班班长进行回检。

4. 作业质量验收。段、车间对工区作业质量进行抽查，评定工区作业质量的有效率。

××公司综合车间包含工务、电务、供电专业，各专业每周在施工维修系统上统一提报周计划，各专业相互配合，日常维修一体化，促进了专业管理和综合管理的融合。

为了优化维修作业组织模式，积极开展集中修理，充分利用好天窗、人力和机具等生产资源，提高作业效率和作业质量。线路维修推行检、修分开，进一步优化设备修程修制，并且开发工务设备病害处理系统，如图 1-1～图 1-3 所示。

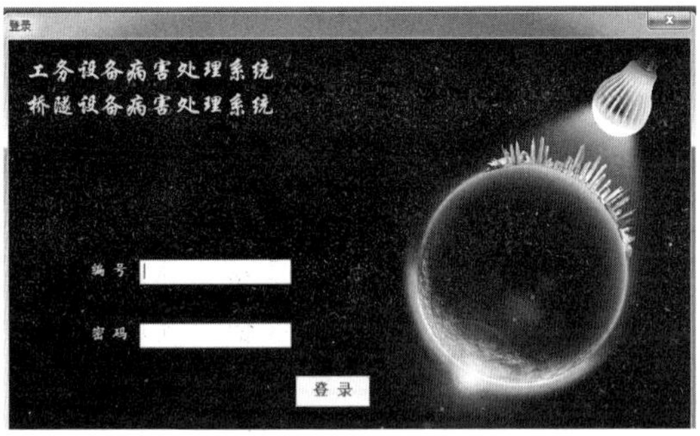

图 1-1　病害处理系统软件登录界面

图 1-2　病害处理系统软件进入界面

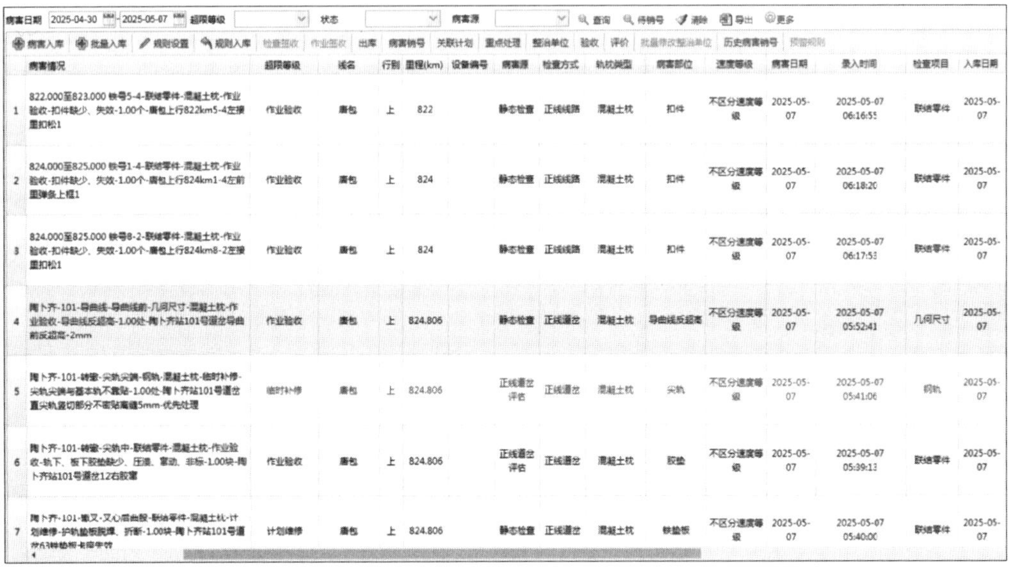

图 1-3　病害处理系统各级病害

检、修分开后，成立独立的检查工区，检查工区负责管辖范围内正线、到发线、道岔及其他线路的周期性设备静态检查和重点病害的调查、复核等，为分析线路质量状态、确定修理计划提供依据。

车间包保工程师利用病害系统查看包保工区管辖内各级病害，按照轻重缓急铺排周作业计划，确定下周作业地点、作业项目、影响范围及配合协调部门；根据工作量、作业难度及维修项目等级确定由工区组织实施或采用车间集中作业模式，生成周维修计划。

复习思考题

1. 日常维修作业可归纳为哪些重点工作？
2. 什么是准确修、精确修？
3. 实施“4＋2”生产组织模式的必要性是什么？
4. “4＋2”生产组织模式主要职能是什么？
5. 设备检查职能是什么？
6. 检查工区的主要职能是什么？
7. 线路车间的主要职能是什么？
8. 工务段的主要职责是什么？

模块二　线路设备静态检查

引子

线路设备检查是线路维修工作的主要环节。它是获得线路设备状态信息、掌握线路设备变化规律、编制维修作业计划和分析设备病害的主要依据。

为了掌握线路状态，提高线路质量，及时发现线路病害，研究病害形成的原因，并有计划的安排维修工作，必须对线路状态进行经常性检查。

岗位要求

线路设备检查人员要先学习线路设备检查的相关知识，熟悉所使用的工具，掌握作业安全、检查程序和检查方法。

学习目标

【知识】

1. 能够描述钢轨、轨枕、道床、联结零件、轨道加强设备的病害现象；
2. 能查阅钢轨、轨枕、道床、联结零件、轨道加强设备使用说明书和《普速铁路线路修理规则》，讨论分析病害原因，制定病害排除的检修计划；
3. 掌握轨道几何尺寸各项偏差管理值。

【技能】

1. 能根据检修计划，规范使用检测工具，找出病害点；
2. 掌握线路轨道静态检查的步骤和方法，能够熟练进行线路静态检查。

【素质】

1. 培养学生自主学习、分析问题和动手操作的能力；
2. 培养学生劳动意识；
3. 提高学生安全和创新意识。
4. 培养学生遵守规章、细致严谨、精益求精的工作态度。

线路设备检查是“4＋2”生产组织模式中“检查、分析、方案、计划、整修、回检”六项工作环节中最基本、最重要的环节。它是获得线路设备状态信息、掌握线路设备状态变化规律、编制线路作业计划和分析研究设备病害的主要依据。

为了掌握线路设备状态，提高线路设备质量，确保行车安全，必须对线路设备进行经常性、系统性检查。只有做好线路设备的检查工作，才能完成以设备质量保运输安全的根本任务。

根据线路设备变形的特点，线路设备检查分为静态（地面）检查和动态（轨道检查车、添乘检查仪或添乘机车、车载式线路检测仪)检测两种。静态检查与动态检测相结合,才能较全面地掌握线路设备状态。

单元一 线路、道岔设备的检查制度

铁路线路暴露在大自然中,并受机车、车辆和大自然的作用,设备的永久变形和部件的内部伤损随时都会产生,这就要求铁路工务工作者应按设备和季节的变化规律,认真执行各项检查制度。

一、基本要求

(1)线路检查应坚持“动、静态检查相结合,结构检查与几何尺寸检查并重”的原则。

(2)动态检查应以轨道检查车、综合检测列车和探伤车检测结果为主要依据,巡检设备、车载式线路检查仪作为动态检查的辅助手段。发现问题时,应结合现场静态复核,全面分析原因并及时处理。

(3)应积极采用先进的线路检查设备,提高线路检查质量,加强线路设备状态分析,指导线路维修作业。仪器检查的数据文件可作为检查记录,保存期不少于1年。

(4)仅运行货车且年通过总质量不大于3 000万t的线路检查周期由铁路局集团公司规定。

(5)运用现代检测监测技术,加强线路设备检测,运用大数据分析,科学指导修理。

(6)在山区、高原、严寒地区和遇有极端气候时,应加强重点线路设备检查和巡检,具体办法由铁路局集团公司规定。

二、静态检查制度

检查工区应有计划地对线路车间管辖线路设备进行月度周期性检查和重点病害的调查、复核,线路工区参加月度周期性检查。轨道几何尺寸以仪器检查为主,人工主要进行轨道结构检查。

线路设备周期性检查内容及周期介绍如下:

(1)正线线路检查

管内有轨道检查车每月检查时的正线要求:无砟轨道、混凝土枕线路轨道结构及几何状态每季检查不少于1次(轨道结构未检查的月份,当月设备巡检不少于1次);轨道检查车未检查的月份,线路轨道结构及几何状态当月检查不少于1次。木枕线路轨道结构及几何状态每月检查不少于1次,轨道结构薄弱地段、重点地段应增加检查次数。

管内有轨道检查车每季检查时的正线要求:线路轨道结构及几何状态每月检查不少于1次。

(2)正线道岔、调节器检查

正线混凝土枕道岔、混凝土枕或明桥面钢轨伸缩调节器轨道结构及几何状态每月检查不少于1次,正线木枕道岔、有砟木枕调节器轨道结构及几何状态每月检查不少于2次。

(3)站线线路和道岔检查

一般每6个月不少于1次,其中到发线、客车径路道岔检查比照正线道岔检查周期,具体由铁路局集团公司规定。

(4)曲线正矢检查

正线、到发线、客车径路曲线及岔后连接曲线正矢检查每季不少于1次,其他线路曲线正矢检查每6个月不少于1次。

(5)无缝线路位移观测

每6个月不少于1次,原则上春、秋季各1次,进行影响无缝线路稳定的作业后,应及时进行观测。

(6)重点地段检查

加强检查严重线路病害地段和薄弱处所。

(7)各级部门检查标准

工务段段长、副段长、技术科长、线路车间主任应每月检查线路、道岔和其他线路设备，并重点检查薄弱处所；工务段段长每月检查线路不得少于 5 km、道岔不得少于 5 组，副段长、技术科长每月检查线路不得少于 10 km、道岔不得少于 10 组，线路车间主任(或副主任)每季至少对管内线路设备检查一遍。

三、动态检测制度

动态检测应采用轨道检查车、综合检测列车、巡检设备、车载式线路检查仪等移动装备进行定期检查，了解和掌握线路的动态质量，进而指导线路养护维修工作。

1. 检测周期根据运量和线路状态确定

(1)中国国家铁路集团有限公司(以下简称“国铁集团”)轨道检查车，对允许速度大于 120 km/h线路及其他主要繁忙干线进行定期检查。

(2)铁路局集团公司轨道检查车，对允许速度大于 120 km/h 线路每月检查不少于 2 遍(含国铁集团轨道检查车检查)，对年通过总质量不小于 80 Mt 的正线 15～30 d 检查 1 遍，对年通过总质量为 25～80 Mt 以内的正线每月检查 1 遍，对年通过总质量小于 25 Mt 的正线每季检查 1 遍，对状态较差的线路可适当增加检查遍数。

2. 检测报告

(1)国铁集团轨道检查车检查发现Ⅲ级及以上偏差时，应及时通知铁路局集团公司工务部，其中Ⅳ级偏差和重复Ⅲ级偏差应及时上报国铁集团，工务部应在 24 h 内将复核结果和处理情况上传铁路基础设施检测中心。铁路基础设施检测中心应于每月 10 日前向国铁集团提交上月国铁集团轨道检查车检查分析报告。

(2)铁路局集团公司轨道检查车检查中发现Ⅲ级及以上偏差时，应及时通知工务段并上报铁路局集团公司工务部，工务段应及时将复核结果和处理情况上报铁路局集团公司工务部。铁路局集团公司每月上旬(或年初)向国铁集团提报上月(或上年度)轨道检查车检测结果。

(3)轨道检查车运用单位应在每年 1 月将上一年度轨道检查车线路检查情况、轨道检查车运用状况以书面报告形式报铁路基础设施检测中心，铁路基础设施检测中心汇总后上报国铁集团。

(4)车载式线路检查仪对年通过总质量不小于 25 Mt 或允许速度不小于 120 km/h 线路每天检查不少于 1 遍。

(5)对轨道检查车查出的Ⅲ级偏差处所应及时处理，对查出的Ⅳ级偏差处所，或Ⅲ级偏差且车辆动力学指标超限处所立即限制行车速度并处理。

(6)应重视以下轨道不平顺判别，并及时处理：

①连续三波及多波的轨道不平顺中，幅值为 10 mm 的轨向不平顺、12 mm 的水平不平顺、14 mm 的高低不平顺。

②50 m 范围内有 3 处大于以下幅值的轨道不平顺：12 mm 的轨向不平顺、12 mm 的水平不平顺、16 mm 的高低不平顺。

③轨向、水平逆向复合不平顺。

④允许速度大于 160 km/h 区段，高低、轨向的波长在 30 m 以上的长波不平顺，当轨道检查车检查其高低幅值达到 11 mm 或轨向幅值达到 8 mm 时。

检测周期应根据运量和线路状态确定,一般对允许速度大于等于 120 km/h 的线路每月检查不少于 1 遍,对允许速度小于 120 km/h 的线路每季检查不少于 1 遍。

工务段段长、副段长、安全生产调度指挥中心主任、安全科长、指导主任、技术科长等及应对段管内正线进行添乘检查,线路车间主任、副主任对车间管内正线进行添乘检查。段、车间应分别对管内主要正线每月添乘检查不少于 1 遍。

案例分析

对设备状态的掌握是设备养修的前提,为确保对设备状态的全面掌握,铁路相关部门制定了相应的管理制度,详细规定了各类设备的检查周期,维修工区、线路工区应承担的检查要求,具体如下所述。

中国铁路××局集团有限公司下发关于规范设备检查的通知,因管内线路每月由轨检车检查一遍,检查工区检查一遍,所以做出如下规定:

1. 线路工区

线路工区工班长除按规定的检查周期外,还应不定期对设备动态检查不良地段、重点病害地段、结构性病害地段及薄弱处所进行周期性检查,所有检查均应做好检查记录。

(1)工班长每月必须亲自对道岔全面检查 1 次。

检查要求:对轨距、水平、三角坑、轨向、高低及设备其他状态进行全面检查,并将病害填写在检查记录本、按时销号。

(2)工班长每季度对无缝线路位移观测 1 次,影响无缝线路稳定的作业后,应及时进行观测。

(3)工区每周(每周一和周五安排设备检查及巡查,因天窗工区自行安排)对管内设备进行 2 次检查(对管辖所有设备全面检查一遍,检查项目包括隐患排查,高低、轨向、大轨向、漫坑、下沉,钢轨、护轨、轨枕,联结零件、轨道加强设备,道床、路基附属,网围栏开口,道口,标志标记,结构性病害、备轨料及旧轨料堆码情况等),检查人员需分工明确,责任到人,若工作分工不明确,责任未到人,存在漏检现象,均考核当日带班负责人,并做好检查记录。

2. 检查工区

检查工区应有计划地对管辖线路设备进行月度周期性检查和重点病害的调查、复核,重点复核轨检二级分、机车多次报警地段和工区处理完成的超限情况(30 d 内),并及时将检查问题和复查情况上传工务设备病害系统。检查结果应做好记录,检查内容要全面、真实有效,以便指导线路养修工作。

(1)正线线路检查:每季度利用轨检静态小车检查 1 次(轨检静态小车无法检查的需手工检查)。

(2)正线道岔和到发线道岔检查:每月检查 1 次。

(3)站线线路和站线道岔检查:每 6 个月检查 1 次。

(4)曲线正矢检查:正线、到发线及岔后连接曲线正矢每季度检查 1 次;其他线路曲线正矢每 6 个月检查 1 次。

(5)将检查问题根据病害程度分配给所属责任工区,超临时补修病害应立即处理、销号;超临时补修病害的正线(线路、道岔)问题线路工区 24 h 内处理、销号,并及时通知相关工区,督促其处理,并了解处理情况;所有超计划维修病害的问题线路工区需按照包保干部安排时间进行处理、销号;其他不影响行车安全问题的线路工区应及时处理、销号,逐月减少。

3. 检查要求

(1)各工区按车间设备检查周期表按时按量完成设备检查任务。

(2)遇特殊情况设备检查周期由车间统一调整,各工区遵照执行。

4. 其他重点地段的检查

(1)线路工区应经常检查严重线路病害地段和薄弱处所(路基下沉地段,不稳定的桥、隧、涵、路基过渡段,惯性报警、严重线路病害、季节性病害及其他薄弱地段)。

(2)线路工区应加大线路设备临时慢行处所的检查监控力度。对路基沉降变化较大、翻浆冒泥病害严重、冻害变化较大等病害造成几何尺寸不易保持的临时慢行处所,所属线路工区每周检查不少于 2 次,并保留检查记录。

(3)线路工区应对管内施工地段加强检查监控。施工作业过程中,应对封锁前准备、施工中控制、线路开通和逐步提速等关键环节进行监控,对线路开通、速度变更执行施工单位和设备管理单位共同检查签认制度。

(4)线路工区除对车间规定的重点检查地段必须检查外,也要根据季节特点和设备变化情况增加重点检查地段。

单元二 静态检查工、器具

轨道静态检查指在没有列车动荷载作用时,利用检查工具或设备(如轨距尺、高度板和木折尺、弦线、扭矩扳手以及轻型线路检查仪等)对线路进行的检查。检查内容主要包括轨道几何尺寸和设备状态检查两部分。轨道几何尺寸检查包括轨距、水平、高低、轨向等,设备状态检查包括空吊板、钢轨接头、防爬设备、联结零件、轨枕及道口等。本单元对检查工具进行主要介绍。

一、静态检查工具

(一)轨距尺

轨距尺是检测线路轨距和水平的主要量具。其中使用最早的是木质的铁路轨距尺,由于这种轨距尺本身变形量很大,致使量测的精度很低且使用寿命很短,现已淘汰。

轨距尺使用前要检查检定有效期是否失效,轨距尺调头检查水平是否有误差。测量轨距时轨距尺的固定端保持固定不动,将轨距尺的活动端沿钢轨工作边前后移动,找到轨距的最小读数处,先量轨距后量水平,轨距水平同时记录。

1. 工作轨距尺

工作轨距尺的水平测量范围约在 10 mm。在测量精度要求不高的情况下,如果线路水平误差较大,可以将工作轨距尺的固定端或活动端的卡块放于钢轨顶面并增加 16 mm 的量程,或配合石笔(或木折尺)使用,三者相加的量程约可达 35 mm。如在有设置超高的地段使用时,需要用到调高板。

2. 万能轨距尺

万能轨距尺可以通过转盘读数和水准管气泡读数两种方式测量水平。转盘测量水平的优点是读数精确、量程大。缺点是操作慢,且容易搞错水平的正负号,如图 2-1 所示。

水准管气泡读数的优点是操作快,水平符号不会错。缺点是精度不高,量程小。万能轨距尺的水准管的分划略有不同,使用前要将每格的分划计算出来。值得注意的是,水准管泡的大小与气温有关,使用万能轨距尺时应注意气泡的大小,读数时要将气泡的不满值或超过值考虑进去,否则会出现读数错误。当线路水平误差超过 10 mm 时,就不能直接使用气泡进行读数了。在缓和曲线地段测量时,为了避免每次测量时均需转动转盘,可采用转盘跳挡和气泡读数相结合的方法,提高测量速度。

图 2-1　万能轨距尺

(二)高度板和木折尺

高度板和木折尺是检测线路水平的主要量具。自制高度板选用优质木材,高度为 10～60 mm,宽度为 5～ 15 mm。

(三)弦线测量盒

10 m、20 m 弦线是检测线路的前后高低和轨向的主要量具。其中检测直线轨向用 10 m 弦线,检测曲线正矢通常用 20 m 弦线,如图 2-2 所示。

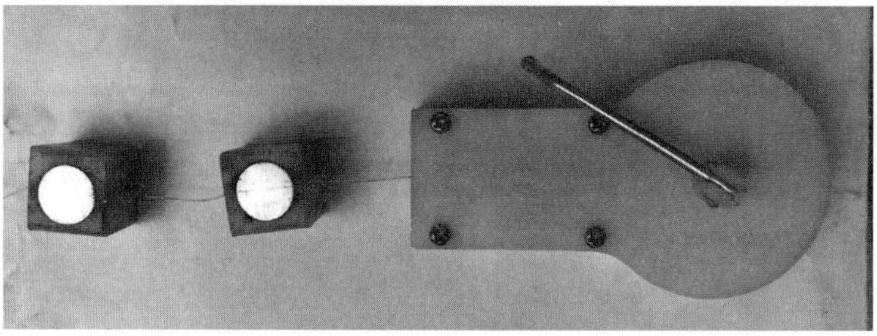

图 2-2　弦线测量盒

(四)扭矩扳手

扭矩扳手是用于测量有扭矩要求的螺纹紧固件,它能按扭矩要求拧紧工件,如图 2-3 所示。

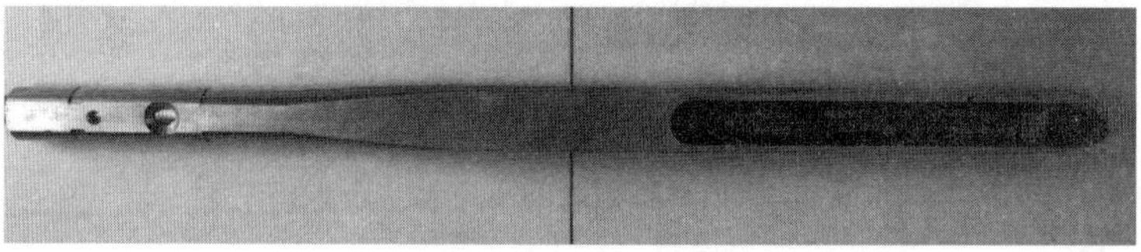

图 2-3　扭矩扳手

(五)轨缝尺

轨缝尺用于铁路轨缝的测量,材质为合金钢,使用寿命长,操作简便,携带方便,如图 2-4 所示。

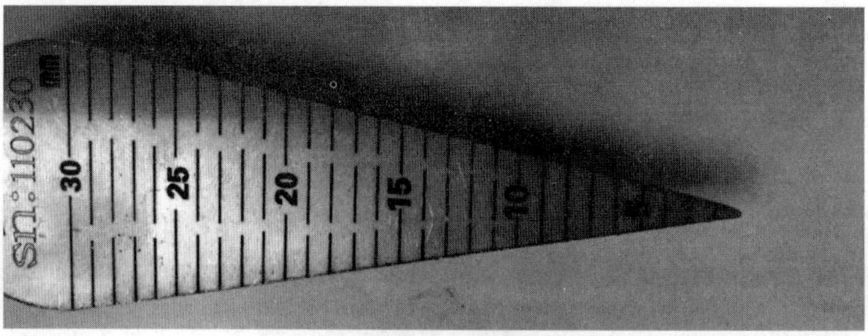

图 2-4　铁路专用轨缝尺

二、静态检查仪器

普速铁路轨道检查仪(也称“静态检查小车”)如图 2-5 所示,是一种基于光纤陀螺精密测角轨迹测量原理的轨道几何状态检查仪器,采用精密机械传动、高精度传感器及开放式智能数据采集模块、软件集成处理数据三位一体配置,集高精度、轻便式、全数字化轨道几何状态检测系统,以适应野外作业的笔记本电脑为整个系统的数据处理中心实现在线数据及波形显示,并可进行全项目的在线超限报警。

普速铁路轨道检查仪主要用于测量 200 km/h 及以下线路(无砟轨道除外) 的轨距、水平、左右高低、左右轨向、三角坑、曲线正矢,还可以对线路的钢轨、轨枕、联结零件等病害伤损进行现场标记,全部进行计算机记录分析。

图 2-5　轨道检查仪

(一)等级划分

《铁路轨道检查仪》(TB/T 3147—2020)对轨道检查仪进行了分级:

$v \leqslant 350$ km/h 线路,使用 0 级轨道检查仪;

$v \leqslant 200$ km/h 线路,使用 1 级轨道检查仪。

0 级轨道检查仪相对于 1 级轨道检查仪除进行了精度升级外,更显著的变化是,针对不同等级线路的建设与运营养护维修的实际情况与要求,设计开发了轨枕定位、长波精测、道岔测量、图上作业(图上划撬)和相对测量直接调轨等诸多新技术与新功能。

(二)检测项目及型号与型号编制

1. 检测项目

轨距、轨距变化率、水平、三角坑、高低、轨向、正矢及里程等。

2. 型号与型号编制

轨检仪的型号有 H 型、T 型、Q 型、S 型、L 型等。

①H 型:具有左右轨双侧独立短弦弦测功能的轨检仪。

②T 型:只具有单侧短弦弦测功能的轨检仪。

③Q 型:H 型、T 型以外短弦弦测功能的轨检仪。

④S 型:不具有弦测功能的轨检仪。

⑤L 型:具有光学长弦弦测功能的测量仪。

包含外部参数测量功能的轨检仪,在基本型号后附加 W,如 HW 型,是指同时具有左右轨双测平顺性和外部参数测量功能的轨检仪。

目前使用的小车主要有：安博格轨检小车、日月明轨检小车、瑞邦轨检仪、天宝 GEDO 小车。

型号编制：GJY-××-×。其中，GJY 为产品代号，是轨检仪首字母缩写；××是功能特征：H、T、S、L、HW、TW；×是改进尾数(用阿拉伯数字表示)。如 GJY-T-4 的含义为：T 型 4 号轨检仪。

(三)仪器组成及系统组成

GJY-T-4 型轨道检查仪，包括检查机械装置(仪器可轻松拆卸为横梁与纵梁两部分，位于横梁上安装的手推架可随时扣除，还可以自由调整高度)、数据采集及智能分析系统(即微型计算机控制检查分析系统)，如图 2-6 所示。

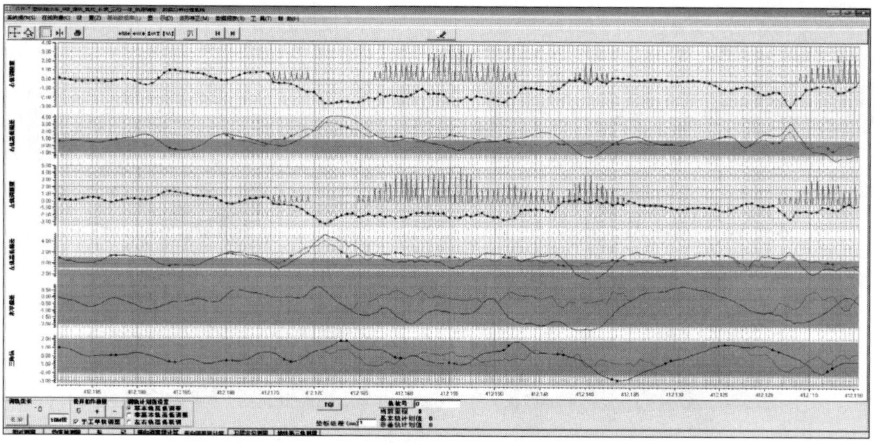

图 2-6　微型计算机控制检查分析系统

轨道检查仪系统组成主要为主板、测量装置、陀螺仪、倾角仪，通过主板控制实现数据采集、记录，如图 2-7 所示。

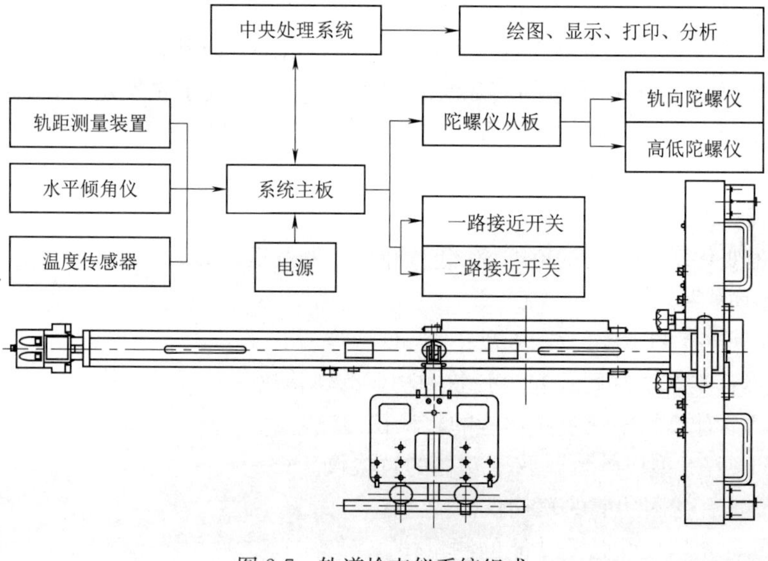

图 2-7　轨道检查仪系统组成

（四）检测原理

1. 轨距

轨距的检测是通过轨距检测装置利用测量轮对钢轨踏面 16 mm 处两股钢轨的垂直距离进行测量，结合轨距辅助补偿计算轨距检测值，如图 2-8 所示。

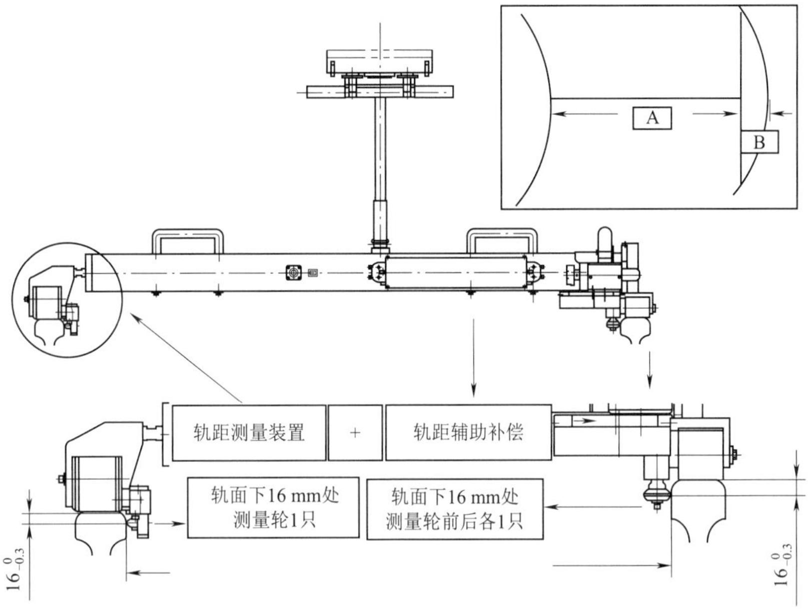

图 2-8 轨距检测原理（单位：mm）

2. 水平（超高）

水平（超高）的检测是利用水平倾角仪进行检测，结合高低陀螺仪进行补偿计算水平（超高）检测值，如图 2-9 所示。

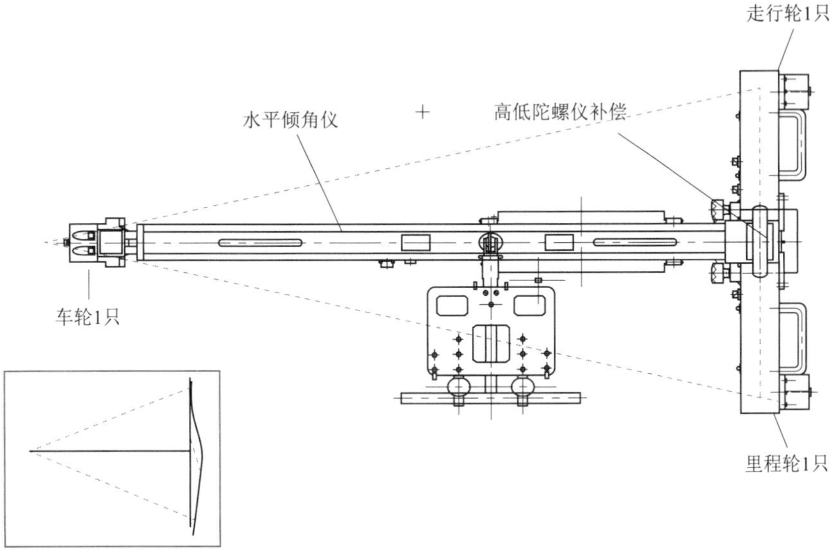

图 2-9 水平检测原理

3. 高低、轨向

右高低、右轨向的检测是通过轨迹法,即高低、轨向陀螺仪每 0.125 m 采取一个数据,再通过软件数学模型计算得出十米弦高低、轨向检测值;左高低、左轨向则通过右高低、右轨向检测数据与水平值构建的数据模型推算得出检测值,如图 2-10 所示。

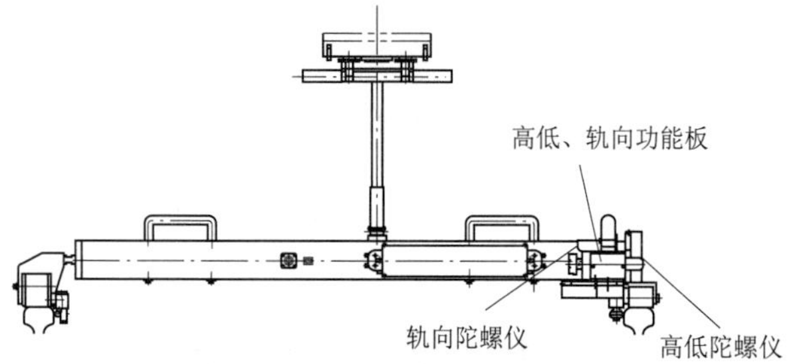

图 2-10　高低、轨向检测原理

(五)仪器操作程序

1. 作业前准备

(1)仪器准备

检查轨道检查仪各部状态:机架、数据线、电池、笔记本电脑及各部连线等是否齐全作用良好,各部位螺栓是否有松动、缺少,对发现的问题及时修复。检查电子道尺等其他检查量具是否作用良好、是否在规定校验期内。

(2)线路参数及检测标准设置

上线检测前需要更新线路的平面曲线及竖曲线资料,按照轨道检查仪软件要求的 Excel 模板制定对应线路的线型资料,如图 2-11、图 2-12 所示。然后导入轨道检查仪软件进行更新,更新界面如图 2-13 所示。根据对应线路设备要求核对轨道检测规范,标准要求与规章有差异或需要自定义检测标准时,要对各项几何尺寸超限标准进行修改,修改界面如图 2-14 所示。

平面曲线资料

单位编号	线编号	行别	线路名	起点里程	终点里程	长链标记	曲线方向	曲线半径	转向角	轨距类型	轨距加宽	超高	顺坡率	起点切线长	起缓和线长	终缓和线长	终点切线长	曲线全长	平均速度	附注	运营状态	工务段名
1	1	上行	京包客专	364.799	368.434	N	左	5505	34.6375	准轨	0	95			310	310		3637.7406	250			呼和浩特工务段
1	1	下行	京包客专	364.799	368.434	N	左	5500	34.6375	准轨	0	95			310	310		3634.9597	250			呼和浩特工务段
1	1	上行	京包客专	370.468	372.668	N	左	5505	19.6921	准轨	0	95			310	310		2201.8851	250			呼和浩特工务段
1	1	下行	京包客专	370.468	372.668	N	左	5500	19.6921	准轨	0	95			310	310		2200.3041	250			呼和浩特工务段
1	1	上行	京包客专	373.884	377.366	N	右	5495	33.0501	准轨	0	95			310	310		3479.9233	250			呼和浩特工务段
1	1	下行	京包客专	373.883	377.366	N	右	5500	33.0500	准轨	0	95			310	310		3482.5768	250			呼和浩特工务段
1	1	上行	京包客专	378.173	379.763	N	左	5505	13.3395	准轨	0	95			310	310		1591.568	250			呼和浩特工务段
1	1	下行	京包客专	378.173	379.763	N	左	5500	13.3395	准轨	0	95			310	310		1590.497	250			呼和浩特工务段
1	1	上行	京包客专	383.701	387.207	N	左	5505	33.2889	准轨	0	95			310	310		3508.1746	250			呼和浩特工务段
1	1	下行	京包客专	383.701	387.207	N	左	5500	33.2889	准轨	0	95			310	310		3505.502	250			呼和浩特工务段
1	1	上行	京包客专	390.291	393.678	N	右	6996	25.7585	准轨	0	75			240	240		3384.9232	250			呼和浩特工务段
1	1	下行	京包客专	390.291	393.678	N	右	7000	25.7585	准轨	0	75			240	240		3386.9913	250			呼和浩特工务段

图 2-11　平面曲线 Excel 表格模板

竖曲线资料

单位编号	线编号	行别	线路名	长链标记	起点里程	终点里程	起轨顶标高	坡度	坡长	轨距类型	竖曲线类型	竖曲线半径	竖曲线长度	跌落量	长短链里程	工务段名
1	1	上	京包客专		362.75	365.404	1473.993	4.28	2654	准轨						呼和浩特工务段
1	1	上	京包客专		365.404	366.604	1485.352	3	1200	准轨	圆	20000	25.68	-0.004		呼和浩特工务段
1	1	上	京包客专		366.604	367.814	1488.952	15.7	1210	准轨	圆	20000	254	0.403		呼和浩特工务段
1	1	上	京包客专		367.814	370.014	1507.949	18	2200	准轨	圆	20000	46	0.013		呼和浩特工务段
1	1	上	京包客专		370.014	371.914	1547.549	12.7	1900	准轨	圆	20000	106	-0.07		呼和浩特工务段
1	1	上	京包客专		371.914	373.344	1571.679	8	1430	准轨	圆	20000	94	-0.055		呼和浩特工务段
1	1	上	京包客专		373.344	376.484	1583.119	-20	3140	准轨	圆	20000	560	-1.96		呼和浩特工务段
1	1	上	京包客专		376.484	377.764	1520.319	-3	1280	准轨	圆	20000	340	0.722		呼和浩特工务段
1	1	上	京包客专		377.764	378.964	1516.479	14	1200	准轨	圆	20000	340	0.723		呼和浩特工务段
1	1	上	京包客专		378.964	380.364	1533.279	3.5	1400	准轨	圆	20000	210	-0.276		呼和浩特工务段
1	1	上	京包客专		380.364	381.564	1538.179	20	1200	准轨	圆	20000	330	0.681		呼和浩特工务段
1	1	上	京包客专		381.564	382.814	1562.179	11.71	1250	准轨	圆	20000	165.8	-0.172		呼和浩特工务段
1	1	上	京包客专		382.814	384.314	1576.817	13.2	1500	准轨	圆	20000	29.8	0.006		呼和浩特工务段
1	1	上	京包客专		384.314	386.264	1596.617	8	1950	准轨	圆	20000	104	-0.068		呼和浩特工务段

图 2-12　竖曲线 Excel 表格模板

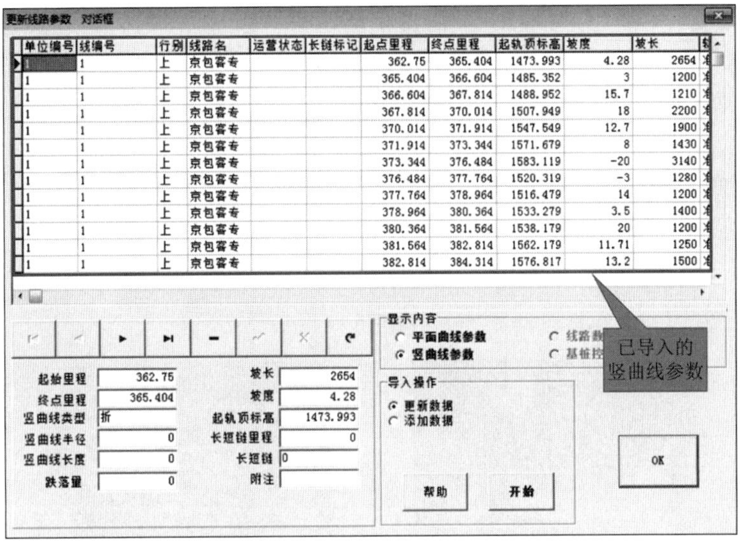

图 2-13　更新线路参数界面

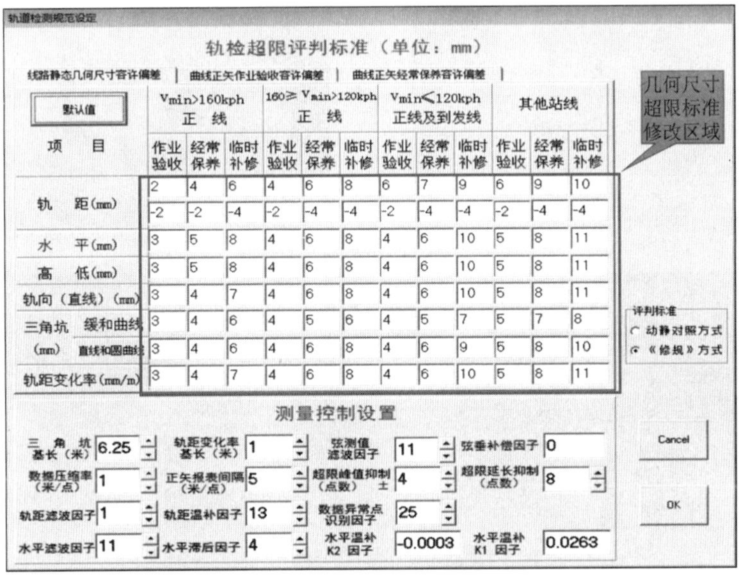

图 2-14　轨道检测规范修改界面

(3)检查仪器运输

检查运送轨道检查仪的车辆，确保车辆状态良好。轨道检查仪应装箱运送，放置牢固并确保不会相互发生碰撞，避免损坏仪器面板、连线折断等。

2. 作业过程及技术标准

(1)仪器校准

在现场作业中一般要进行传感器检定，主要是检定轨距和水平的偏差值，先用电子道尺在直线段标记轨距、水平标准位置，然后将轨道检查仪放置在该位置，保持静止状态，打开仪器软件，进入检定界面，勾选“启动轨距和水平传感器”。两次检测超高调头差值、误差，轨距误差，0 级小车为±0.30 mm、1 级小车为±0.5 mm。当现场超过标准时，进行检定校准；选择“标定零点”按钮，点击“记录”按钮，屏幕提示“请将小车调头”，按提示将轨道检查仪调头，放置平稳后，点击“再记录”按钮，确认误差在允许范围内时，单击“确认”按钮，完成零点标定。

(2)检查作业

①仪器组装、拆解

仪器组装时两人将轨道检查仪横梁、纵梁抬起至同一平面，保持垂直对齐，横梁一侧的 2 个定位螺栓对准纵梁内侧对应的螺孔，将定位螺栓全部插入螺栓孔内，如图 2-15 所示，使横梁一侧与纵梁内侧基本贴合，然后旋转锁紧 2 个定位螺栓手轮，如图 2-16 所示，完全贴合后即完成安装，如图 2-17 所示。拆解时将仪器放置稳固反向操作即可。

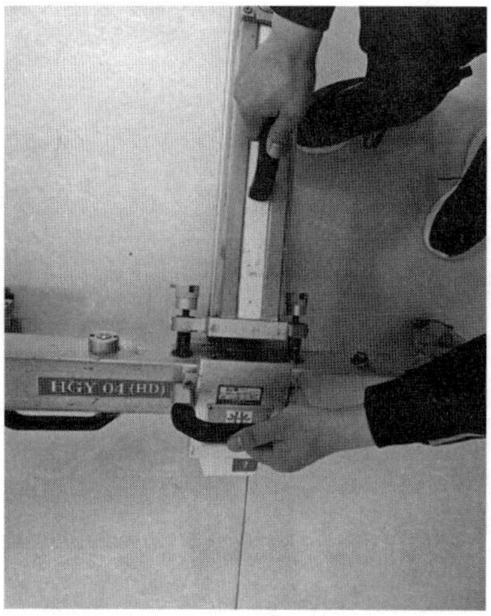

图 2-15　横梁、纵梁对齐插入定位螺栓

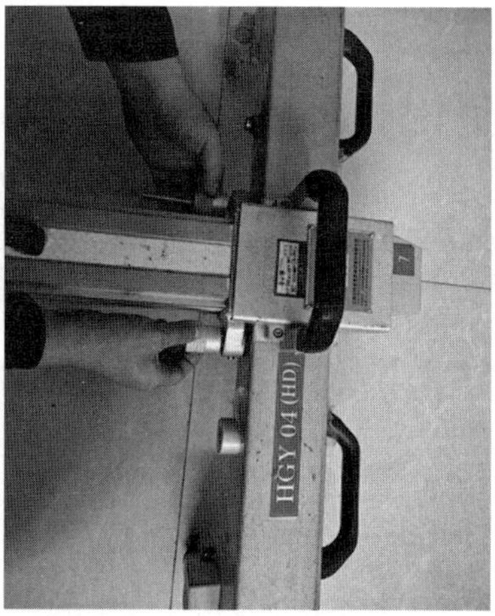

图 2-16　锁紧定位螺栓手轮

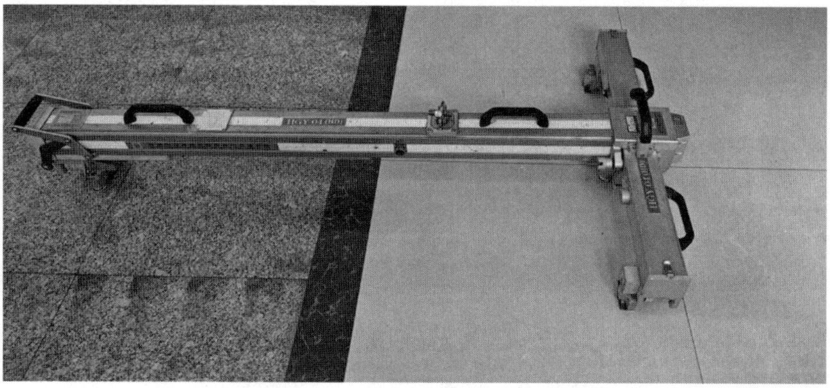

图 2-17　仪器完成安装状态

②仪器标定

查看当前轨距、水平动态测试值是否与电子轨距尺标记的轨距、水平标准位置处真实值相符；将仪器调头平稳放置后，查看调头后与调头前两次水平动态测试值，其调头差是否在允许范围内，超过误差标准时进行标定校准。

③建立测量项目和文件

在软件菜单中选择“在线测量”→“相对测量”→“创建文件”，根据提示选择“保存目录”，在文件名文本框中输入项目和文件名，并在弹出的辅助信息中进行正确的设置，包括以下项目：

一是起点轨枕号：指轨道检查仪开始测量起点所在线路的轨枕号，在软件先前导入的轨枕号列表里面根据输入的轨枕号自动查找里程，方便在线路上查找精确里程。二是起始里程：轨道检查仪开始测量时起点的里程，后续测量数据对应的里程是以起点里程为初值加上小车推行的相对里程。如果起始里程不正确，后续将影响到对线路病害的定位。三是顺逆里程：指轨道检查仪推行方向，如轨道检查仪推行方向为线路里程增大方向，则称顺里程。四是线路名称：线路名称与线路线设计参数数据库相连，选择正确的线路名称，将其对应的线路的设计参数导入测量项目中。五是左右调向：指小车在线路上的姿态，小车右侧臂放在右轨上时，称为不调向状态，反之为调向状态（注：站在两钢轨中间面向大里程方向，右手侧为右轨，左手侧为左轨）。

④采集数据

测量前系统会先将陀螺仪置零，需要等待 20 s，在这 20 s 内要确保轨道检查仪处于静止状态。当进度条走完消失后，开始推行小车。推行时注意右下方的推行速度提示，现场按 3～5 km/h 速度匀速推行。推行过程中，界面中央的波形界面会有实时波形产生，右测数据框是当前点的测量数据。测量中常规操作包括以下项目：一是暂停，在推行过程中需要暂停采集作业，如避车下道等，可启用该功能。二是恢复，继续采集作业。三是停止采集，结束当前文件创建下一个文件和作业完毕时停止采集。四是保存数据，在线测量作业过程中，可按暂停后，再点击保存数据对在线测量数据进行即时保存，以防突发事件发生，减少作业损失。

⑤关闭测量项目保存数据

当数据采集完成，标记终点的轨枕号，点击“停止”，弹出操作提示：“直接停止，请按‘是（Y）’，进入长波精测回程，请按‘否（N）’”的小窗口。如果不测长波，点击“是（Y）”，结束本次测量。

进入长波精测回程，请按“否（N）”，此时从终点开始反推小车，按之前的速度匀速往回推，推到本次测量的起点处，点击“确认”，等待几秒后，长波精测界面自动跳转到相对测量界面。

（六）线路检查过程中的注意事项

（1）在测量过程中，有可能会发现轨道结构性病害缺陷，如钢轨掉块、钢轨硬弯，轨枕失效、扣件缺失等，在发现缺陷后，应该在对应处打标记，以事后打印轨道缺陷报表，指导维修。

（2）推行过程中，检查人员应及时校准里程偏差，每隔 300～500 m 标记轨枕号；检查遇曲线时，操作人员要核对曲线要素点，正确标记曲线各桩点。

（3）检查过程中每隔一段距离要对数据进行保存，避免出现意外丢失数据。要求检查数据真实有效，数据无效或检查不准确需安排复检，检测周期要符合规章要求。

（4）检查作业突遇下雨时，及时安设防雨罩遮挡面板和电池，保持仪器清洁以免进水，并尽快结束检测作业。

（5）轨道检查仪通过困难地段（如较大轨缝处、侧磨、肥边、道岔转辙部分等）应适当减慢推行速度，严禁用蛮力快速通过，必要时人工抬起通过。

（6）仪器检测过程中有超限报警时，执机手应立即上报带班人，对现场进行数据复核，并在报警位置做好标记。

（7）仪器拼装、拆卸和上下道时，严格按照仪器操作手册执行，防止损坏传感器。

（七）数据处理

（1）导出当日检测数据，分线别、行别保存资料，针对现场检测的曲线数据、轨枕库数据进行核验校准，导出超限报表、缺陷报表，将超限病害上报车间。

（2）针对现场检查发现的几何尺寸超限处所，检测分析工区分析人员要结合动态轨检车数据、现场联结零件情况进行轨道调整量分析与计算,编制现场作业方案(包含轨道调整量、材料使用数量)。

(3)车间负责及时复核"相对测量成果报表"中的超临时补修偏差,确认现场超限后,由检测分析工区录入"工务安全生产管理系统"静态检查病害库,车间及时组织设备管理工区制定整修计划,按时兑现、销号。

(4)段安全生产调度指挥中心要定期统计各车间"工务安全生产管理系统"静态病害库超期病害,对超期病害进行分析,将统计、分析结果报业务科室(线路科、技术科),由业务科室督促、组织车间整修销号。

(5)段安全生产调度指挥中心要对各车间的轨道检查仪检查结果进行分析,掌握病害集中、线路薄弱地段,在月末对全段线路设备提出整修建议,并报业务科室(线路科、技术科),由业务科室统筹安排整修轮廓计划及制定月度设备维修任务。

(八)作业安全

1. 人身安全

(1)作业过程中严格按照《铁路技术管理规程》(TG/01A—2017)、《普速铁路线路修理规则》(TG/GW 102—2019)和《普速铁路工务安全规则》(TG/GW 101—2023)、《高速铁路线路维修规则》(TG/GW 115—2023)和《高速铁路工务安全规则(试行)》(TG/GW 121—2014)的要求进行防护、避车,确保人身安全。

(2)轨道检查仪在通过长大桥梁时,负责人要注意观察适合放置仪器的位置,做好随时下道准备,下道避车时,要确保仪器放置平稳不超限;在长大下坡道检查时,严禁撒手溜放;在通过隧道时,要加强防护,确保联系畅通,隧道内避车时,人员和仪器必须进避车洞。

(3)轨道检查仪在通过道岔转辙部分及有缝线路轨缝处时执机手要抓稳推杆,跟机手扶好纵梁,遇到固定辙叉时要适当支撑纵梁,以免小车走行轮跳动。

2. 仪器安全及保养

(1)轨道检查仪属精密仪器,使用、保养、维修过程中应轻拿轻放,避免撞击和敲打,注意防水、强磁和高温。

(2)检查过程中严禁未做防溜仪器离人,严禁在仪器横梁、纵梁上负重,否则会严重地影响测量精度,甚至损坏仪器。

(3)检测分析工区应合理安排作业时间,注意天气变化情况,遇有天气不良时应携带轨道检查仪防雨罩,遇到大雨、雪、雾等恶劣天气,应停止作业,仪器搬运时,应轻拿轻放,避免碰撞。

(4)每次作业完后执机手要对轨道检查仪进行常规保养,对仪器进行擦拭清洗,清洁各测量轮,机械轴部位润滑保养,电池充电并对各部件进行检查、紧固、复紧螺栓等保养,以确保次日工作正常。

(5)检测分析工区要对轨道检查仪进行保养,横梁的伸缩部位需定期注油,每月要在标定台上进行一次标定,每半年要在检定台上进行一次检定。

(6)发现故障及时报修,确保检查任务及时完成,每月对轨道检查仪走行轮、测量轮进行检查,并对全月检查里程数量进行统计,分析测量部位的精度要求,提报需测量轮及配件计划。

(7)备用仪器长期不用时,应拆除电源,装箱放置在干燥环境中保存,远离高温潮湿,避免阳光直射。储存期超过半年以上,应开箱通风;储存期超过一年,要进行外观检查,开启轨道检查仪通电试运行。

（九）标定与检定

BDQ-1 型标定器主要用于对轨道检查仪的轨向、高低、轨距、水平（超高）等的基准点的校准和调整，适用于 H 型、T 型等多种型号轨道检查仪的标定与校准。该产品完全符合《铁路轨道检查仪检定规程》（JJG 1090—2023）的各项要求，并通过国铁集团铁路专用计量器具新产品技术认证。

检定周期：轨检仪的检定周期一般不超过三个月或累计运行里程达到 1 000 km。标定器的检定周期一般不超过一年。仪器检定台和仪器检定如图 2-18 和图 2-19 所示。

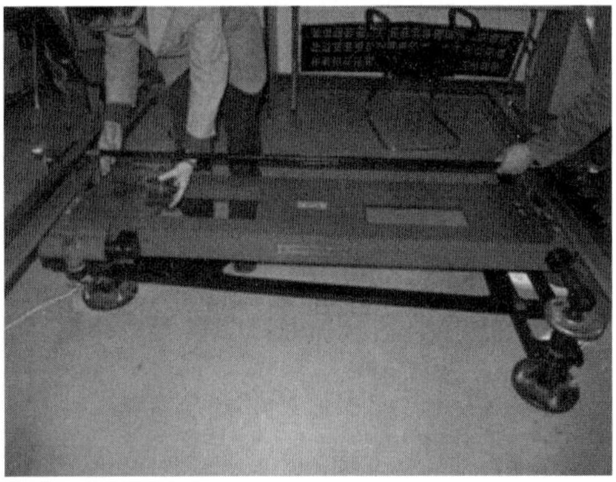

图 2-18　仪器检定台

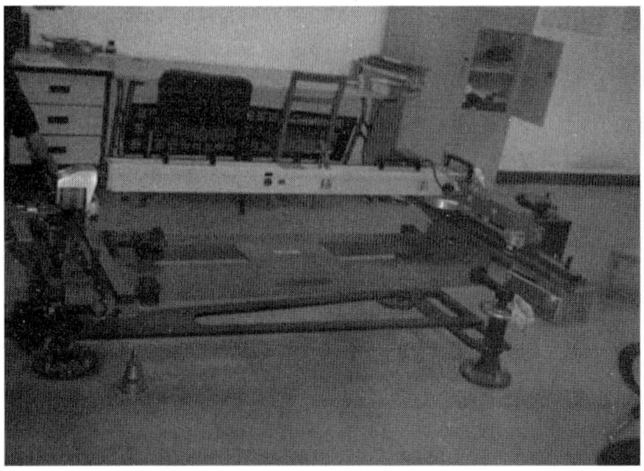

图 2-19　仪器检定

单元三　线路设备的静态检查技术要求

线路设备已经发生的永久变形和内部伤损，可以通过仪器、量具和目测等检查方法，判断和确定其变形程度和伤损状况。

各检查项目的技术要求如下：

一、轨道几何尺寸

轨道是机车车辆运行的基础，直接支承机车车辆的车轮，并引导其前进，故机车车辆走行部分的基本几何形位与轨道的几何形位之间应密切配合。轨道几何形位正确与否，对机车车辆的安全运行、乘客的旅行舒适度、设备的使用寿命和养护费用起着决定性的作用。

影响设备使用寿命和养护费用的几何形位因素包括轨距、水平、高低、轨向、三角坑和支距等，这些因素对钢轨的磨耗和轨道各部件的受力有较大影响，直接影响养护维修的工作量和费用。

（一）轨距、查照间隔、护背距离

1. 测量

轨距是指两股钢轨头部内侧轨顶面以下 16 mm 范围内两作用边之间的最小距离。目前世界上采用的轨距分为标准轨距、宽轨距和窄轨距三种。大部分国家采用标准轨距（1 435 mm）。大于标准轨距的称为宽轨距，常用的有 1 524 mm、1 600 mm 和 1 670 mm 等，采用的国家有俄罗斯、印度、蒙古国等。采用比标准轨距窄的称为窄轨距，有 1 067 mm、1 000 mm、762 mm 和 610 mm 等，主要为东南亚一些国家采用。我国铁路轨距绝大多数采用标准轨距，仅在部分地区采用窄轨距(云南省尚保留有 1 000 mm 的轨距，台湾省既有铁路采用1 067 mm轨距)。常用的检查工具为轨距尺和轨道检查仪，图 2-20 为轨距测量读数。

查照间隔指辙叉心轨顶宽 0～50 mm 范围内心轨工作边至护轨工作边的距离。应保证车轮轮对在最不利情况下，护轨能够制约一侧轮对，使另一侧车轮不冲击辙叉心。通过计算，查照间隔应不得小于 1 391 mm，但也不能过大，否则会出现护轮槽宽度过小或轨距过大，故查照间隔应保持在 1 391～1 394 mm 之间，如图 2-21 所示。

图 2-20　轨距测量读数

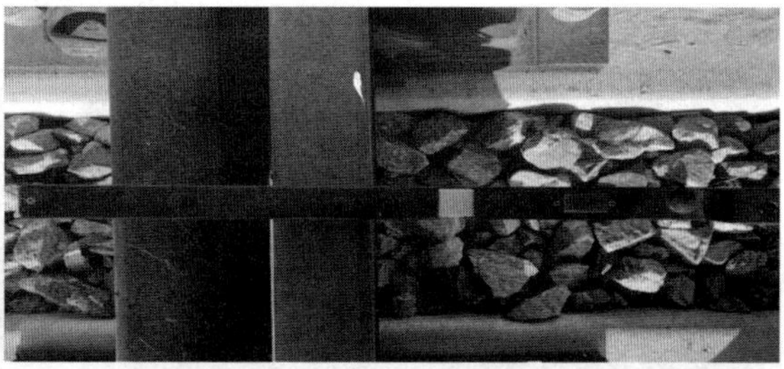

图 2-21　查照间隔测量

护背距离指辙叉心轨顶宽 0～50 mm 范围内翼轨工作边至护轨工作边距离。这段距离应保证车轮轮对在最不利的情况下不被翼轨与护轨卡住。通过计算，护背距离应不得大于 1 348 mm，但不能过小，否则车轮轮缘通过时有撞击辙叉尖的危险，故护背距离应保持在 1 346～1 348 mm之间，如图 2-22 所示。

图 2-22　护背距离测量

2. 测量位置

在正线线路上测量轨距时，轨距尺必须置于与钢轨垂直的位置。为避免因位置不正确而发生错误，应把轨距尺固定端紧靠一股钢轨的内侧一点上，另一端做少量的前后移动，再读取最小的读数。

(二)水平

测量水平时，一般习惯是面向线路增里程方向，以左股钢轨为基准股，左股高于右股为正，反之为负。开始测量时，可先在两股钢轨同一位置上采用将轨距尺调转 180°的方法，检验轨距尺水平是否准确。

线路两股钢轨顶面在直线地段应保持同一水平，其误差不应超过规定标准。曲线地段外股设置超高，其大小按实测行车速度和曲线半径由工务段确定，最大实设超高：双线地段不得超过150 mm，单线地段不得超过 125 mm，如图 2-23 所示。

图 2-23　水平测量读数

(三)高低

线路或道岔应保持轨面平顺,若存在高低误差会引起列车的垂直颠簸。前后高低是指一股钢轨踏面在垂直面上的不平顺程度。

检查前后高低,需先俯身目视找出轨面不良处所,然后在该处轨面两端,用 10 m 弦线置于轨面上的标准垫块上,拉紧弦线,用尺量出弦至钢轨顶面的最大(低洼时)或最小(突起时)的距离,此距离与标准垫块高度的差数,即为高低误差值。考虑弦线的挠度,则检查低洼时可加 1 mm,检查高时可减 1 mm,也可以采用在检查洼时读弦线上沿差数,在检查高时读弦线下沿差数,如图 2-24、图 2-25 所示,高低测量读数为 10 mm,达到超限。

图 2-24　测量高低垫块高度

图 2-25　高低测量读数

(四)轨向

线路或道岔的轨向,要求直线要直、曲线要圆顺。

检查直线轨向时使用 10 m 弦线并配以木折尺和标准垫块。测直线轨向时,首先骑跨一股钢轨目视前方(根据视力可远可近,一般为 40 m 左右)找出轨向不良的位置,在该不良位置处的前后将 10 m 弦线紧贴钢轨头部内侧或外侧,拉紧弦线,用尺在弦线范围内轨向最大处量出最大矢距,即为该处轨向误差,如图 2-26、图 2-27 所示,测量结果为:垫块高度 10 mm、轨向读数 2 mm,实际轨向为 8 mm,达到超限。

曲线应经常保持要素准确及圆顺,检查曲线正矢(轨向)时,通常用 20 m 弦线在曲线上股钢轨内侧 16 mm 范围内进行测量,如图 2-28、图 2-29 所示,计划正矢 57 mm,测量结果为:垫块高度 10 mm，正矢读数 65 mm，现场正矢读数 55 mm，具体曲线测量及计算在后续内容中作详细介绍。

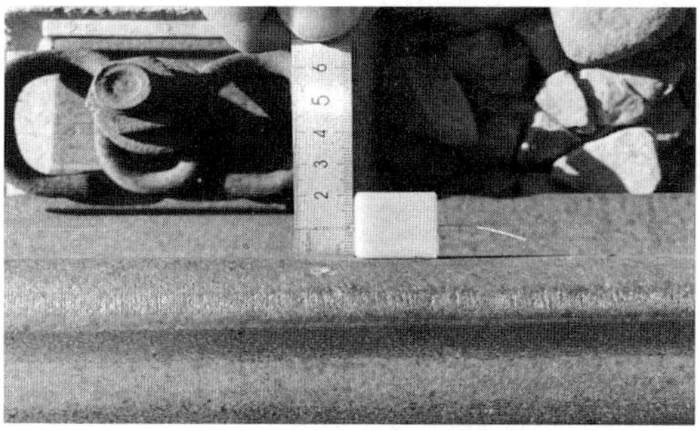

图 2-26　测量轨向垫块高度

图 2-27　轨向测量读数

图 2-28　测量曲线正矢垫块高度

图 2-29　正矢测量读数

测量曲线正矢时，要注意以下事项：

(1)尽可能在晴天、无风时测量正矢。

(2)弦线要拉紧，用力均匀。

(3)读数时视线、弦线、量尺三者应保持垂直。

(4)读取弦线靠钢轨一侧的数，尺在下，弦在上，尺不要顶弦，也不要隔空。

(5)多次读数，取平均值。

(五)三角坑

三角坑是指在一段规定距离内，先是左股钢轨高于右股，后是右股高于左股，高差值超过容许偏差值，而且两个最大水平误差点之间的距离不足 18 m。如图 2-30 所示，共计两处三角坑超限。

钢轨编号												
	4				5				6			
	接头		中间		接头		中间		接头		中间	
7 √	2	2	3	0	6 ~	−3 ~	−1	0	3	2	2	0
2	0	1	−5	0	5	−3	2	0	4	5	0	−3

△10　　　　△8

图 2-30　三角坑病害标记

为什么距离是在 18 m 范围内呢？主要是因为车体转向架长度不超过 18 m，若出现一个较大的三角坑，则转向架的 4 个车轮只有 3 个正常压紧钢轨，另一个为悬空状态，此时若恰好有一个横向力作用，在最不利的条件下甚至可能爬上钢轨，引起脱轨事故。因此，一旦发现三角坑，必须立即消除。

以上为轨道几何尺寸测量方法的介绍，铁路线路设备是铁路运输生产的重要物质技术基础设备。管好、用好、修好线路设备，不仅是保证简单再生产必不可少的条件之一，而且对提高综合经济效益具有重要意义。

(六)道岔检查

1. 道岔的作用

道岔主要是指引导机车车辆从一条线路转向或跨越过另一条线路的线路设备，具有转向或跨越的功能。

铁路道岔设备分为狭义道岔和广义道岔两大类。狭义道岔即常说的道岔范畴，包括道岔、交叉、道岔与交叉的组合以及道岔组合。其中，交叉设备很少单独使用，一般以组合形式出现。广义道岔包括其他轨道设备，如钢轨伸缩调节器、铁鞋脱落器等。

2. 各类道岔的构成特征及表示方法

(1)常见道岔

根据用途和平面形式，常见道岔有以下四种类型：

对称三开道岔在现场使用的数量非常少，因此根据用途和平面形式，现在倾向把常见道岔分为普通单开道岔、对称双开道岔、交叉渡线和复式交分道岔四种类型。

①普通单开道岔是将一条线路分成两条线路，其中，主线为直线，侧线向主线的左或右侧分开的道岔。

站在岔头面向岔尾，侧线在主线的左侧称为左开道岔，在右侧称为右开道岔。在道岔设计说明中通常有“本道岔按右开道岔设计，如为左开道岔时，应按本图对称布置”的描述，说明道岔上很多的轨件、零配件有左右开道岔的区分。

常见普通单开道岔号码有 9 号、12 号、18 号、30 号、42 号及 62 号等。其中，9 号单开道岔一般用于普速站线，12 号道岔一般用于普速正线和到发线。

②对称双开道岔是将一条主线向左、右对称分开为两条侧线的道岔。

对称道岔与同号码的单开道岔相比具有增大导曲线半径、缩短道岔长度的特点，因此，常用于地形条件紧迫、两侧线路行车速度相差不大的地段，如驼峰前部、三角线等地。

③交叉渡线由四组相同号数的单开道岔和一组菱形交叉构成。交叉渡线的道岔号码由其一角的单开道岔的号码确定。常见的号码有 6 号、9 号、12 号等。

④复式交分道岔是在菱形交叉的基础上，增设两组双转辙器和两条方向不同的侧线的道岔。复式交分道岔号码由其一角的锐角辙叉的号码确定。常见号码有 9 号、12 号等。

(2)道岔组合

在站场设计中，有时将交叉渡线与复式交分道岔组合使用，以缩短站场咽喉道岔长度。根据在此种组合中交叉与交分道岔的数量多少，可以称为几渡几交道岔。

3. 道岔编号与号码

道岔编号可表示为一组道岔在站场中的具体位置。工务人员在道岔上进行作业时，必须准确辨认道岔编号，并告知相关防护人员，以免发生事故。道岔的编号一般在道岔或电务设备上都有标记。

站内的道岔及股道由工务部门会同电务部门、车站共同统一顺序编号。道岔编号从列车到达方向起顺序编号,上行端为双号,下行端为单号;由尽头线向线路终点方向顺序编号。车站划分车场时,每个车场的道岔单独编号。一个车站不能有相同的编号。

道岔号码是道岔的基本技术参数之一,我国采用辙叉号码表示;道岔编号与道岔号码是两个不同的概念,道岔编号可以看成是一组道岔在站场中的位置按照顺序的排列;而道岔号码是道岔的基本技术参数之一。

道岔号码用辙叉号码来表示,它的大小用辙叉角 α 的大小来衡量。我国规定以辙叉角的余切表示辙叉号数,即

$$N=\cot\alpha$$

式中　N——辙叉号数;

　　α——辙叉角。

现场确定道岔号数的方法是在道岔上查找相关标识。

4.道岔各部分尺寸标准

道岔轨型应与线路钢轨轨型相同,轨型不同时应用异型钢轨过渡。其中,道岔用基本轨、尖轨、心轨、翼轨(特种断面翼轨 TY1 除外)和导轨应选用强度等级不低于 1 180 MPa 的在线热处理对称及非对称断面钢轨(43 kg/m 及以下钢轨道岔除外)。

1)单开道岔轨距

(1)尖轨尖端、跟端轨距见表 2-1 和表 2-2。

表 2-1　尖轨尖端轨距

尖轨种类	尖轨长度/mm	轨距/mm	附　注
直线型尖轨	6 250 以下	1 453	—
	6 250～7 700 以下	1 450	
	7 700	1 445	
12 号道岔 AT 型弹性可弯尖轨	—	1 437	道岔允许速度大于 120 km/h 时为 1 435 mm
其他曲线型尖轨	—	按标准图办理	无标准图时按设计图办理

表 2-2　尖轨跟端轨距

尖轨种类	直向/mm	侧向/mm	附　注
直线型尖轨	1 439	1 439	—
12 号道岔 AT 型弹性可弯尖轨	1 435	1 435	尖轨轨头刨切范围内曲股轨距构造加宽除外
其他曲线型尖轨	1 435	按标准图办理	无标准图时按设计图办理

(2)导曲线中部轨距按标准图设置。

(3)辙叉部分轨距,直、侧向均为 1 435 mm(采用心轨加宽技术的辙叉应符合设计要求)。

(4)尖轨在第一拉杆中心处的设计动程:直尖轨为 142 mm,曲尖轨为 152 mm;AT 型弹性可弯尖轨 12 号普通道岔为 160 mm 或 180 mm,12 号提速道岔为 160 mm;18 号道岔允许速度大于 160 km/h 时为 160 mm,允许速度不大于 160 km/h 时为 160 mm 或 180 mm(具体按标准图或设计图规定办理);其他型号道岔按标准图或设计图办理。

(5)可动心轨第一拉杆中心处的动程按标准图或设计图办理。

(6)特殊道岔不符合上述规定者,按标准图或设计图要求办理。

2)各部分轨距加宽递减

(1)尖轨尖端轨距加宽,允许速度不大于 120 km/h 的道岔应按不大于 6‰的递减率递减至基本轨接头。

(2)尖轨尖端与尖轨跟端轨距的差数,直尖轨应在尖轨全长范围内均匀递减,曲尖轨按标准图或设计图办理。

(3)尖轨跟端直向轨距加宽向辙叉方向递减,距离为 1.5 m。

(4)导曲线中部轨距加宽,直尖轨时向两端递减至距尖轨跟端 3 m 处,距辙叉前端 4 m 处;曲尖轨时按标准图或设计图办理。

(5)对口道岔尖轨尖端轨距递减:两尖轨尖端距离小于 6 m,两尖端处轨距相等时不作递减,不相等时应从较大轨距向较小轨距均匀递减;两尖轨尖端距离大于 6 m,允许速度不大于 120 km/h 的道岔应按不大于 6‰的递减率递减,但中间应有不短于 6 m 的相等轨距段。

(6)道岔前端与另一道岔后端相连时,允许速度不大于 120 km/h 线路,尖轨尖端轨距递减率不应大于 6‰。如不能按 6‰递减时,可将前面道岔的辙叉轨距加大为 1 441 mm;仍不能解决时,旧有道岔可保留大于 6‰的递减率。

3)导曲线支距与超高

导曲线支距按道岔标准图或设计图设置,在导曲轨与基本轨工作边之间测量。导曲线可根据需要设置 6 mm 的超高,并在导曲线范围内按不大于 2‰顺坡。

4)轮缘槽宽度

(1)护轨平直部分轮缘槽标准宽度为 42 mm,侧向轨距加宽时,侧向轮缘槽宽度等量加宽,容许误差为$^{+3}_{-1}$ mm;缓冲段末端轮缘槽宽度不小于 65 mm。侧向轨距加宽时,侧向缓冲段末端轮缘槽宽度等量加宽。

(2)辙叉心轮缘槽标准宽度(测量位置按标准图或设计图规定)为 46 mm(采用心轨加宽技术的辙叉应符合设计要求),容许误差为$^{+3}_{-1}$ mm。轮缘槽宽度的量取位置与轨距量取位置相同。

(3)斥离尖轨非工作边与基本轨工作边的最小距离为 65 mm 与轨距加宽值之和。

5)道岔查照间隔、护背距离

道岔查照间隔在有客车运行的线路上不得小于 1 391 mm,在仅运行货车的线路上不得小于 1 388 mm;道岔护背距离不得大于 1 348 mm;测量位置按设计图纸规定。

5. 道岔的检查方法

道岔的手工检查方法分精细检查和重点检查。精细检查时要求每根岔枕检查,重点检查是按要求位置进行检查。以下介绍的是重点检查内容。

(1)轨距、水平检查位置

轨距、水平的检查位置一般遵循特征点(如普速道岔的下尺位置)和大致等距(如 SC330 道岔的下尺位置)的原则。基本方法是先直后曲,顺时针行走;先直后曲是指在导曲线部分,如果同时要测量直股和曲股的轨距、水平时,为避免记录时出错,应先量直股,后量曲股;顺时针行走是指在辙叉部分检查时,为保证轨距尺的活动端位于护轨轮缘槽内,当右手拿轨距尺时,应按顺时针方向测量,比如右开道岔就应该先量直股,后量曲股。当左手拿轨距尺时,行走方向相反。

水平测量的基准股一般以直外股和导曲线上股为基准股,即直外股和导曲线上股高为正。现在也有的地方将正线与道岔的水平基准股统一。

木枕道岔一般尖轨中和辙叉中三处的水平只量不记。提速(高速)道岔的尖轨、心轨因采用 AT 轨制造,除尖轨、心轨轨顶刨切部分外,不存在构造水平,所以,水平的检查地点与轨距的检查地点相同。

在尖轨顶面较基本轨顶面低 16 mm 及以下范围内,量不到轨距,用轨距尺量到的是框架尺寸。因此,大号码道岔在这一范围测量到的实际值会比标准轨距要大。以下给出的常见道岔的轨距、水平检查的参考下尺位置,具体检查时可作适当调整。

道岔轨距的检查一般为 17 处(表 2-3),但在各轨距递减处,应每隔 1 m 检查 1 处,如发现递减率不合格或超限时,应在道岔检查记录簿记事栏内予以记录说明,记录格式见附录二。道岔轨距(包括水平)的检查位置如图 2-31 所示。

表 2-3　单开道岔下尺位置

序号	检查位置	说　明	序号	检查位置	说　明
S1	尖轨前顺坡终点	第 4 螺栓	S10	直股后部	距导曲线终点 4 m
S2	尖轨尖端	尖轨实际起点(距尖轨尖端 50～100 mm)	S11	导曲线后部	距导曲线终点 4 m
S3	尖轨中部	框架尺寸位置	S12	直股辙叉前	辙叉 4 螺栓
S4	直股尖轨跟端	第 3 螺栓	S13	直股辙叉中	同时量 1 391、1 348
S5	曲股尖轨跟端	第 3 螺栓	S14	直股辙叉后	辙叉 3 螺栓
S6	尖轨跟端后直股顺坡终点	距尖轨尖端 1.5 m	S15	曲股辙叉后	辙叉 3 螺栓
S7	导曲线前部	距导曲线起点 3 m	S16	曲股辙叉中	同时量 1 391、1 348
S8	直股中部	中部接头 3、4 螺栓	S17	曲股辙叉前	辙叉 4 螺栓
S9	导曲线中部	中部接头 3、4 螺栓			

(2)轨向、高低检查

用 10 m 弦测量直外股的轨向、高低。

轨向在钢轨非工作边测量。高低测量除需考虑高点和低点的位置外,还要考虑其互相影响及弦线头放置的位置。

视频

百米线路直线轨距水平的检查

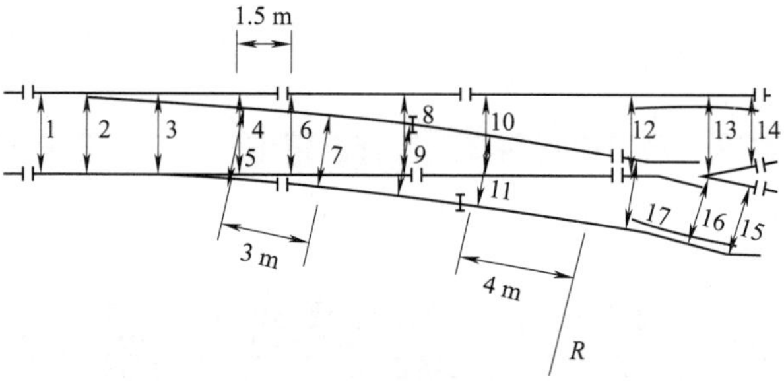

视频

百米线路直线部分高低与轨向的测量

图 2-31　道岔检查位置

(3)支距

道岔导曲线轨向的好坏,应以支距误差程度决定。导曲线支距是指直股基本轨工作边至导曲线上股工作边的垂直距离。

尖轨跟端至辙叉前趾范围内的各点支距应符合设计图规定,检查支距应使用支距尺,检查时,将支距尺置于直股基本轨与导曲线上股钢轨,与支距点标记对正,移动游框即可测量实际支距尺寸,如图 2-32 所示。

图 2-32　道岔支距测量

视频

单开道岔
几何尺寸检查

(4)单开道岔重点检查

①检查项目

轨距、水平、高低、轨向、支距、动程、开程、槽宽、爬行、勾画超限及超限小计。在记录本中填入常规项目,如站名、钢轨类型、道岔号数、日期和姓名等。

②工具及检查

轨距尺(检查有效期、校验水平)、支距尺(检查有效期和绝缘套)、弦线、折尺(小钢尺)、石笔、记录本和笔。

③操作步骤

a. 校验轨距尺。

b. 看连接部分和辙叉部分的高低、轨向。

c. 量轨距、水平和槽宽。量尖轨尖端轨距时量动程;量尖轨中部轨距时量开程;量直股辙跟轨距时看转辙部分高低、轨向。

d. 量爬行、支距。

e. 量高低、轨向。

f. 计算护轨槽宽、翼轨槽宽、留出超限并检查。

(七)检查记录本的填写及病害标记标准

(1)线路检查正线以千米、股道以 1 股道、道岔以组、曲线以条为单位记名检查,填记检查人员、记录人员、防护员姓名。

(2)各记录簿格式栏中对应内容应按要求填记,填记用笔:12 月、1 月、2 月可用铅笔,其他月份一律统一使用蓝或黑一种颜色的记录笔。

(3)线路设备检查内容执行《普速铁路线路修理规则》第 8.2.1 条规定及车间其他有关规定和要求。检查周期为工班长每周按规定的检查任务进行检查,必须由工班长亲自带队检查,检查完毕后由工班长进行病害标记、销号。

(4)对线路病害严重地段和薄弱处所应经常检查,检查结果应做好记录。

《普速铁路线路修理规则》规定了轨道线路、道岔、曲线的静态几何不平顺容许偏差管理值,各养护维修单位以表 2-4～表 2-7 中的偏差管理值为依据进行养护维修,严格执行标准,不得迁就或任意放宽标准。

轨道静态几何不平顺容许偏差管理值中,作业验收管理值是线路设备大修、计划维修和临时补修作业的质量检查标准;计划维修管理值是安排轨道维修计划的质量管理标准;临时补修管理值是及时进行轨道整修的质量控制标准;限速管理值是保证列车运行平稳性和舒适性,需立即限速并进行整修的质量控制标准;封锁管理值是保证列车运行平稳性,需立即封锁并进行整修的质量控制标准。

表 2-4　线路轨道静态几何不平顺容许偏差管理值　　单位:mm

项目		v_{max}>160 km/h 正线				120 km/h<v_{max}≤160 km/h 正线				80 km/h<v_{max}≤120 km/h 正线				v_{max}≤80 km/h 正线及到发线				其他站线			
		作业验收	计划维修	临时补修	限速(160 km/h)	作业验收	计划维修	临时补修	限速(120 km/h)	作业验收	计划维修	临时补修	限速(80 km/h)	作业验收	计划维修	临时补修	限速(45 km/h)	作业验收	计划维修	临时补修	封锁
轨距		+2 −2	+4 −3	+6 −4	+8 −6	+4 −2	+6 −4	+8 −6	+14 −7	+6 −2	+7 −4	+14 −7	+16 −8	+6 −2	+7 −4	+16 −8	+19 −9	+6 −2	+9 −4	+19 −9	+21 −10
水平		3	5	8	10	4	6	10	14	4	6	14	17	4	6	17	20	5	8	20	22
高低		3	5	8	11	4	6	11	15	4	6	15	19	4	6	19	22	5	8	22	24
轨向(直线)		3	4	7	9	4	6	9	12	4	6	12	15	4	6	15	18	5	8	18	20
三角坑	缓和曲线	3	4	5	6	4	5	6	7	4	5	7	8	4	6	8	9	5	7	9	10
	直线和圆曲线	3	4	6	8	4	6	8	11	4	6	11	13	4	6	13	15	5	8	15	16

注:①轨距偏差不含曲线上按规定设置的轨距加宽值,但最大轨距(含加宽值和偏差)不得超过 1 456 mm。

②轨向偏差和高低偏差为 10 m 弦测量的最大矢度值。

③三角坑偏差不含曲线超高顺坡造成的扭曲量;检查三角坑的基长,采用轨道检查仪时为 3 m,采用轨距尺时为 6.25 m,但在延长 18 m 的距离内无超过表列的三角坑。

④段管线、岔线按其他站线办理。

表 2-5　道岔轨道静态几何不平顺容许偏差管理值　　单位:mm

项目	v_{max}>160 km/h 正线			120 km/h<v_{max}≤160 km/h 正线			80 km/h<v_{max}≤120 km/h 正线			v_{max}≤80 km/h 正线及到发线			其他站线		
	作业验收	计划维修	临时补修	作业验收	计划维修	临时补修	作业验收	计划维修	临时补修	作业验收	计划维修	临时补修	作业验收	计划维修	临时补修
轨距	+2 −2	+4 −2	+5 −2	+3 −2	+4 −2	+6 −2	+3 −2	+5 −3	+6 −3	+3 −2	+5 −3	+6 −3	+3 −2	+5 −3	+6 −3
水平	3	5	7	4	5	8	4	6	8	4	6	9	6	8	10
高低	3	5	7	4	5	8	4	6	8	4	6	9	6	8	10

续上表

项目		v_{max}>160 km/h 正线			120 km/h<v_{max}≤160 km/h 正线			80 km/h<v_{max}≤120 km/h 正线			v_{max}≤80 km/h 正线及到发线			其他站线		
		作业验收	计划维修	临时补修	作业验收	计划维修	临时补修	作业验收	计划维修	临时补修	作业验收	计划维修	临时补修	作业验收	计划维修	临时补修
轨向	直线	3	4	6	4	5	8	4	6	8	4	6	9	6	8	10
	支距	2	3	4	2	3	4	2	3	4	2	3	4	2	3	4
三角坑		3	4	6	4	6	8	4	6	8	4	6	9	5	8	10

注:①支距偏差为现场支距与计算支距之差。

②导曲线下股高于上股的限值:作业验收为0,计划维修为2 mm,临时补修为3 mm。

③三角坑偏差不含曲线超高顺坡造成的扭曲量;检查三角坑的基长,采用轨道检查仪时为3 m,采用轨距尺时按规定位置检查,但在延长18 m的距离内无超过表列的三角坑。

④轨距偏差不含构造轨距加宽值,尖轨尖处轨距作业验收的容许偏差管理值为±1 mm。

⑤段管线、岔线道岔按其他站线道岔办理。

表2-6　曲线正矢计划维修容许偏差管理值

曲线半径 R/m		缓和曲线的正矢与计算正矢差/mm	圆曲线正矢连续差/mm	圆曲线正矢最大最小值差 /mm
R≤250		6	12	18
250<R≤350		5	10	15
350<R≤450		4	8	12
450<R≤800		3	6	9
R>800	v_{max}≤120 km/h	3	6	9
	v_{max}>120 km/h	2	4	6

注:曲线正矢用20 m弦在钢轨踏面下16 mm处测量。

表2-7　曲线正矢经常保养容许偏差管理值

曲线半径 R/m	缓和曲线的正矢与计算正矢差/mm		圆曲线正矢连续差/mm		圆曲线正矢最大最小值差/mm	
	正线及到发线	其他站线	正线及到发线	其他站线	正线及到发线	其他站线
R≤250	7	8	14	16	21	24
250<R≤350	6	7	12	14	18	21
350<R≤450	5	6	10	12	15	18
450<R≤800	4	5	8	10	12	15
R>800	3	4	6	8	9	12

注:段管线、岔线按其他站线办理。

对岔后线间距小于5.2 m的连接曲线,用10 m弦量正矢时,连续正矢差计划维修不超过2 mm。当曲线的位置、状态及轨向不符合规定时,应进行整正。

(5)轨道几何尺寸的记录及病害标记标准。

凡大于“线路轨道静态几何尺寸不平顺容许偏差管理值计划维修标准”“道岔轨道静态几何尺寸不平顺容许偏差管理值计划维修标准”“曲线正矢计划维修容许偏差管理值”的数值均视为超限处所,均要进行病害标记(谁带班检查、谁来进行病害标记)。病害标记不得用铅笔,必须用红颜色的记录笔。

①轨距、水平、支距超限,超过计划维修的处所画“√”,超过临时补修标准的处所画“—”;三角坑用连线将两个构成三角坑的数据连起,在中间画“△”;轨距变化率画连续波浪线“～～”。

②缓和曲线的正矢与计划正矢差画“√”,圆曲线正矢连续差画横线“—”,圆曲线正矢最大最小值差在最大值正下方写“大”字并进行病害标记,在最小值正下方写“小”字并进行病害标记;对同一条曲线出现几处最大最小差大于规定值时,只圈画最大与最小一处,当消灭了最大还存在有最大最小超标处所应在整修时一并处理,不再进行病害标记。

岔后附带曲线(5 m 测点)连续正矢差画横线“—”。

③轨向、高低及其他栏内,用文字表述,记录检查范围内目测(或绳量)存在的高低、轨向超限处所及超限值和发现的其他各类病害(包括钢轨、轨枕、联结零件、轨道加强设备、道床、路基、道口、标记标志等问题);对查出的每一处病害均要叙述清楚其所在里程、轨号、接头、前小腰、大腰(中间)、后小腰等信息;不是左右股同时存在的病害,要叙述清楚左右哪股;扣件还需标明内外,如接头螺栓缺少、松动,还需标明左右接头第几位螺栓。如格式占满可另附纸。

④临时补修日期及内容栏内,添记超限病害整改日期,整改内容、整改人,整改后将回检数据填写在超限下方(谁带班整改、谁销号)。

⑤无缝线路固定区累计位移量大于 10 mm 时,必须组织分析原因,采取防范措施。

(6)举例说明。

表 2-8 为线路检查记录簿,主要检查项目为轨距、水平及其他病害问题,25m 钢轨检查位置为接头、小腰、中间、小腰,检查完毕后进行病害标记。

表 2-9 为道岔检查记录簿,主要检查项目为轨距、水平、支距及其他病害问题,单开道岔检查 17 处,检查完毕后进行病害标记。

表 2-10、表 2-11 为曲线正矢检查记录簿,主要检查项目为曲线正矢,检查完毕后进行病害标记及拔量计算。

表 2-8 线路检查记录簿

正线 2 km 至 3 km　　站线 1 股道　　曲线半径 800 m　　超高 60 mm　　顺坡率 2 %

<table>
<tr><td rowspan="3">检查日期</td><td rowspan="3">检查项目</td><td colspan="24">钢轨编号</td></tr>
<tr><td colspan="4">1</td><td colspan="4">2</td><td colspan="4">3</td><td colspan="4">4</td><td colspan="4">5</td><td colspan="4">6</td></tr>
<tr><td>接头</td><td></td><td>中间</td><td></td><td>接头</td><td></td><td>中间</td><td></td><td>接头</td><td></td><td>中间</td><td></td><td>接头</td><td></td><td>中间</td><td></td><td>接头</td><td></td><td>中间</td><td></td><td>接头</td><td></td><td>中间</td><td></td></tr>
<tr><td rowspan="4">1/3</td><td>轨距</td><td>-1</td><td>1</td><td>-2</td><td>-3</td><td>-5
—</td><td>-3</td><td>-1</td><td>0</td><td>0</td><td>3</td><td>4</td><td>7</td><td>2</td><td>2</td><td>3</td><td>0</td><td>6
～</td><td>-3
～</td><td>-1</td><td>0</td><td>3</td><td>2</td><td>2</td><td>0</td></tr>
<tr><td>水平、三角坑</td><td>0</td><td>2</td><td>3</td><td>7
√</td><td>2</td><td>0</td><td>5</td><td>3</td><td>11
—</td><td>5</td><td>3</td><td>2</td><td>0</td><td>1</td><td>-5</td><td>0</td><td>5</td><td>-3</td><td>2</td><td>0</td><td>4</td><td>5</td><td>0</td><td>-3</td></tr>
<tr><td>轨向高低及其他</td><td colspan="24">△10　△8
1 号大腰高低-8 mm;
3 号轨向不良(8 mm);
4 号接头左外扣件失效一套,5 号右侧 2 根钢轨未上架</td></tr>
<tr><td>临时补修日期及内容</td><td colspan="24">整改日期:3 月 2 日
整改内容:整治轨距、水平、高低、轨向、三角坑,补齐失效扣件,上架钢轨。
整改人:张三</td></tr>
</table>

注:①轨距水平统一填写与标准值的偏差。曲线五大桩位置、轨距加宽、设计超高级顺坡率,必须在检查记录簿相应位置标出。

②直线与曲线转换基准股的相应轨号下方用字母“D”表示,防止出现同号三角坑。直线进入曲线后,按里程轨向在轨号栏内用△符号和字母“ZH/HY/QZ/YH/HZ”标出位置,同时将曲线半径、超高、顺频率填写在相应表头栏内。

表 2-9　道岔检查记录簿

站名 ××站　　道岔编号 5 号　　线别 正线　　道岔类型 P60-1/12

检查日期	检查项目	转辙部分					导曲线部分						辙叉部分										支距	记事
		基本轨接头	尖轨尖端处	尖轨中	尖轨跟端		直线			导曲线			叉心前		叉心中		叉心后		查照间隔		护背距离			
					直	曲	前	中	后	前	中	后	直	曲	直	曲	直	曲	直	曲	直	曲		
2/3	轨距	7 —	2	3	1	3	6 √	2	3	2	1	2	0	2	−2	3	2	0	1	3	6	7	−2 −1 −4 √ 0 1 0 5 1 0 1	
	水平	7 √	1	×	2	3	3	2	1	3	2	6	10 —	1	×	×	0	−3	×	×	×	×		
	轨向高低及其他	基本轨接头右股轨向 7 mm，直尖轨跟接头第 2 位螺栓松动。　△9 导曲线直股中高低 7 mm。																						
	临时补修日期及内容	S　4　处　　高低　1　处 消灭人：张三　3 月 3　日　　消灭人：张三　3 月　3　日 H　2　处　　轨向　1　处 螺栓已复紧																						

注：①道岔类型栏必须填写钢轨质量、辙叉号数，道岔种类，并注明正线、到发线、站线、专用线等。

②导曲线支距栏应按测点顺序填写实测值与设计值的偏差。

③辙叉部位的查照间隔、护背距离填写实测值后两位。

表 2-10　曲线正矢检查记录簿

延线：　　曲线编号：1　号

曲线位置 K4＋008.20—K4＋279.30　　线别 准东线　　直缓点位置 1　测点 9.5 m　　缓直点位置 29 测点 0.5 m

曲线半径 600 m　　曲线全长 271.10 m　　始端缓和曲线长 60 m　　终端缓和曲线长 60 m　　圆曲线设计正矢 83 mm

月日	测点	1	2	3	4	5	6	7	8	9	10	11	12	13	14	15	16	17	18	19	20
	计划正矢	0	3	17	30	44	58	70	81	83	83	83	83	83	83	83	83	83	83	83	83
3 月 3 日	现场正矢	0	2	23 √	31	45	53	70	80	84	92	83	84	81 小	83	82	83	85	85	95 大	82
	拨道量			−4							−6									−8	
	拨后正矢		4	19	33					87	86	86							89	87	86
	记事	3、10、19 号测点正矢已拨正										消灭人：张三　3 月　4　日									

表 2-11　曲线正矢检查记录簿

延线：　　曲线编号：1　号

曲线位置 ××站 1 号岔后　　线别 线　　直缓点位置 1　测点 0 m　　缓直点位置 7　测点 2.6 m

曲线半径 400 m　　曲线全长 33.26 m　　始端缓和曲线长 0 m　　终端缓和曲线长 0 m　　圆曲线设计正矢 31 mm

月日	测点	1	2	3	4	5	6	7	8												
	计划正矢	16	31	31	31	31	31	29	7												
3 月 3 日	现场正矢	17	32	26	30	28	29	23	14												
	拨道量			+4				+6													
	拨后正矢		30	30	28		26	29	11												
	记事	3、7 号测点正矢已拨正									消灭人：张三　3　月　4　日										

课程思政

同学们 1 mm 有多厚呢？大约是我们课本崭新状态下 20 页纸的厚度，同学们可以感受一下，是不是非常的薄呢？我们可以发现，铁路特别是高速铁路很多指标的管理是以毫米为单位的，目的就是要保证我们列车在高速运行下的安全和平稳。身为未来铁路医生的我们责任重大、使命光荣，培养和树立"毫米级"严谨认真的态度是我们义不容辞的责任！

二、钢轨

钢轨是铁路轨道的主要组成部件。它的作用在于引导机车车辆的运行，承受车轮的巨大压力并传递到轨枕上，为车轮提供连续、平顺和阻力较小的滚动表面，在电气化铁路或自动闭塞区段，钢轨还兼作轨道电路之用。

为使列车能够安全、平稳和不间断地运行，钢轨除必须充分发挥上述功能外，还应保证在轮载和轨温变化作用下，钢轨应力和变形均不超过规定的限值，这就要求钢轨具有足够的强度、韧性和耐磨性。

(一)钢轨类型

钢轨的类型以每米长度钢轨的质量(kg/m)来表示。目前，我国铁路的钢轨类型主要有 75 kg/m、60 kg/m、50 kg/m、43 kg/m 四种。随着机车车辆轴重的加大和行车速度的提高，钢轨正在向重型发展，目前世界上最重型的钢轨已达到 77.5 kg/m。

我国钢轨的标准长度有 12.5 m 和 25 m 两种。

(二)钢轨接头及轨缝

1. 轨缝

在普通线路轨道上，钢轨与钢轨之间用夹板连接，其联结处称为钢轨接头。普通线路钢轨接头，应根据钢轨长度，轨温变化及钢轨伸缩规律预留轨缝，预留轨缝的条件是：

(1)当轨温达到当地最高轨温时轨缝大于或等于零，轨端不受顶力。

(2)当轨温达到当地最低轨温时轨缝小于或等于构造轨缝，接头螺栓不受剪力。

普通线路钢轨接头，应根据钢轨长度与钢轨温度预留轨缝。轨缝的标准尺寸按下式计算：

$$a_0=\alpha L(t_z-t_0)+\frac{1}{2}a_g$$

式中 a_0——更换钢轨或调整轨缝时的预留轨缝(mm)；

α——钢轨线膨胀系数，为 0.011 8 mm/(m·℃)；

L——钢轨长度(m)；

t_0——更换钢轨或调整轨缝时的轨温(℃)；

a_g——构造轨缝，38 kg/m、43 kg/m、50 kg/m、60 kg/m、75 kg/m 钢轨 a_g 均采用 18 mm；

t_z——更换钢轨或调整轨缝地区的中间轨温(℃)，其计算式为

$$t_z=\frac{1}{2}(T_{max}+T_{min})$$

其中 T_{max}，T_{min}——当地历史最高、最低轨温(℃)。

最高、最低轨温差不大于 85 ℃的地区，在按上式计算 a_0 以后，并可根据具体情况将轨缝值减小 1～2 mm。

2. 钢轨接头分类

1)按其相对轨枕位置分

钢轨接头按其对轨枕的位置,分为悬空式和承垫式两种。钢轨接头悬于两根轨枕之间,为悬空式接头。目前我国铁路上均采用悬空式接头。这种形式的接头受力条件较好,结构简单,便于维修和养护。

钢轨接头压于轨枕之上,为承垫式接头。承垫式接头又分为单枕承垫式和双枕承垫式两种。当列车通过时单枕承垫式接头会使轨枕左右摇动,不稳定,故很少采用。双枕承垫式接头如图 2-33 所示。承垫式接头主要用于需要加强线路接头的地方(如联结两种不同类型钢轨的异型接头),以保证接头有足够的强度和位置稳定。

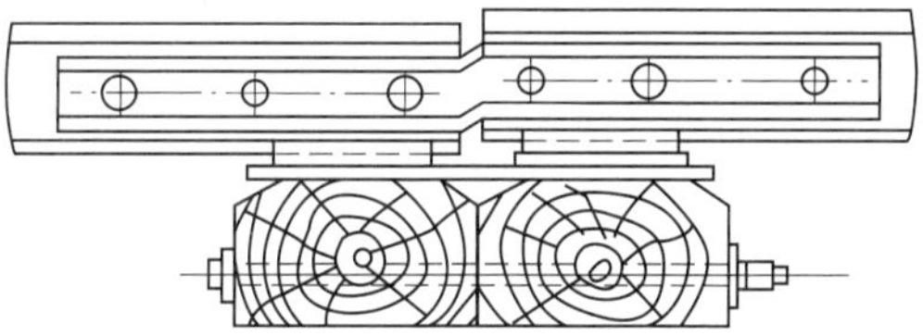

图 2-33　双枕承垫式接头

2)按其相对股线位置分

钢轨接头按其在两股轨线上的相互位置,分为相对式和相互式两种。相对式接头也称对接,即两股钢轨的接头左右相对,如图 2-34(a)所示。相互式接头也称相错式接头或错接,即一股钢轨的接头与另一股钢轨的接头错开布置,如图 2-34(b)所示。实践证明,采用相对式接头能使左右钢轨受力均匀,且有利于机械化铺轨(铺轨排)和提高旅客舒适度。因此,我国广泛采用对接形式。只有在专用线上铺设非标准长的钢轨(或再用轨)时才采用相错式接头,并规定相错式接头的接头错开距离应不小于 3.0 m。

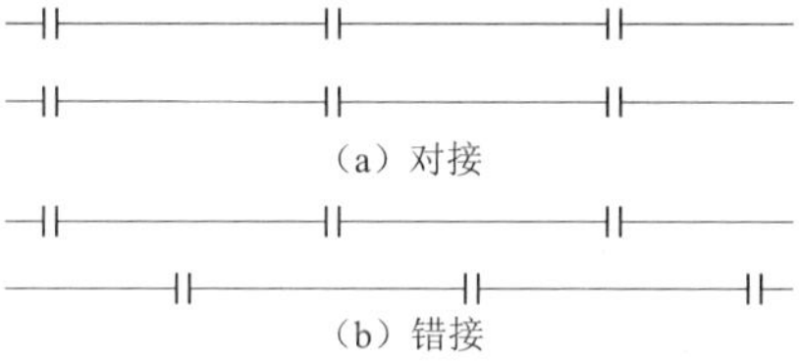

图 2-34　接头相对形式

3)按其用途和性能分

钢轨接头按其用途和性能可分为普通接头、异型接头、绝缘接头、导电接头、伸缩接头、冻结接头、胶接绝缘接头等。

(1)普通接头:即同类型钢轨铺设时的正常联结接头。

(2)异型接头:即不同类型钢轨互相联结的接头。在异型接头处,应使用异型夹板。

(3)绝缘接头:在钢轨、夹板与螺栓之间,螺栓孔四周以及轨端之间用尼龙绝缘套管和尼龙绝缘垫片将电流隔断,用于自动闭塞分区两端,使信号电流不能从一个闭塞分区传到另一个闭塞分区的钢轨接头,如图 2-35 所示。

(4)导电接头:用于自动闭塞及电力牵引区段,供传导轨道电流或作为牵引电流回路之用。轨间传导连接装置用两根 5 mm 左右的镀锌铁丝组成,如图 2-36 所示。

图 2-35　绝缘接头

图 2-36　导电接头

(5)伸缩接头:也称尖轨接头或温度调节器。是将接头以尖轨的形式联结,用于联结轨端伸缩量较大的轨道,如无缝线路及温度跨度大于 100 m 的两跨钢梁活动端的钢轨接头,如图 2-37所示。

(6)冻结接头:用月牙垫片填塞螺栓孔的方法,阻止钢轨自由伸缩的接头,如图 2-38 所示。

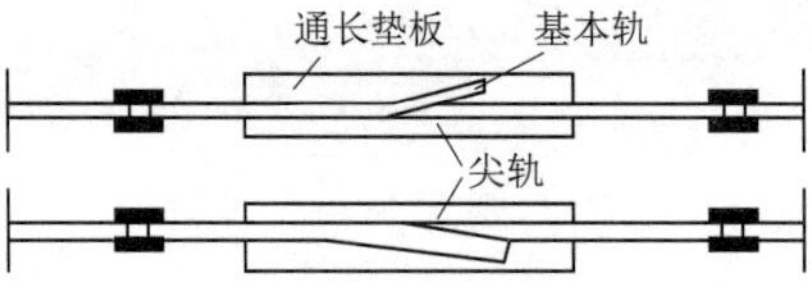

图 2-37　伸缩接头

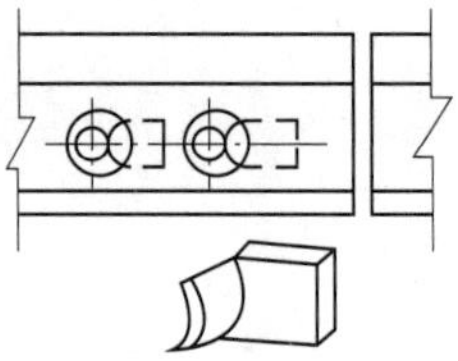

图 2-38　冻结接头

(7)胶接绝缘接头:是用高强度绝缘胶粘剂将钢轨和夹板胶合成一整体的接头。

钢轨的工作条件非常复杂,车轮作用于钢轨上的力有垂直力、横向水平力和纵向水平力。此外,气候和其他因素也对钢轨使用性能有影响。钢轨除承受基本弯曲应力外,还有接触应力、残余应力、局部应力和温度应力等,使钢轨产生压缩、伸长、弯曲、扭转、压溃、磨损、断裂等。

3. 检查项目

各检查工区、线路工区日常巡查时要全面查看,重点检测,主要进行接头错牙,接头相错,轨缝、焊缝及轨端肥边,尖轨与基本轨、可动心轨与翼轨的密贴及尖端爬行,钢轨伤损,道岔轨件伤损等项目的检查。

1)接头错牙

钢轨接头是铁路轨道中的最薄弱环节之一,在列车动荷载作用下,机车车轮跃过钢轨接头轨缝时,对迎端轨产生较大的冲击力,致使接头错牙发生率上升。因接头错牙而产生的病害有很多,例如轨面错牙形成台阶,车轮冲击大导致接头夹板、螺栓、轨枕断裂、钢轨扎伤,内侧错牙导致轨距递减率增大引起晃车等,所以在日常养护维修中必须加强检查,消灭接头错牙、延长设备的使用寿命。

钢轨接头的两端钢轨错牙主要使用 1 m 钢直尺进行测量检查,轨面错牙(上下错牙)或内侧错牙(左右错牙)不得超过 1 mm。轨面错牙超过规定时,可用厚度为 1～2 mm 的三角垫片进行整治。加垫三角垫片时,只需松开接头螺栓,在轨面较高一侧的接头夹板上端面将三角垫片的竖直边插入接头夹板内侧,然后拧紧接头螺栓,恢复到规定的扭力矩,如图 2-39 所示。

2)接头相错

线路上两股钢轨接头一般应采用相对式。曲线地段外股应使用标准长度钢轨,内股应使用厂制缩短轨调整钢轨接头位置,剩余的少量相错量,应利用钢轨长度误差量在曲线内(在困难时可在直线上)调整。

接头相错量使用方尺或支距尺进行测量,相错量直线地段不得大于 40 mm,曲线地段不得大于 40mm 加缩短轨缩短量的一半，如图 2-40 所示。

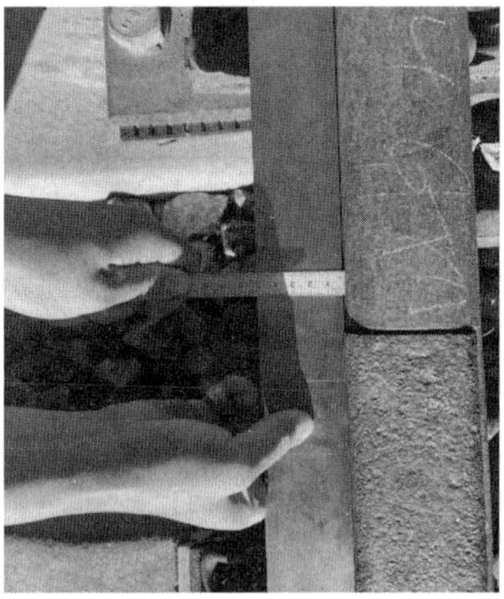

图 2-39　接头左右错牙测量

图 2-40　接头相错测量

若接头相错超过规定值时，车轮不能同时通过左右股钢轨接头，此时接头处为最薄弱的环节，极易出现各种病害，若出现低接头病害时，相当于存在三角坑，对行车影响较大，应及时消除。

3)轨缝、焊缝及轨端肥边

普通有缝线路为了满足钢轨热胀冷缩，存在预留轨缝；无缝线路是用标准长度的钢轨焊接而成的长钢轨线路，存在焊缝。

测量轨缝使用铁路专用的轨缝塞尺进行测量，测量焊缝时应使用 1 m 钢直尺测量轨面及内侧平直度。普通有缝线路的轨缝应设置均匀，预留轨缝应保证夏季不得出现瞎缝，冬季不得大于构造轨缝(18 mm)，绝缘接头轨缝不得小于 6 mm，轨端肥边不得大于 2 mm，焊缝应符合打磨作业验收标准，如图 2-41 和图 2-42 所示。

图 2-41　轨缝测量

图 2-42　焊缝平顺测量

4)尖轨与基本轨、可动心轨与翼轨的密贴及尖轨爬行

不密贴的表现形式为尖轨尖与基本轨离缝，容易造成尖轨轧伤、侧面磨耗或揭盖、基本轨框架尺寸不良、尖轨基本轨横移等。

检查尖轨与基本轨、可动心轨与翼轨的密贴，使用塞尺进行测量，离缝不得大于 1 mm。尖轨爬行主要包括两种情况：第一，尖轨相对于该侧基本轨的爬行；第二，两尖轨间的相对爬行。检查尖轨爬行使用支距尺或方尺进行测量，如图 2-43～图 2-45所示。

图 2-43　尖轨与基本轨密贴测量

图 2-44 滑床板离缝测量

图 2-45 尖轨爬行测量

5)钢轨伤损

钢轨伤损按程度分为轻伤、重伤和折断三类。钢轨轻伤和重伤标准见表 2-12～表 2-14。探伤人员、线路(检查)工班长认为钢轨有伤损时,也可判为轻伤或重伤。

表 2-12 钢轨轻伤和重伤标准

伤损项目	伤损程度						备注
	轻伤			重伤			
	$v_{max}>$ 160 km/h	160 km/h $\geqslant v_{max}>$ 120 km/h	$v_{max}\leqslant$ 120 km/h	$v_{max}>$ 160 km/h	160 km/h $\geqslant v_{max}>$ 120 km/h	$v_{max}\leqslant$ 120 km/h	
钢轨头部磨耗	磨耗量超过《普速铁路线路修理规则》表 3.6.3-2 所列限度之一者			磨耗量超过《普速铁路线路修理规则》表 3.6.3-3 所列限度之一者			
轨端或轨顶面剥落掉块	长度超过 15 mm 且深度超过 3 mm	长度超过 15 mm 且深度超过 3 mm	长度超过 15 mm 且深度超过 4 mm	长度超过 25 mm 且深度超过 3 mm	长度超过 25 mm 且深度超过 3 mm	长度超过 30 mm 且深度超过 8 mm	
钢轨顶面擦伤	深度超过 0.5 mm	深度超过 0.5 mm	深度超过 1 mm	深度超过 1 mm	深度超过 1 mm	深度超过 2 mm	
钢轨低头	超过 1 mm	超过 1.5 mm	超过 3 mm	超过 1.5 mm	超过 2.5 mm	超过 3.5 mm	用 1 m 直尺测量最低处矢度,包括轨端轨顶面压伤和磨耗在内
波浪形磨耗	谷深超过 0.3 mm	谷深超过 0.3 mm	谷深超过 0.5 mm	—	—	—	
钢轨表面裂纹	—	—	—	有	有	有	包括螺孔裂纹、轨头下颚水平裂纹(透锈)、轨腰水平裂纹、轨头纵向裂纹、轨底裂纹等(不含轮轨接触疲劳引起轨顶面表面或近表面的鱼鳞裂纹)

续上表

伤损项目	伤损程度						备　注
	轻　伤			重　伤			
	$v_{max}>$ 160 km/h	160 km/h $\geqslant v_{max}$ >120 km/h	$v_{max}\leqslant$ 120 km/h	$v_{max}>$ 160 km/h	160 km/h $\geqslant v_{max}$ >120 km/h	$v_{max}\leqslant$ 120 km/h	
钢轨内部裂纹	—	—	—	有	有	有	包括核伤(黑核、白核)、钢轨纵向裂纹等
钢轨变形	—	—	—	有	有	有	轨头扩大、轨腰扭曲或鼓包等,经判断确认内部有暗裂
钢轨锈蚀	—	—	—	经除锈后,轨底厚度不足 8 mm 或轨腰厚度不足 14 mm		经除锈后,轨底厚度不足 5 mm 或轨腰厚度不足 8 mm	

表 2-13　钢轨头部磨耗轻伤标准

钢轨/(kg/m)	总　磨　耗/mm				垂 直 磨 耗/mm				侧 面 磨 耗/mm			
	$v_{max}>$ 160 km/h 正线	160 km/h $\geqslant v_{max}$ >120 km/h 正线	$v_{max}\leqslant$ 120 km/h 正线及到发线	其他站线	$v_{max}>$ 160 km/h 正线	160 km/h $\geqslant v_{max}$ >120 km/h 正线	$v_{max}\leqslant$ 120 km/h 正线及到发线	其他站线	$v_{max}>$ 160 km/h 正线	160 km/h $\geqslant v_{max}$ >120 km/h 正线	$v_{max}\leqslant$ 120 km/h 正线及到发线	其他站线
75	9	12	16	18	8	9	10	11	10	12	16	18
75 以下～60	9	12	14	16	8	9	9	10	10	12	14	16
60 以下～50	—	—	12	14	—	—	8	9	—	—	12	14
50 以下～43	—	—	10	12	—	—	7	8	—	—	10	12
43 以下	—	—	9	10	—	—	7	7	—	—	9	11

注:①总磨耗=垂直磨耗+1/2 侧面磨耗。

②垂直磨耗在钢轨顶面宽 1/3 处(距标准工作边)测量。

③侧面磨耗在钢轨踏面(按标准断面)下 16 mm 处测量。

表 2-14　钢轨头部磨耗重伤标准

钢轨/(kg/m)	垂直磨耗/mm			侧面磨耗/mm		
	$v_{max}>$160 km/h 正线	160 km/h$\geqslant v_{max}$>120 km/h 正线	$v_{max}\leqslant$120 km/h 正线、到发线及其他站线	$v_{max}>$160 km/h 正线	160 km/h$\geqslant v_{max}>$120 km/h 正线	$v_{max}\leqslant$120 km/h 正线、到发线及其他站线
75	10	11	12	12	16	21

续上表

钢轨/(kg/m)	垂直磨耗/mm			侧面磨耗/mm		
	v_{max}>160 km/h 正线	160 km/h≥v_{max}>120 km/h 正线	v_{max}≤120 km/h 正线、到发线及其他站线	v_{max}>160 km/h 正线	160 km/h≥v_{max}>120 km/h 正线	v_{max}≤120 km/h 正线、到发线及其他站线
75 以下～60	10	11	11	12	16	19
60 以下～50	—	—	10	—	—	17
50 以下～43	—	—	9	—	—	15
43 以下	—	—	8	—	—	13

钢轨折断标准：

(1)钢轨全截面断裂。

(2)裂纹贯通整个轨头截面。

(3)裂纹贯通整个轨底截面。

(4)允许速度不大于 160 km/h 区段钢轨顶面上有长度大于 50 mm 且深度大于 10 mm 的掉块，允许速度大于 160 km/h 区段钢轨顶面上有长度大于 30 mm 且深度大于 5 mm 的掉块。

当无缝线路钢轨(焊缝)折断时,应按《普速铁路工务安全规则》规定设置停车信号防护,断轨处理后的放行列车条件：

①紧急处理——当钢轨断缝不大于 50 mm 时,应立即进行紧急处理。在断缝处上好夹板或臌包夹板,用急救器固定,在断缝前后各 50 m 拧紧扣件,并派人看守,放行列车速度不超过 15 km/h。如断缝小于 30 mm 时,放行列车速度不超过 25 km/h。有条件时应在原位焊复,否则应在轨端钻孔,上好夹板或臌包夹板,拧紧接头螺栓,然后可适当提高行车速度,如图 2-46 所示。

图 2-46　臌包夹板

②临时处理——钢轨折损严重或断缝大于 50 mm,以及紧急处理后,不能立即焊接修复时,应封锁线路,切除伤损部分,两锯口间插入长度不短于 6 m 的同型钢轨,轨端钻孔,上接头夹板,用 10.9 级螺栓拧紧。在短轨前后各 50 m 范围内,拧紧扣件后,按正常速度放行列车,但不得大于 160 km/h。

临时处理或紧急处理时,应先在断缝两侧轨头非工作边做出标记,标记间距离约为 8 m,并准确丈量两标记间的距离和轨头非工作边一侧的断缝值,做好记录。

③永久处理——对紧急处理或临时处理的处所，应及时插入短轨进行焊复，恢复无缝线路轨道结构。在线路上焊接时气温不应低于 0 ℃。放行列车时，焊缝温度应低于 300 ℃。

6)道岔轨件伤损

(1)尖轨、可动心轨有下列伤损或病害，应及时修理或更换：

①尖轨尖端与基本轨或可动心轨尖端与翼轨间隙大于 1 mm，短心轨与叉跟尖轨尖端间隙大于 1.5 mm。

②尖轨、可动心轨侧弯造成轨距不符合规定。

③尖轨、可动心轨顶面宽 50 mm 及以上断面处，尖轨顶面低于基本轨顶面、可动心轨顶面低于翼轨顶面 2 mm 及以上。

④尖轨、可动心轨顶面宽 50 mm 及以下断面处，尖轨顶面高于基本轨顶面、可动心轨顶面高于翼轨顶面 2 mm 及以上。

⑤尖轨、可动心轨工作面伤损，继续发展，轮缘有爬上尖轨、可动心轨的可能。

⑥内锁闭道岔两尖轨相互脱离时，分动外锁闭道岔两尖轨与连接装置相互分离或外锁闭装置失效时。

⑦其他伤损达到钢轨轻伤标准时。

(2)基本轨有下列伤损或病害，应及时修理或更换：

①曲股基本轨的弯折点位置或弯折尺寸不符合要求，造成轨距不符合规定。

②基本轨垂直磨耗，50 kg/m 及以下钢轨，在正线上超过 6 mm，到发线上超过 8 mm，其他站线上超过 10 mm；60 kg/m 及以上钢轨，在允许速度大于 120 km/h 的正线上超过 6 mm，其他正线上超过 8 mm，到发线上超过 10 mm，其他站线上超过 11 mm(33 kg/m 及其以下钢轨由铁路局集团公司规定)。

③其他伤损达到钢轨轻伤标准时。

(3)道岔和调节器尖轨或基本轨伤损时，宜同时更换尖轨和基本轨。如单独更换尖轨时，在更换前应校核尖轨几何尺寸，更换后应进行基本轨、尖轨顺坡打磨，保证换后符合技术标准。

(4)道岔护轨螺栓、可动心轨咽喉和叉后间隔铁螺栓、长心轨与短心轨联结螺栓、钢枕立柱螺栓、可动心轨凸缘与接头铁联结螺栓、合金钢组合辙叉间隔铁螺栓必须齐全，作用良好，折断时必须立即更换。同一部位同时有两条螺栓或可动心轨凸缘与接头铁螺栓有一条缺少或折损时，道岔应停止使用。

(5)道岔各种零件应齐全，作用良好，缺少时应及时补充。有下列伤损或病害，应有计划地进行修理或更换：

①各种螺栓、连杆、顶铁和间隔铁损坏、变形或作用不良，顶铁和轨腰离缝大于 2 mm。

②滑床板损坏、变形或滑床台磨耗大于 3 mm。

③轨撑损坏、松动，轨撑与轨头下颚或轨撑与垫板挡肩离缝大于 2 mm。

④护轨垫板折损。

⑤钢枕和钢枕垫板下胶垫及防切垫片损坏、失效。

⑥弹片、销钉、挡板损坏。弹片与滑床板挡肩离缝、挡板前后离缝大于 2 mm，销钉帽内侧距滑床板边缘大于 5 mm。

⑦其他各种零件损坏、变形或作用不良。

(6)辊轮系统及其部件应满足以下要求：

①辊轮安装与调整应符合铺设图要求，各零部件应保持齐全。

②尖轨在闭合状态下，尖轨轨底与辊轮的间隙应为 1～2 mm；尖轨在斥离状态下，尖轨轨底与滑床台上表面的间隙应为 1～3 mm。

③辊轮槽排水孔应保持畅通。

④辊轮上、下部分联结螺栓松动、折断、缺失、破损时应及时修理或更换。

(7)辙叉伤损分轻伤和重伤两类。

高锰钢整铸辙叉轻伤标准(含可动心轨辙叉中高锰钢整铸翼轨、叉跟座)：

①辙叉心宽 40 mm 断面处，辙叉心垂直磨耗(不含翼轨加高部分)，50 kg/m 及以下钢轨，在正线上超过 4 mm，到发线上超过 6 mm，其他站线上超过 8 mm；60 kg/m 及以上钢轨，在允许速度大于 120 km/h 的正线上超过 4 mm，其他正线上超过 6 mm，到发线上超过 8 mm，其他站线上超过 10 mm；可动心轨宽 40 mm 断面及可动心轨宽 20 mm 断面对应的翼轨垂直磨耗(不含翼轨加高部分)超过 4 mm。

②辙叉顶面和侧面的任何部位有裂纹。

③辙叉心、辙叉翼轨面剥落掉块，在允许速度大于 120 km/h 线路上长度超过 15 mm，且深度超过 1.5 mm；在其他线路上长度超过 15 mm，且深度超过 3 mm。

④钢轨探伤人员或线路(检查)工长认为有伤损的辙叉。

高锰钢整铸辙叉重伤标准(含可动心轨辙叉中高锰钢整铸翼轨、叉跟座)：

①辙叉心宽 40 mm 断面处，辙叉心垂直磨耗(不含翼轨加高部分)，50 kg/m 及以下钢轨，在正线上超过 6 mm，到发线上超过 8 mm，其他站线上超过 10 mm；60 kg/m 及以上钢轨，在允许速度大于 120 km/h 的正线上超过 6 mm，其他正线上超过 8 mm，到发线上超过 10 mm，其他站线上超过 11 mm；可动心轨宽 40 mm 断面及可动心轨宽 20 mm 断面对应的翼轨垂直磨耗(不含翼轨加高部分)超过 6 mm(33 kg/m 及以下钢轨由铁路局集团公司规定)。

②垂直裂纹长度(含轨面部分裂纹长度)超过表 2-15 所列限度者。

表 2-15 垂直裂纹

项　目	辙叉心/mm		辙叉翼/mm
	宽 0～50	宽 50 以后	
一条裂纹长度	50	50	40
两条裂纹相加	60	80	60

③纵向水平裂纹长度超过表 2-16 所列限度者。

表 2-16 纵向水平裂纹

项　目	辙叉心/mm	辙叉翼/mm	轮缘槽/mm
一侧裂纹长度	100	80	200
一侧裂纹发展至轨面(含轨面部分裂纹长度)	60	60	—
两侧裂纹贯通(指贯通长度)	50	—	—
两侧裂纹相对部分长度	—	—	100

④叉趾、叉跟轨头及下颚部位裂纹超过 30 mm。

⑤叉趾、叉跟浇注断面变化部位斜向或水平裂纹长度超过 120 mm，或虽未超过 120 mm，

但裂纹垂直高度超过 40 mm。

⑥底板裂纹向内裂至轨腰，并超过轨腰与圆弧的连接点。

⑦螺栓孔裂纹延伸至轨端、轨头下颚或轨底，两相邻螺栓孔裂通。

⑧辙叉心、辙叉翼轨面剥落掉块长度超过 30 mm，且深度超过 6 mm。

⑨钢轨探伤人员或线路(检查)工长认为有影响行车安全的其他缺陷。

合金钢组合辙叉的垂直磨耗比照高锰钢整铸辙叉办理，其他伤损比照钢轨轻重伤标准办理。

辙叉有轻伤时，应加强检查观测，达到重伤标准时应及时更换。

(8)可动心轨道岔的普通钢轨接头应使用 10.9 级螺栓，扭矩应保持 700～900 N·m。

可动心轨道岔的长心轨实际尖端至翼轨趾端的距离(简称尖趾距离)，容许误差：12 号为$^{+10}_{0}$mm，18 号为$^{+15}_{0}$mm，30 号及以上为$^{+25}_{0}$mm。

(9)护轨侧面磨耗分轻伤和重伤两类，见表 2-17，护轨侧面磨耗达到重伤应及时更换。

表 2-17　护轨侧面磨耗轻伤和重伤标准

道岔直向允许通过速度/(km/h)	轻伤/mm	重伤/mm
$v_{max}>120$	8	10
$v_{max}\leqslant 120$	10	12

注：磨耗在平直段中点量取。

三、轨枕

轨枕承受来自钢轨的各向压力，弹性地传递给道床，并保持钢轨的位置、轨向和轨距。因此，轨枕应具有必要的坚固性、弹性和耐久性，并应便于固定钢轨，造价低廉，制作简单，铺设及养护方便。

轨枕按材料分有木枕、混凝土枕和钢枕；按用途分有普通轨枕、岔枕和桥枕等。

(一)分类

1. 木枕

木枕按用途分为普通木枕、道岔木枕和桥枕等几种。国家标准规定的普通木枕分为Ⅰ、Ⅱ两类，Ⅰ类木枕多用于正线，Ⅱ类木枕用于站线。道岔木枕不分类。

2. 混凝土枕

随着铁路向高速、重载发展的需要，用混凝土枕已逐渐取代木枕。混凝土枕的优点是材源丰富、质量大(Ⅰ、Ⅱ型轨枕为 220～250 kg，Ⅲ型轨枕约 350 kg)，并能保证尺寸统一，使轨道弹性均匀，并提高轨道的稳定性。同时，混凝土枕不受气候、腐朽、虫蛀及火灾的影响，使用寿命长。此外，混凝土枕还具有较高的道床阻力，这对提高无缝线路的横向稳定性十分有利。

混凝土枕的特点是自重大、刚度大，与木枕线路相比，其在荷载作用下的挠度较小，但弹性较差，列车通过不平顺的混凝土枕线路时，轨道附加动力增大。为了增加弹性，减缓列车的动力冲击作用，在钢轨和轨枕之间必须加设弹性垫层，并采用富有弹性的联结扣件，以提高线路的抗震能力。

(1)混凝土枕类型

混凝土枕按配筋方式可分为普通钢筋混凝土枕和预应力钢筋混凝土枕两大类。按用途分为普通轨枕(图 2-47)、桥枕(图 2-48)和岔枕(图 2-49)。普通钢筋混凝土枕抗弯能力差，容易开裂失效,一般只能用于次要线路,目前已淘汰。预应力钢筋混凝土枕制作时给混凝土施加强大的预压应力,以弥补这方面的不足,目前已得到广泛应用。我国使用的混凝土枕,现行标准分为三级,并与不同轨道类型配套使用,具体见表 2-18。

图 2-47　普通混凝土枕

图 2-48　混凝土桥枕

图 2-49　混凝土岔枕

表 2-18　混凝土枕的名称与适用范围

统一名称	原名称	适用范围
S-1 型预应力混凝土枕	丝 79 型预应力混凝土枕	中、轻型轨道
S-2、J-2 型预应力混凝土枕	筋(丝)81 型预应力混凝土枕	重型、次重型轨道
S-3 型预应力混凝土枕	与 75 kg/m 钢轨配套用钢丝混凝土枕	特重型轨道

注:S 表示配筋采用高强度钢丝;
J 表示配筋采用高强度钢筋;
1,2,3 表示轨枕生产的先后顺序,又表示混凝土轨枕强度等级的发展。

(2)混凝土枕形状

各类预应力钢筋混凝土枕的截面均为上窄下宽的梯形,新Ⅱ型混凝土枕如图 2-50 所示,Ⅲ型混凝土枕如图 2-51 所示,支承钢轨的部位为承轨台,承轨台根据所用扣件类型的不同,分为有挡肩和无挡肩两大类。台面上做成 1∶40 的轨底坡。

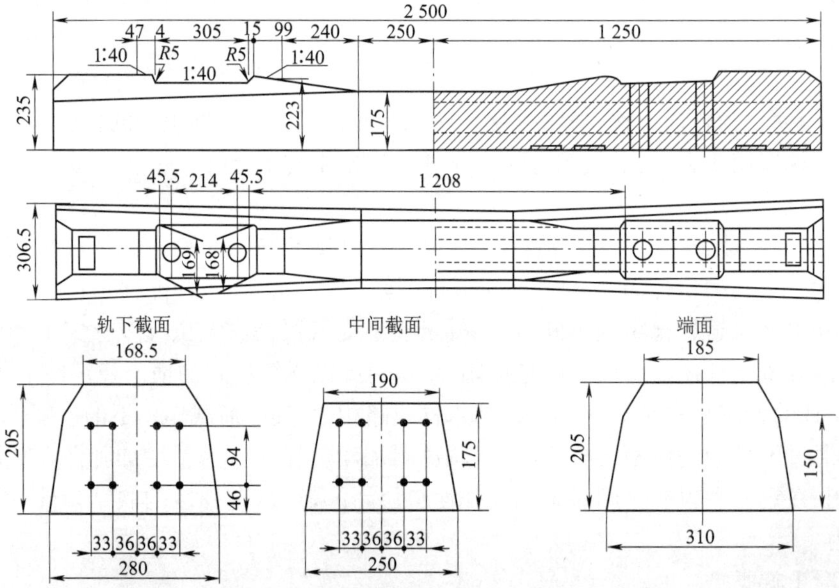

图 2-50　新Ⅱ型混凝土枕(单位:mm)

图 2-51 Ⅲ型混凝土枕

3. 检查内容

检查轨枕时主要检查轨枕位置、轨枕伤损及轨枕空吊率。

1)轨枕位置检查

检查轨枕位置时，要全面查看，重点检查，主要查看轨枕偏斜程度、轨枕间距的偏差，用盒尺进行测量，并记录在检查记录本内。

2)轨枕伤损检查

应保持正线及到发线接头轨枕无失效，其他处所无连续失效(含岔枕)。轨枕失效标准如下：

(1)混凝土枕(含混凝土宽枕、混凝土岔枕及短轨枕)

①明显折断。

②纵向通裂。

a. 挡肩顶角处缝宽大于 1.5 mm。

b. 纵向水平裂缝基本贯通(缝宽大于 0.5 mm)。

③横裂(或斜裂)接近环状裂纹(残余裂缝宽度大于 0.5 mm 或长度超过 2/3 枕高)。

④挡肩破损，接近失去支承能力(破损长度超过挡肩长度的 1/2)。

⑤严重掉块，影响钢轨或扣件正常安装及使用，或影响轨枕其他正常使用功能。

(2)木枕(含木岔枕)

①腐朽失去承压能力，钉孔腐朽无处改孔，不能持钉。

②折断或拼接的接合部分离，不能保持轨距。

③机械磨损，经削平或除去腐朽木质后，允许速度大于 120 km/h 线路，其厚度不足 140 mm，其他线路不足 100 mm。

④劈裂或其他伤损，不能承压、持钉。

3)轨枕空吊率检查

空吊是有砟轨道最普遍的病害，其形成原因较多，具体为路基不均匀沉降，道砟夯实、捣固不足，列车长期冲击作用，雨水对道砟的洗刷等均会导致道床下沉，从而出现道砟与轨枕接触面积减小，产生轨枕空吊现象。

轨枕空吊将引起轨道支撑刚度不均匀，轮轨冲击作用增大，轨枕破坏加快，造成道砟粉化，钢轨、扣件伤损，甚至会影响列车运行安全性。

四、联结零件及轨道加强设备

(一)接头联结零件

钢轨接头联结零件包括夹板、螺栓、螺母、垫圈等组成部分。其作用是联结钢轨，保持轨线的连续性，并传递和承受弯矩和纵、横向作用力。

接头螺栓、螺母是钢轨接头处用以夹紧夹板和钢轨的配件，使夹板与钢轨连接牢固可靠，贴合紧密，但又必须保证在气温变化时轨端能在两夹板间作部分纵向移动。螺栓的直径愈大，紧固力愈强，但加大螺栓直径必然要加大钢轨及夹板上的螺栓孔径，从而削弱钢轨与夹板的强度。因此，螺栓宜采用高碳钢制造和经过热处理的高强度螺栓。接头螺栓断面及实物如图 2-52所示。

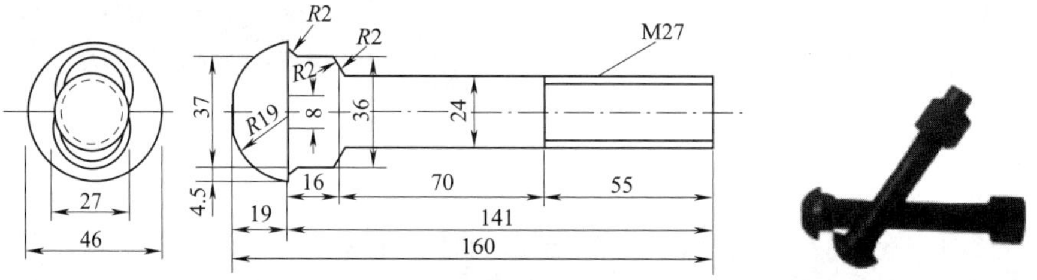

图 2-52 接头螺栓断面及实物(单位:mm)

垫圈是为了防止螺母松动，普通线路用弹簧垫圈(单圈)，其断面形状有圆形和矩形两种。在无缝线路上还应当在弹簧垫圈外再加设高强度平垫圈。

(二)检查接头联结零件

接头联结零件的作用是保持轨道的连续性，并传递和承受弯矩和横向力，还要满足钢轨伸缩的要求。一般钢轨接头主要由接头夹板、接头螺栓、螺母、垫圈等组成。

检查时主要检查各部位作用是否良好、螺栓是否齐全，如遇绝缘接头还需检查绝缘是否损坏及螺栓扭力是否达到标准。使用螺栓扭力矩扳手进行测量或使用小锤敲击进行检查，如缺损则应及时补充和更换。普通线路接头螺栓扭矩应达到表 2-19 的规定值，并应保持均匀。扭矩不足时，不得低于规定值 100 N·m 以上，如图 2-53 所示。

表 2-19 普通线路接头螺栓扭矩标准

项 目	单位	25 m 钢轨						12.5 m 钢轨	
		最高、最低轨温差>85 ℃			最高、最低轨温差≤85 ℃				
钢 轨	kg/m	60 及以上	50	43	60 及以上	50	43	50	43
螺栓等级	—	10.9	10.9	8.8	10.9	8.8	8.8	8.8	8.8
扭矩	N·m	700	600	600	500	400	400	400	400
C 值	mm	6			4			2	

图 2-53 接头螺栓扭矩检测

（三）检查中间扣件、滑床板、胶垫

中间扣件是联结钢轨与轨枕的部件，它应有足够的扣压力，将钢轨固定在轨枕的固定位置，保持正确的轨距，使其具有足够的阻力阻止钢轨横向、纵向位移，在无缝线路上尤为重要。

扣件类型应与钢轨、轨枕类型相匹配。60 kg/m 钢轨地段，混凝土枕扣件采用弹条Ⅱ型或弹条Ⅲ型扣件，Ⅰ型弹条应逐步更换为Ⅱ型弹条。70 型扣板式及 67 型弹片式扣件应更换为弹条扣件。

滑床板应与尖轨密贴，离缝不得大于 2 mm。胶垫应保持良好、齐全，连续检查 50 块，失效率不得超过 8%，缺损时应及时补充和更换。

主要检查扣件是否齐全、位置是否正确、作用是否良好，Ⅰ型、Ⅱ型弹条中部前端下颚与轨距挡板离缝作业后不应大于 1 mm、日常保持不宜大于2 mm。Ⅲ型弹条小圆弧内侧与预埋铁座端部相距 8～10 mm。小阻力扣件弹条中部前端下颚与钢轨离缝作业后不应大于 1 mm、日常保持不宜大于 2 mm。分开式弹性扣件与木枕联结应紧密，当钢轨受车轮横向力作用时不得产生相对位移和扭转离缝。扣板、轨距挡板应靠贴轨底边。扣板（弹片）扣件扭矩应保持 80～140 N·m。

（四）检查轨道加强设备

轨道加强设备主要包括轨距拉杆、轨撑、防爬器等设备。混凝土枕线路采用弹条扣件时，不安装轨距杆或轨撑；行驶电力机车区段半径 600 m 及以下的曲线，可根据需要安装；有轨道电路线路安装轨距杆时，应使用绝缘轨距杆。

主要检查轨道加强设备数量是否齐全、作用是否良好，若发现缺少时应有计划地补充。防爬设备的安装数量和方式与线路锁定要求不相适应时，应及时调整。线路爬行量大于 20 mm 时应及时整正。

轨道加强设备伤损达到下列标准，应有计划地修理或更换：

（1）轨距杆折断或丝扣损坏，螺帽、垫圈、铁卡损坏或作用不良。

（2）轨撑损坏或作用不良。

（3）防爬器折损，穿销不紧或作用不良。

（4）防爬支撑断面小于 110 cm^2，损坏、腐朽或作用不良。

五、道床

（一）作用

道床是指铺设在路基之上，轨枕之下的道砟层，是轨枕的基础，它的主要作用是：

（1）直接承受轨枕传来的压力，并把压力扩散，均匀地传递于路基面，对路基面起到保护作用。

（2）阻止轨道框架在列车作用下发生的纵横向位移，保持轨道稳定。

（3）便于排水，使路基面和轨道保持干燥。

（4）使轨道具有更大的弹性和缓冲性能。

（5）便于校正轨道的平面、纵断面。

（二）道床断面

道床断面包括道床厚度、顶面宽度及边坡坡率三个主要特征。图 2-54 为直线地段道床断面。

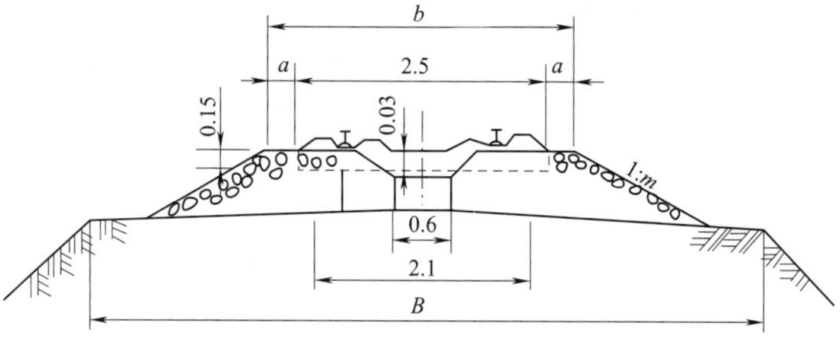

a—道床肩宽；b—道床顶面宽度；B—路基面宽度。

图 2-54　直线地段道床断面(单位：m)

1. 道床厚度

道床厚度是指直线上钢轨或曲线上内股钢轨中轴线下轨枕底面至路基顶面的距离。

道床厚度应根据运量、轴重、行车速度等运营条件和道砟质量、路基强度及轨枕间距等轨道条件确定。道床厚度应以满足压力传布不超过路基面上容许的最大压力为度，道床过厚既有碍作业，也不经济。在运量较小，行车速度较低的线路上，以及在隧道、车站范围内，在受条件限制时，可以酌情降低道床厚度。但在正线上木枕地段，碎石道床厚度不得小于 20～25 cm；混凝土枕地段不得小于 30 cm；桥梁上道砟槽内、隧道内及站线上不得小于 20 cm。道床厚度根据运营条件、轨道类型、路基土质等选用。

2. 道床顶面宽度

道床顶面宽度与轨枕长度和道床肩宽有关。轨枕长度基本上是固定的，因此道床顶面宽度主要决定于道床肩宽。道床宽出轨枕两端的部分称为砟肩，其宽度称为道床肩宽。适当的肩宽可保持道床的稳定，并提供一定的横向阻力。一般情况肩宽在 450～500 mm 已能满足要求，再宽则作用不大。在无缝线路地段，为了提高道床的横向阻力，可将砟肩适当堆高。此外，规定设计速度为 160 km/h 的线路，其正线道床顶面宽度不得小于 3.4 m；设计速度为 200 km/h 的线路，其正线道床顶面宽度不得小于 3.5 m。

道床顶面(以轨底处为准)应低于轨枕顶面 20～30 mm，以防止道床表面水分锈蚀钢轨和扣件，以及防止轨道电路漏电。Ⅰ型混凝土枕中部道床应掏空，其顶面应低于枕底不小于 20 mm，长度为 200～400 mm；Ⅱ型和Ⅲ型混凝土枕中部可不掏空，但应保持疏松。

3. 道床边坡坡率

道床边坡是指自道床顶面引向路基顶面的斜边，其坡率大小是保证道床坚固稳定的重要因素。道床边坡的稳定取决于道砟材料的内摩擦角与黏聚力，也与道床肩宽有一定的联系。增大肩宽可采用较陡的边坡，而减小肩宽则必须采用较缓的边坡。国内外的运营实践表明，边坡坡率为 1∶1.5 时不能长期保持道床稳定，因此我国铁路规定正线区间边坡坡率均为 1∶1.75(表 2-20)。

有砟轨道道床应保持饱满、均匀和整齐、密实，防止轨枕空吊、道床翻浆。并应根据道床不洁程度有计划地进行清筛，保持道床弹性和排水良好。

主要检查道床饱满、均匀、坚实，坡面、坡脚整齐，无杂草，无缝线路道床砟肩堆高 150 mm，道砟顶面低于轨顶面 20～30 mm，Ⅰ型混凝土枕枕底中部道床掏空 200～400 m，Ⅱ型和Ⅲ型混凝土枕规定枕下中部道床不掏空，但要求保持疏松，正线道床边坡坡率 1∶1.75、站线专用线的道床边坡坡率 1∶1.5。道床顶面宽度及边坡坡率应符合表 2-20 的规定，现场整理后如图 2-55所示。

表 2-20　道床顶面宽度及边坡坡率

线路类别			顶面宽度/m	曲线外侧加宽/m		砟肩堆高/m	边坡坡率
				半径	加宽		
正线	无缝线路	$v_{max}>$ 160 km/h	3.5	—	—	0.15	1∶1.75
		$v_{max}\leqslant$160 km/h	3.4	≤800	0.10	0.15	1∶1.75
	普通线路	100 $<v_{max}\leqslant$120 km/h	3.1	≤600	0.10	—	1∶1.75
		$v_{max}\leqslant$100 km/h	3.0	≤600	0.10	—	1∶1.75
站线	无缝线路	Ⅲ型混凝土枕	3.4	≤600	0.10	0.15	1∶1.75
		其他轨枕	3.3				
	普通线路	Ⅲ型混凝土枕	3.0	—		—	1∶1.5
		其他轨枕	2.9				

图 2-55　道床整齐、均匀、饱满

(三)道床检查项目

根据《普速铁路线路修理规则》中规定，对道床主要检查脏污程度及断面尺寸，脏污程度主要检查轨枕盒内或边坡道床石砟是否清洁及翻浆冒泥，断面尺寸检查根据以上介绍的断面尺寸标准进行检查。

六、路基

路基是轨道的基础，作为铁路线路下部结构，对行车安全起着很重要的作用。

路基的检查主要项目为路肩和路基。

1.路肩检查

路肩应经常保持干燥、平整、无大草，并能及时疏干道床底部积水。按照标准路基面宽度，线路允许速度为 160 km/h 及以下的区间铁路路堤地段的路肩宽度不应小于 0.8 m，路堑地段不应小于 0.6 m，电气化铁路、无缝线路和机械化维修作业地段，有条件者路肩宽度可加宽至1 m；

线路允许速度为200 km/h的区间铁路路肩宽度应不小于1 m。

2. 路肩病害及防治

路基的主要病害是翻浆冒泥、冻害及路基下沉。

(1)翻浆冒泥。是指路基面上的细小黏土、粉土颗粒以及少量黏土，或道床中的黏土，受积水和列车反复振动的作用，而发生触变液化，形成泥浆，列车通过时线路上下起伏使泥浆受挤压抽吸而通过道床孔隙翻冒上来，造成道砟脏污板结，丧失弹性。翻浆冒泥主要使用清筛及换铺砂垫层的方法进行解决。

(2)冻害。主要发生在北方，在低温季节，由于基床土质、水和温度的不利组合，基床土冻结引起线路在纵向上短距离或左右股的不均匀冻胀，导致线路不平顺或轨向不良。主要分为道床冻害、表层冻害和深层冻害。冻害的处理方法维修时利用天窗撤垫板作业，对冻害进行顺坡处理，施工时利用换填路基土质进行处理。

(3)路基下沉。是在水及动力作用下发生局部或大面积下沉或软化，使道砟压入道床，产生积水现象，并使线路高低、水平发生变化。路基下沉主要原因是列车荷载及水的共同作用导致路基的承载不同，主要整治方法为以换土、换掺料土及换砂进行处理。

七、标志标记

按照《铁路技术管理规程(普速铁路部分)》《普速铁路线路修理规则》的有关规定，线路标志及信号标志的式样应符合标准图的规定，并经常保持完整、位置正确、标志鲜明。标记设置应齐全、正确、清晰。

1. 常见的线路标志

公里标、半公里标、百米标、断链里程标、避险标志、圆曲线和缓和曲线的始终点标、曲线标、桥梁标、隧道(明洞)标、坡度标及工区界标、地锚拉杆标等。

2. 常见的信号标志

警冲标、司机鸣笛标、铁路道口标、停车让行标、作业标、减速信号牌、减速防护终端信号、减速地点标、停车信号牌。

3. 常见的线路标记

道岔编号标记、道岔支矩标记、道岔轨距变化起止点标记、曲线正矢标记、曲线地段钢轨磨耗标记、钢轨编号标记、冻害标记、无缝线路位移观测标记、道岔位移观测标记。

4. 检查标志标记要求

各级添乘人员、检查人员必须将线路标志、信号标志纳入日常检查工作内容，督促工区整改达标。

线路标志、标记、信号标志要求齐全醒目、位置正确、标准统一、完好无损，其中公里标、半公里标、百米标、坡度标、曲线标、桥涵渠标及其他在路肩上埋设的永久性线路标志，其标志外侧成一条直线。废弃标志、标记、标桩全部清理。常见的轨料堆码标记：区间常备轨料、站区常备轨料、废旧轨料、备料定置管理。

5. 线路、信号标志埋设的技术标准

(1)线路标志，按照计算里程方向，单线顺计算里程设于线路左侧，双线分设于本线列车运行方向的左侧。

(2)信号标志顺列车运行方向设于线路左侧。区间线路标志、信号标志内侧，设在距线路中心应不小于3.1 m处(警冲标除外)，站场内线路标志、信号标志设于两线间的中间。

(3)警冲标设置在两股道会合的地方，一般设置在两会合线路线间距为4 m的中间，线间距不足 4 m 时，设在两线路中心线最大间距的起点处，在线路曲线部分所设道岔附近的警冲标与线路中心线间的距离，应按限界加宽增加。

(4)直线地段标志要设置在一条直线上，曲线地段则要保证各种标志前后圆顺；特殊困难地段，可根据路基情况往外埋设，但必须保证标志醒目。

(5)各种标志面向线路方向的侧面必须和电气化杆柱面向线路方向的侧面设置在一条直线上。

(6)所有标志前后 10 m 范围内路肩必须整平。

八、道口、防护栅栏

铁路与道路平面交叉时应设置道口，两道口间的距离不宜小于 2 km，道口宜设置在瞭望条件良好的地点。通行机动车的道口，距道口相当于各级道路停车视距并不小于 50 m 处。

列车在 800 m 以外可看见道口。当道口位置不符合上述要求或交通量较大时，应设看守。

在车站内原则上不应设置道口。道口的铺设、拆除及需否看守，由铁路局集团公司决定。道口的等级与标准，由国铁集团规定。

在交通繁忙或通行高速列车的地方，应采用立体交叉，其他地方有条件时也应尽可能采用立体交叉。一切车辆、自动走行机械和牲畜，均应在立体交叉或平交道口处通过铁路。铁路工作人员发现有违反上述情况时，应予制止。特别笨重、巨大的物件和可能破坏铁路设备、干扰行车的物体通过道口时，应采取安全和防护措施，并经线路工长许可，在站内还应经车站站长许可；在有轨道电路的区段，还应经信号工长许可，并在其协助指导下通过。

道口铺面宽度：城市道路和一至四级公路应与道路路面宽度相同。通行机动车的乡村道路，应不小于 4.5 m，通行非机动车的乡村道路，应不小于 2.5 m。

道口护轨采用旧钢轨、角钢等材料制作。采用旧钢轨做卧式护轨时，护轨两端应做成喇叭状。

允许速度 120 km/h 及以上线路全封闭、全立交，线路两侧按标准进行栅栏封闭，并设置相应的警示标志。新建、改建铁路原则上不设置平面交叉。既有铁路与道路的平面交叉应逐步改为立体交叉。设置或拓宽铁路道口、人行过道应当符合国铁集团的有关规定。

工务部门应按规定及时安排道口设备维修和大修，确保设备状态良好，防护设施齐全有效。凡基建、更新改造、大修通过道口，应对道口进行全面整修并达到标准要求。

道口、人行过道、平过道铺面宽度应与道路路面宽度相同。铺面铺砌应平整、稳固，材质及规格应符合设计要求。钢轨头部外侧 50 mm 范围内，铺面应低于轨面 5 mm。护轨轮缘槽宽度，直线上应为 70～100 mm，曲线内股应为 90～100 mm；轮缘槽深度应为 45～60 mm。护轨两端做成喇叭口，距护轨端 300 mm 处弯向线路中心，其终端距钢轨工作边应为 150～180 mm。

道口铺面范围内不得存在普通钢轨接头，不能避免时应将钢轨焊接。

在路堤地段道口的道路两侧应设置 5 根(困难情况下不少于 2 根)护桩，在路堑地段应设置护栏。城市市区可不设护桩或护栏。护桩或护栏宽度与道口铺面相同。第一个护桩距最外股钢轨 2.5～3 m，护桩间距为 1.5 m；地面以上护桩高度为 0.85 m。在路堑地段设置的护栏，地面以上高度为 1m，其线路侧顶端距最外股钢轨 2.5～3 m。

人行过道线路两侧设置路障，路障设在距钢轨轨头外侧 2.5～3 m 处，按 0.8～1.0 m 间隔布设；路障桩高出地面 0.85 m，根部埋深 0.7 m。

在铁路线路上距道口、人行过道 500～1 000 m 处应设置鸣笛标(站内或站内道口、人行过道两端不设)。

有人看守道口在距最外股钢轨不小于 3 m 处设置栏杆或栏门。栏杆位置以仰起后距接触网带电部分 2 m 直径范围以外来确定。电气化铁路区段的道口，宜使用电动栏门。

有人看守道口两侧沿铁路方向各 50 m 范围内路肩外设置高度不低于 1.4 m 的防护栅栏。道口及道口两端各 50 m 范围内的线路应保持排水系统良好,道床无翻浆,外观整洁。

有人看守道口应设置视频监控设备,视频监控设备应能对道路上车辆、行人及道口作业人员日常作业进行监视。监护道口宜设置视频监控设备。

防护栅栏应按照铁路线路防护栅栏通用参考图进行设置。不符合通用参考图要求的既有防护栅栏,应结合更新改造逐步进行改造。

防护栅栏应按规定及时安排维修和更新改造,确保栅栏防护功能有效、符合要求。

九、桥梁护轨

(一)护轨设置要求

当机车车辆在桥头或桥上脱轨时,护轨可将脱轨车轮引导、限制于护轨与基本轨之间的轮缘槽内,继续顺桥滚出,以免机车车辆向旁边偏离撞击桥梁或自桥上坠下造成二次事故,也可帮助已脱轨的机车车辆重新被拖上基本轨。运营中曾多次发生过上述情况,说明护轨的设置是必要的。为适应大型捣固机桥上作业的要求,《普速铁路桥隧建筑物修理规则》(TG/GW 103—2018)调整了桥上铺设护轨的范围、护轨与基本轨头部间的净距,以及护轨改造方案。除跨越铁路、重要公路、城市交通要道的立交桥外,桥长 50 m 及以下混凝土桥或桥长 20 m 及以下明桥面钢梁桥不再铺设护轨。

(二)检查有砟桥上设置护轨时相关要求

(1)既有线有砟桥上护轨,当位于新Ⅲ型混凝土桥枕地段时应采用与基本轨同类型或低一级的钢轨;当位于Ⅲ型混凝土桥枕地段时应采用比基本轨低一级的钢轨;当位于Ⅱ型混凝土桥枕地段时应采用比基本轨低一级或低二级的钢轨。新建或改建有砟桥上护轨应采用与基本轨同类型或低一级的钢轨。

(2)护轨与基本轨头部间净距:在有砟桥上,其净距为 500 mm,允许误差为$^{+10}_{-5}$ mm,当桥上设有调节器时,允许误差为±10 mm。

(3)护轨顶面不应高出基本轨顶面 5 mm,也不应低于 25 mm。

(4)对既有护轨与基本轨头净距不满足要求的有砟桥面,应按附录六进行改造。桥上为Ⅱ型或Ⅲ型混凝土桥枕时,可采用增设外侧带有轨卡的通长铁垫板(Ⅲ型混凝土桥枕可在每隔一根桥枕上增设)的方法(自动闭塞区段铁垫板中间应设绝缘)对护轨进行改造;对Ⅱ型混凝土桥枕,也可采取在既有桥枕上打孔,采用新型扣板式扣件进行改造。桥上为木枕或Ⅰ型混凝土桥枕时,应更换为新Ⅲ型混凝土桥枕。

(5)新建或改建桥梁,当为有砟桥面时,其护轨铺设应采用新Ⅲ型混凝土桥枕。

(6)护轨应伸出桥台挡砟墙以外,直轨部分长度不应小于 5 m,然后弯曲交会于线路中心。弯轨部分沿线路中心线的长度不小于 1.9 m,梭头尖端超出台尾的长度不小于 2.0 m,其顶部应切成不陡于 1∶1 的斜面并联结密贴,梭头尖端悬出轨枕的长度不得大于 5 mm,如图 2-56 所示。

(7)对既有有砟桥面,当护轨下组装通长铁垫板时,铁垫板下可设厚度不小于 4 mm 的橡胶垫板,固定通长铁垫板的螺栓扭矩不应小于 80 N·m,扣板螺栓的扭矩应为 40~60 N·m。新型扣板式扣件螺栓扭矩应为 30~50 N·m。

(8)自动闭塞区间,护轨应安装绝缘装置。当桥上线路中心设有应答器时,护轨应在应答器处断开。

(9)每股护轨接头安装 4 个螺栓,每端安装 2 个,螺母应安装在线路中心一侧,在调节器处应采用一端带长圆孔的夹板。

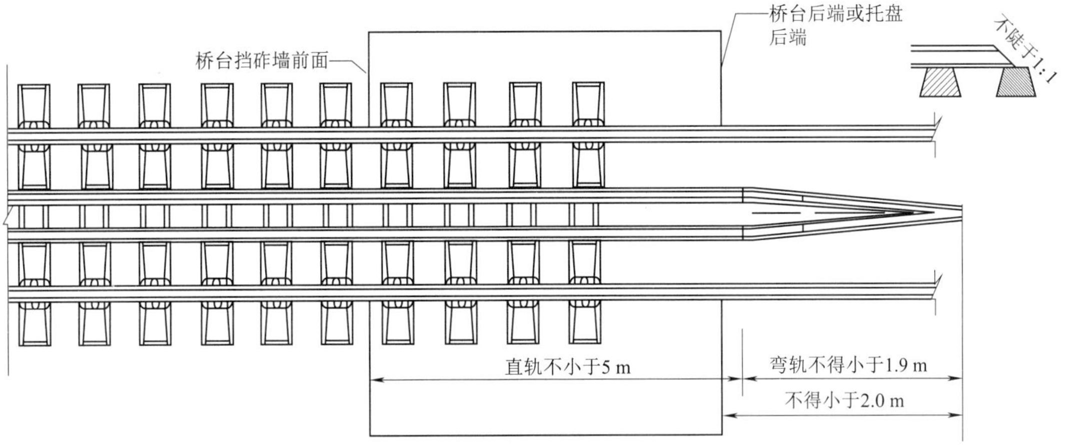

图 2-56　桥上护轨布置

十、维修检查验收项目标准及扣分标准

工务线路计划维修检查验收评分标准见表 2-21。满分为 100 分，100～85 分为优良，85(不含)～60 分为合格，60 分以下为失格。失格线路整修复验后，在 60 分及以上者为合格。

表 2-21　线路计划维修作业验收评分标准

项目	内容	编号	扣分条件		抽验数量	单位	扣分/分	说明
			正线及到发线	其他站线				
轨道几何尺寸	轨距、水平、三角坑	1	超过作业验收标准容许偏差管理值	同左	连续检测 100 m	处	4	选择质量较差地段，有曲线时检测一个曲线的正矢，曲线正矢超过作业验收标准容许偏差每处扣 4 分，超过计划维修容许偏差每处扣 41 分
		2	超过计划维修容许偏差管理值	同左		处	41	
		3	轨距变化率(不含规定的递减率)允许速度大于 120 km/h 线路大于 1‰，其他线路大于 2‰	轨距变化率(不含规定的递减率)大于 3‰		处	2	
	轨向、高低	4	超过作业验收标准容许偏差管理值	同左	全面查看，重点检测	处	4	
		5	超过计划维修容许偏差管理值	同左		处	41	
钢轨	接头错牙	6	轨面及内侧错牙大于 1 mm	轨面及内侧错牙大于 2 mm	全面查看，重点检测	处	4	错牙大于 3 mm 时扣 41 分
	接头相对	7	直线偏差大于 40 mm，曲线偏差大于 40 mm 加缩短轨缩短量的一半	直线偏差大于 60 mm，曲线偏差大于 60 mm 加缩短轨缩短量的一半	全面查看，重点检测	处	4	轨缝在调整轨缝轨温限制范围以内检查
	轨缝	8	连续瞎缝或大于构造轨缝，普通绝缘接头轨缝小于 6 mm	同左	全面查看，重点检测	处	8	
		9	轨端肥边大于 2 mm	同左	全面查看，重点检测	处	8	含胶接绝缘钢轨
	焊缝	10	新焊接的焊缝不符合《钢轨焊接》(TB/T 1632.1～TB/T 1632.4)的标准；原焊缝打磨后，不符合钢轨打磨作业验收标准		全面检测	处	8	

续上表

项目	内容	编号	扣分条件		抽验数量	单位	扣分/分	说明
			正线及到发线	其他站线				
轨枕	位置	11	位置、间距偏差或偏斜大于50 mm	位置、间距偏差或偏斜大于60 mm	全面查看，重点检测	处	1	枕上或枕下离缝大于2 mm者为吊板，枕下暗吊板不明显者，可拔起道钉或松开扣件查看
	失效	12	接头或焊缝处失效，其他处连续失效	同左	全面查看，重点检测	处	8	
	修理	13	应修混凝土枕未修，木枕应削平及劈裂者未修	同左	全面查看	根	1	
	空吊率	14	大于8%	大于12%	连续检测50头	每增1%	2	
联结零件	接头螺栓	15	缺少/松动或扭矩不符合规定	同左	全面查看，抽测4个接头扭矩	个	16/2	
	扣件、道钉	16	铁垫板、轨下垫板缺少	同左	连续查100头	块	2	
		17	轨下垫板、轨下调高垫板失效(含偏斜、窜出)超过8%	轨下垫板、轨下调高垫板失效(含偏斜、窜出)超过16%	连续查看，检测100头	每增1%	1	
		18	道钉、扣件缺少	同左	连续查看100头	个	2	单股同侧钢轨连2缺少扣4分，连3缺少扣16分，连4缺少扣41分；一组扣件的零件不全，按缺少一个计算
		19	道钉浮离或扣板(轨距挡板)前、后离缝大于2 mm者，超过8%	道钉浮离或扣板(轨距挡板)前、后离缝大于2 mm者，超过12%	连续检测50个	每增2%	1	
		20	扣件扭矩(扣压力)或弹条扣件中部前端下颚离缝、Ⅲ型弹条小圆弧内侧与预埋铁座端部相距不符合标准者，超过8%	扣件扭矩(扣压力)或弹条扣件中部前端下颚离缝、Ⅲ型弹条小圆弧内侧与预埋铁座端部相距不符合标准者，超过12%	连续检测50个	每增1%	1	
轨道加强设备	轨距杆、轨撑	21	缺损或松动	同左	全面查看，重点检测	根、个	2	区间正线无观测桩或观测桩不起作用按爬行超限计算；站内线路爬行检查道岔及绝缘接头前后
	防爬设备	22	防爬器缺损、松动或离缝大于2 mm	同左	连续查看，检测50个	个	2	
		23	支撑缺损、失效、尺寸不符合标准	同左	连续查看，检测50个	个	1	
	线路爬行	24	普通线路爬行量大于20 mm，无缝线路位移观测无记录	同左	全面检测	km	41	

续上表

项目	内容	编号	扣分条件		抽验数量	单位	扣分/分	说明
			正线及到发线	其他站线				
护轨	护轨与基本轨间距	25	护轨与基本轨间距离不符合规定	同左	全面查看，重点检测	处	2	
	护轨与基本轨高差	26	顶面高出基本轨 5 mm，低于基本轨 25 mm	同左	全面查看，重点检测	处	4	
	护轨轨底	27	轨底悬空大于 5 mm 处所超过 8%	同左	连续查看，检测 50 头	处	1	
	梭头	28	梭头各部联结松动，尖端底部悬出桥枕大于 5 mm	同左	全面检测	处	4	
	扣件、道钉	29	护轨垫板设置不符合规定，厚度大于 30 mm 处所超过 8%	同左	连续检测 50 块	块	1	
		30	护轨道钉或扣件缺少、道钉浮离 2 mm 或扭矩不符合规定者超过 8%	同左	连续检测 50 个	个	1	
道床	脏污	31	枕盒或边坡清筛深度不足，清筛不洁/翻浆冒泥	同左	全面查看，重点扒开道床检查	每 10 m/孔	2/41	按工务段下达的计划验收
	尺寸	32	Ⅰ型混凝土枕中部道床凹下尺寸不符合规定	同左	连续查看，检测 100 m	每 10 m	1	
	外观	33	道床断面不符合标准、不均匀、不整齐、有杂草	同左	全面查看	每 10 m	1	
路基	路肩	34	不平整、有大草	不平整	全面查看	每 20 m	1	单侧计算
	排水	35	有反坡、弃土未清理	同左	全面查看	每 10 m	2	单侧计算
道口	铺面	36	不平整、松动	同左	查看检测	块	4	
	轮缘槽	37	尺寸不符合规定	同左	查看检测	处	16	
	防护设施	38	缺损、歪斜	同左	全面查看	处	2	
标志标记	标志	39	缺损、歪斜、错误、字迹不清	同左	全面查看	个	2	
	标记	40	钢轨上标记不全、位置不对、不清晰或错误	同左	全面查看	处	1	

道岔计划维修检查验收评分标准见表 2-22。满分为 100 分，100～85 分为优良，85(不含)～60 分为合格，60 分以下为失格。失格线路整修复验后，在 60 分及以上者为合格。

表 2-22　道岔计划维修作业验收评分标准

项目	内容	编号	扣分条件		抽验数量	单位	扣分/分	说明
			正线及到发线道岔	其他站线道岔				
轨道几何尺寸	轨距、水平、三角坑、支距	1	超过作业验收标准容许偏差管理值	同左	全面检测	处	4	同时检测两线间距小于 5.2 m 的连接曲线轨向，用 10 m 弦测量。连续正矢差超过 2 mm，每处扣 4 分
		2	超过计划维修容许偏差管理值	同左		处	41	
		3	轨距变化率(不含构造轨距加宽顺坡)允许速度大于 120 km/h 线路大于 1‰，其他线路大于 2‰	轨距变化率(不含构造轨距加宽顺坡)大于 3‰		处	2	
	轨向、高低	4	超过作业验收标准容许偏差管理值	同左	全面查看，重点检测	处	4	
		5	超过计划维修容许偏差管理值	同左		处	41	
	查照间隔	6	超过容许限度	同左	全面检测	处	41	尖趾距离指可动心轨辙叉长心轨尖端至叉趾的距离
	护背距离	7	超过容许限度	同左	全面检测	处	41	
	尖趾距离	8	超过容许限度	同左	全面检测	处	41	
钢轨	尖轨、可动心轨靠贴	9	尖轨尖端与基本轨、可动心轨尖端与翼轨不靠贴	同左	全面检查	组	41	不靠贴指二者之间的缝隙大于 1 mm
	接头错牙	10	轨顶面或内侧面错牙大于 1 mm	同左	全面查看，重点检测	处	4	错牙大于 3 mm 时扣 41 分
	轨缝	11	连续瞎缝或大于构造轨缝，普通绝缘接头轨缝小于 6 mm	同左	全面查看，重点检测	处	8	轨缝在调整轨缝轨温限制范围以内检查
		12	轨端肥边大于 2 mm	同左	全面查看，重点检测	处	8	含胶接绝缘钢轨
岔枕	位置	13	位置或间距偏差大于 40 mm(钢枕为 20 mm)	位置或间距偏差大于 50 mm	全面查看，重点检测	处	2	
	失效	14	接头处失效，其他处连续失效	同左	全面查看，重点检测	处	8	枕上或枕下离缝大于 2 mm 者为吊板，枕下暗吊板可根据道床与岔枕间状态判断，不明显者可扒开道床查看
	修理	15	应修混凝土岔枕未修，木岔枕未削平或劈裂未修	同左	全面查看	根	2	
	空吊率	16	大于 8%(钢枕不得有空吊)	大于 12%	连续检测 50 头	每增 1%	2	
联结零件	滑床板	17	尖轨、可动心轨与滑床板缝隙大于 2 mm	同左	查看检测	块	2	
		18	滑床板及护轨弹片上反或离缝大于 2 mm，销钉离缝大于 5 mm	同左	查看检测	块	2	

续上表

项目	内容	编号	扣分条件		抽验数量	单位	扣分/分	说明
			正线及到发线道岔	其他站线道岔				
联结零件	螺栓	19	接头、连杆、顶铁、间隔铁螺栓缺少/顶铁离缝大于 2 mm	同左	全面查看	个、块	16/8	
		20	接头螺栓松动或扭矩不符合规定，连杆、顶铁、间隔铁及护轨螺栓松动	同左	查看检测	个、块	2	
		21	心轨凸缘或轨护螺栓缺少、松动	同左	查看检测	个	41	
		22	长心轨与短心轨联结螺栓缺少、松动	同左	查看检测	个	41	
		23	其他各种螺栓或螺栓开口销缺少、松动	同左	查看检测	个	1	
	铁垫板	24	铁垫板、橡胶垫板、橡胶垫片缺少	同左	连续查看 50 块	块	2	
	胶垫	25	橡胶垫板或橡胶垫片失效超过 8%	橡胶垫板或橡胶垫片失效超过 12%	连续查看，检测 50 块	每增 1%	1	
	道钉、扣件	26	道钉、扣件缺少	同左	连续查看 50 个	个	2	一组扣件的零件不全，按缺少一个计算
		27	扣件扭矩(扣压力)或弹条扣件中部前端下颚离缝不符合标准者，超过 8%	扣件扭矩(扣压力)或弹条扣件中部前端下颚离缝不符合标准者，超过 12%	连续查看，检测 50 个	每增 1%	1	
	辊轮	28	辊轮缺失或失效	同左	全面查看	处	41	
		29	在尖轨密贴状态下，辊轮与尖轨轨底的间隙超出 1～2 mm；在尖轨斥离状态下，滑床台上表面与尖轨轨底的间隙超出 1～3 mm	同左	全面查看，检测	处	8	
轨道加强设备	轨撑、轨距杆	30	转辙或辙叉部位轨撑离缝大于 2 mm，其他部位轨撑或轨距杆缺损、松动	同左	查看检查	个、根	2	轨撑离缝系指轨撑与轨头下颚或轨撑与垫板挡肩之间的间隙
	防爬设备	31	防爬器缺损、松动或离缝大于 2 mm，支撑缺损、失效、尺寸不符合标准	同左	查看检查	个	2	
	爬行	32	道岔两尖轨尖端相错量大于 20 mm、无缝道岔位移无观测记录	同左	检测	组	41	

续上表

项目	内容	编号	扣分条件		抽验数量	单位	扣分/分	说明
			正线及到发线道岔	其他站线道岔				
道床	脏污	33	枕盒内或边坡道床不洁/翻浆冒泥	同左	全面查看、重点扒开检查	组/空	6/41	
	外观	34	道床断面不符合标准、不均匀、不整齐、有杂草	同左	全面查看	组	4	
路基	路肩	35	不平整、有大草	同左	全面查看	组	2	
	排水	36	有反坡、弃土未清理	同左	全面查看	组	4	
标志标记	标志	37	警冲标损坏或不清晰	同左	查看检查	组	8	警冲标缺少或位置不对扣 41 分
	标记	38	钢轨上标记不全、位置不对、不清晰或错误	同左	全面查看	处	1	含钢轨编号、轨距、支距、钢轨伤损等标记

十一、成段线路检查实作

(一)准备

选择一段长 500 m 的线路。

(二)安全控制

天窗点内作业车站设驻站联络员、现场设现场防护员,对讲机防护联络,移动停车手信号防护。防护设好后方可进行作业。工具随作业人员一起下道。

(三)线路检查工、量具及材料准备

线路检查工、量具及材料准备见表 2-23。

表 2-23　线路检查工、量具及材料准备

序号	名称	规格	单位	数量	备注
1	轨距尺		把	1	经校正
2	钢卷尺	2 m	把	1	
3	木折尺		把	1	
4	线路检查记录簿		本	1	
5	双色圆珠笔		支	1	
6	石笔		支	1	
7	弦线	10 m	根	1	
8	扭矩扳手		个	1	

(四)作业流程

线路检查的作业流程如图 2-57 所示。

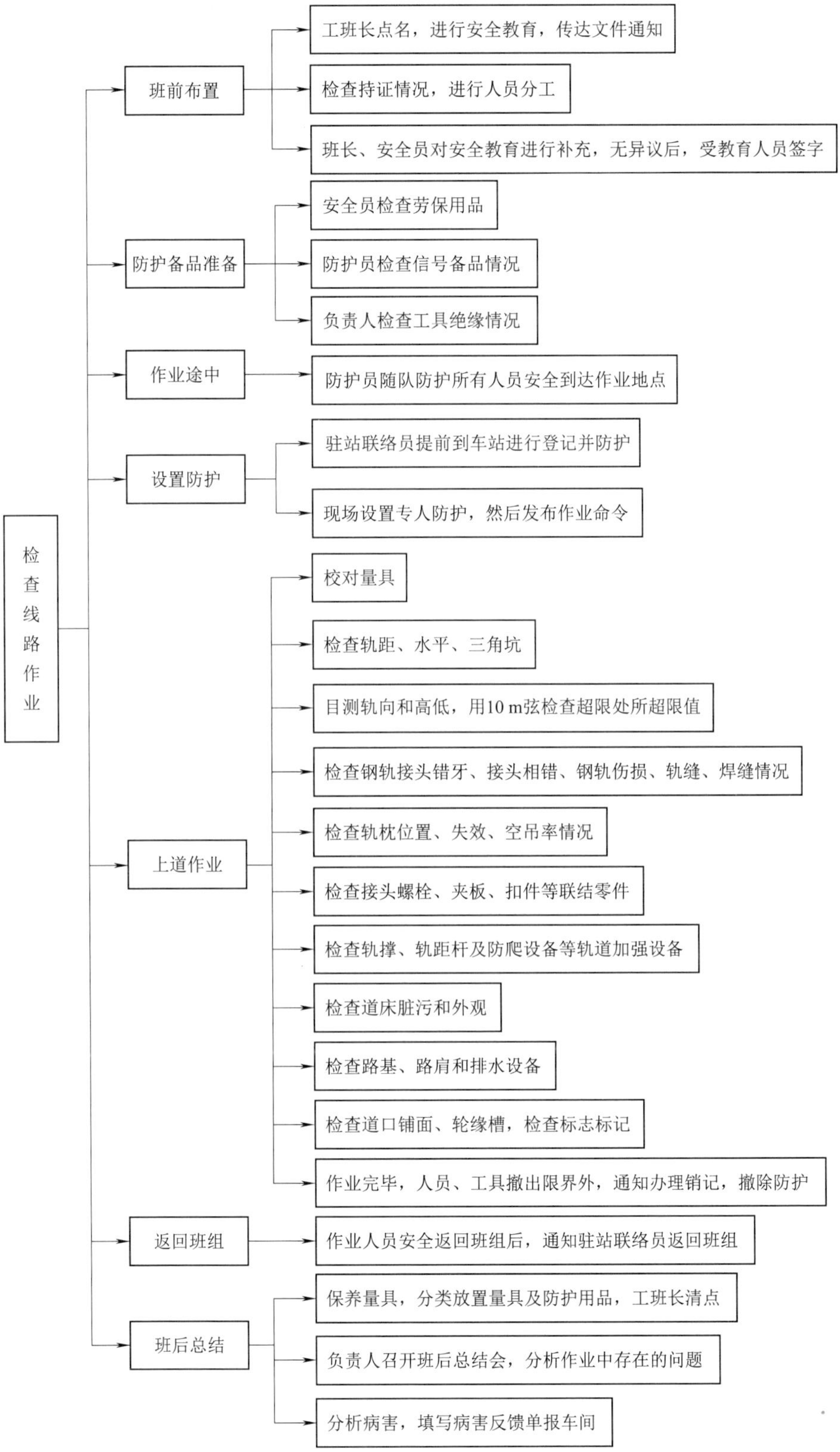

图 2-57　线路检查作业流程

(五)质量要求

1. 判定线路超限处所,要求符合线路静态几何尺寸容许偏差管理的规定。

2. 确定线路的基本股,即顺线路里程方向(公里标一侧)钢轨为基本股,基本股水平高为“+”,反之为“-”。曲线的上股为基本股,上股水平高为“+”,反之为“-”。

3. 对设备全面检查,并做好记录。检查的位置正确,即接头、小腰、大腰、小腰。轨距、水平、高低、轨向、三角坑等测量误差不超过 1 mm。

(六)工作量及劳动组合

检查线路 500 m,单人作业。如测量高低、轨向拉弦线需配合 2 人。

(七)时间

正式操作时间:直线 20 min,计时从得到允许作业的命令之时开始,到汇报作业完毕之时结束,按规定时间完成,超 1 min 扣 2 分,超 5 min 停止作业。

(八)要点及评分标准

成段线路检查要点及评分标准见表 2-24。

表 2-24 成段线路检查要点及评分标准

序号	内容	要点	配分/分	评分标准	扣分	得分
1	作业程序	1. 未按规定设置防护。 2. 核准检查工具:检查前由被考人检查与校正轨距尺,检查轨距尺是否在核定周期内;水平正反两个方向误差值不得大于 1 mm。 3. 目测高低和轨向:在检查轨距、水平行进同时,每隔 100~150 m 目测前后高低和轨向,对超限的高低和轨向记录在“紧急工作量及其他”栏中。 4. 检查轨距、水平:按“先轨距、后水平”的顺序记录与部定标准的误差数,如“+3、-2”即“轨距+3、水平-2”。检查的顺序为本人的行进方向,并同时检查线路设备,发现有零配件缺损的、基床病害的要记录在“紧急工作量及其他”栏中。 5. 检查曲线正矢:此段线路内有曲线时,在检查完轨距、水平后,进行曲线的正矢测量,按既有桩点号依次用 20 m 弦在曲线上股钢轨内侧踏面下 16 mm 处测量。将检查的正矢记录在“曲线检查记录簿”内,并与各点的计划正矢相对应。在量矢距时,尺子应垂直于弦线上与钢轨内侧踏面下 16 mm 处相贴,不能歪斜。 6. 勾画超限处所:检查完后,对轨距、水平、三角坑、正矢等超限处所进行勾画。 7. 撤除防护	20	1. 未按规定设置防护。扣 5 分。 2. 未检查校正,每件次扣 5 分。 3. 距离不足每次扣 2 分。 4. 出现漏检,每件次扣 2 分。 5. 测量位置不正确,尺子歪斜,每次扣 1 分。 6. 漏勾画一处扣 5 分。 7. 未撤除防护扣 5 分		
2	质量	1. 检查水平轨距时把符号写反。 2. 记录填写不清,有黑疤。 3. 错勾画超限处所。 4. 抽查轨距、水平等与其记录误差超过 1 mm	50	1. 每处扣 10 分。 2. 每处扣 5 分。 3. 每处扣 5 分。 4. 每处扣 3 分		
3	工具	1. 不能正确使用工、量具。 2. 损坏轨距尺	10	1. 每次扣 3 分。 2. 扣 10 分		
4	时间	直线 20 min,300 m 以下曲线 30 min,300 m 以上曲线 35 min。在规定的时间内完成作业内容	10	每超时 1 min 扣 2 分,超 5 min 停止考核		

续上表

序号	内容	要　点	配分/分	评分标准	扣分	得分
5	安全	1. 邻线来车时未及时下道。 2. 邻线来车不停止检查。 3. 不按规定着装和使用劳保用品。 4. 本人有其他不安全因素酌情扣分	10	1. 每次扣 5 分。 2. 每次扣 5 分。 3. 每少 1 件扣 2 分。 4. 每次扣 1～5 分		
合计			100			

十二、检查单开道岔实作

(一)准备

选取单开道岔 1 组。

(二)安全预想

天窗点内作业车站设驻站联络员、现场设现场防护员,对讲机防护联络,移动停车手信号防护。防护设好后方可进行作业。工具随作业人员一起下道。

(三)工、量具及材料准备

单开道岔工、量具及材料准备见表 2-25。

表 2-25　单开道岔工、量具及材料准备

序号	名称	规格	单位	数量	备注
1	轨距尺		把	1	经校正
2	支距尺				
3	钢卷尺	2 m	把	1	
4	木折尺		把	1	
5	道岔检查记录簿		本	1	
6	双色圆珠笔		支	1	
7	石笔		支	1	
8	弦线	10 m	根	1	
9	扭矩扳手		个	1	

(四)质量要求

1. 判定道岔超限处所,要求符合道岔静态几何尺寸容许偏差管理的规定。

2. 检查水平时,先判定道岔是左开还是右开。左开道岔以右直股为标准股,标准股高的为“+”,低的为“－”。导曲线以右曲股为标准股,右开道岔则反之。

3. 各检点位置正确,轨距、水平、支距、查照等测量误差不超过 1mm。

(五)工作量及劳动组合

单开道岔 1 组,单人作业。如测量高低、轨向拉弦线需配合 2 人。

(六)时间

正式操作时间:60 min,计时从得到允许作业的命令之时开始,到汇报作业完毕之时结束。按规定时间完成,超 1 min 扣 2 分,超 5 min 停止作业。

(七)作业流程

单开道岔检查作业流程如图 2-58 所示。

视 频

单开道岔支距的检查

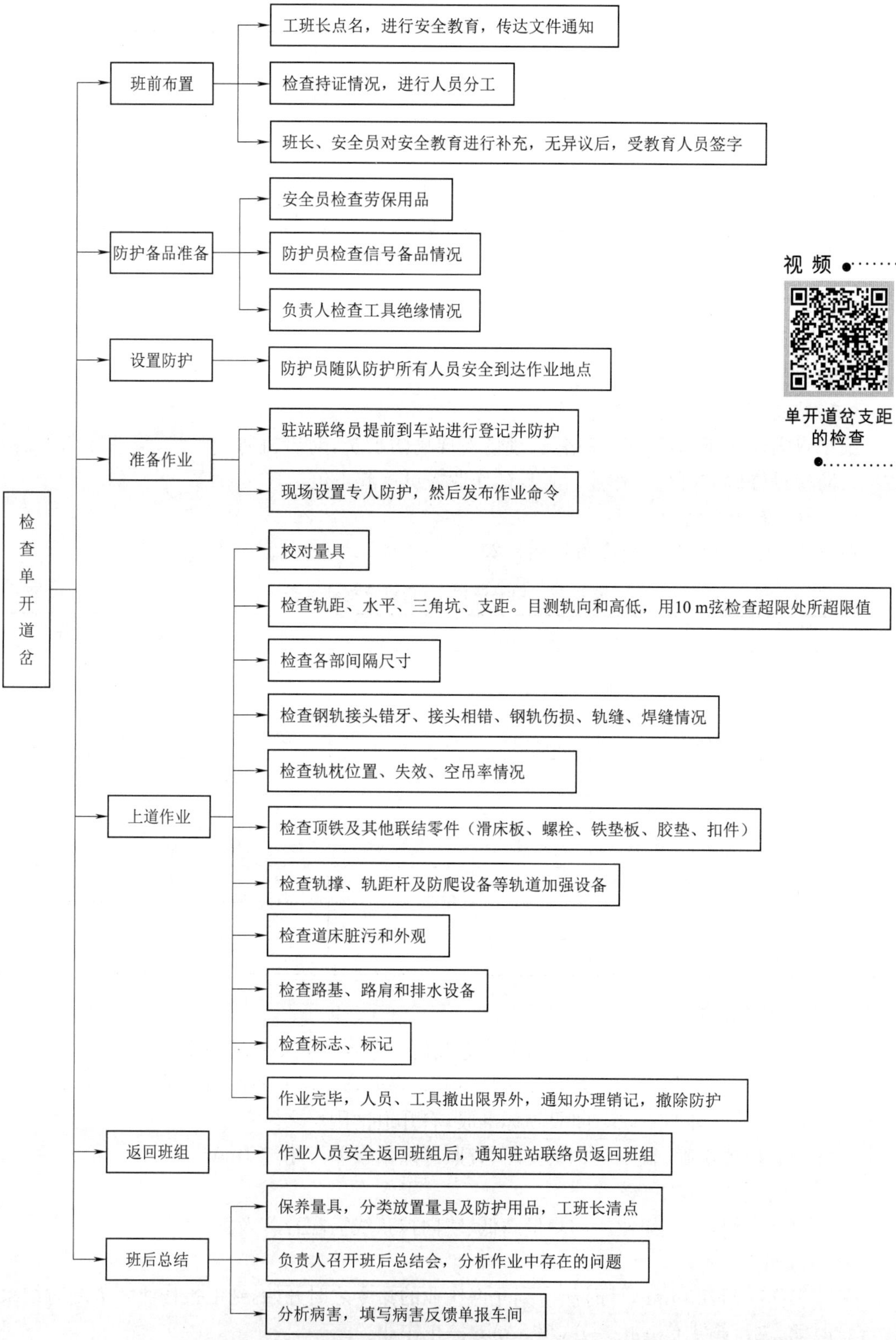

图 2-58　单开道岔检查作业流程

(八)要点及评分标准

单开道岔检查要点及评分标准见表2-26。

表2-26　单开道岔检查要点及评分标准

序号	内容	要　点	配分/分	评分标准	扣分	得分
1	作业程序	1.作业准备:核对量具。 2.检查道岔 (1)目测轨向和高低,必要时拉弦线,找出最大位置。 (2)在检查过程中,随时注意结构检查(轨枕、接头、钢轨伤损、联结零件、防爬、警冲标、空吊板等)的病害情况,如有超限和其他危及行车安全的处所,填写在“轨向、高低及其他”栏内。 (3)检查轨距和水平:在规定的检查点上按“先轨距,后水平”的顺序逐点检查并记录在“轨距、水平”栏内。 (4)检查支距:轨距、水平检查完后,随即用支距尺在规定检查点上逐点检支距,填写在记录本支距栏里。 (5)检查轮缘槽:用小直尺检查护轨平直部分、辙心轨轮缘槽宽度及尖轨动程和尖轨尖端密贴情况	20	1.作业准备2分;未校量具扣2分。 2.检查道岔 (1)8分,轨向4分,高低4分,其中超限位置2分(误差1根枕木范围内),数值2分(误差正负1 mm范围内)。 (2)15分,遗漏一处扣2分。 (3)10分。未按顺序检查扣2分未检查、未记录、下尺位置不正确处扣2分。 (4)4分,未检查、未记录、检查位置不正确一处扣2分。 (5)6分,未检查、未记录、检查位置不正确一处扣2分		
2	质量	1.检查水平轨距时把符号写反。 2.记录填写不清,有涂改。 3.漏勾或错勾画超限处所。 4.检查轨距、水平、支距、查照等误差超过1 mm以上。 5.记录的站名、道岔编号、型号、检查日期齐全清晰	50	1.每处扣10分 2.每处扣5分。 3.每处扣3分。 4.每处扣2分。 5.遗漏一处扣2分		
3	工具	1.工、量具使用不正确。 2.损坏量具	10	1.每次扣2分。 2.扣10分		
4	时间	在规定的时间内完成作业内容	10	每超时1 min扣1分,超5 min停止		
5	安全	1.来车时未及时下道。 2.邻线来车不停止检查。 3.不按规定着装和使用劳保用品。 4.本人有其他不安全因素酌情扣分	10	1.每次扣5分。 2.每次扣5分。 3.每少1件扣2分。 4.每次扣2~5分		
合计			100			

案例分析

检查工区在检查设备时,将检查的设备情况记录在记录簿中,记录的内容包括设备的几何尺寸和结构病害,具体见表2-27。

2020 年 9 月 14 日，检查工区检查××站内道岔：

表 2-27　检查单开道岔

站名：××站　　道岔编号：127 号　　线别：到发线　　道岔类型：P60-1/12

基本轨接头	尖轨尖端	尖轨中	尖轨跟端		直			曲			叉心前		叉心中		叉心后		查照间隔		护背距离		支距
			直	曲	前	中	后	前	中	后	直	曲	直	曲	直	曲	直	曲	直	曲	
0	1	−1	4	3	1	2	1	−4	3	0	2	1	1	0	1	−3	91	89	44	42	
−8	0	×	2	0	−7	−5	−3	−5	−3	0	−8	0	×	×	−11	−4					
高低、轨向及其他	直基本轨接头处轨向 15 mm，导曲线直内股高低 21 mm，护轨轮缘槽 47 mm																				1
																					0
钢轨	导曲线上股第一配轨轻伤，右曲基本轨掉块长 32 mm、深 9 mm 达到重伤标准																				0
轨枕	第 53 岔枕承台失去支撑能力达到实效标准																				0
道床																					0
联结零件	曲基本轨第 3 顶铁离缝 3 mm，第 5 顶铁离缝 5 mm，曲基本轨下 9 号、13 号、15 号、17 号、19 号滑床板缺少销钉 5 个，直基本轨接头螺栓松动 2 根，第 55 枕轨枕立螺栓实效 2 处																				0
加强设备																					0
路基																					2
标志、标记	缺少警冲标，缺少道岔支距标记 5 处																				3

单元四　曲线检查及计算

在铁路线路平面上，主要由直线、圆曲线、连接直线与圆曲线的缓和曲线、道岔导曲线及岔后连接曲线组成。

曲线由于列车离心力的作用，较直线受到更大的应力，是铁路线路的薄弱环节。因此，曲线的检查、养护、维修必须按照《普速铁路线路修理规则》的规定，全面合理的安排检查、维修，做到“无病防病、有病根治”，并经常保持曲线圆顺、超高合理。

一、曲线的质量标准

为了满足行车需求，曲线轨道有许多特点：如曲线外轨设置超高，较小半径的曲线设置轨距加宽，曲线与直线连接要有缓和曲线，铺设时曲线内轨设置缩短轨等。

(一)曲线圆度

为使列车平稳地通过曲线，要求曲线十分圆顺，缓和曲线与直线连接不得有反弯或“鹅头”。曲线圆度一般用绳正法测量，即用 20 m 弦线(岔后连接曲线 10 m 弦线)在钢轨踏面下 16 mm 处测量正矢，每 10 m 为一点测量一次。曲线圆度的好坏，用现场实测正矢与计算正矢之差表达，其误差不得超过表 2-6 和表 2-7 中所规定的限度。

(二)曲线外轨超高

当列车由直线进入曲线时，随即产生一个向外的离心力。离心力的大小取决于列车运行速度和曲线半径。速度越高、半径越小则离心力越大，作用在外轨的力也越大。如果不平衡这个离心力，不仅加剧钢轨的磨耗和疲劳伤损，甚至会使轨距挤宽、轨道横移，造成机车车辆脱轨或颠覆。

在线路曲线地段，应根据曲线半径和实测行车速度，在外股钢轨合理设置超高（允许速度大于 120 km/h 线路宜按旅客的舒适条件进行检算和调整超高值）。超高按下式计算：

$$H=11.8\frac{v_j^2}{R}$$

式中　H——超高（mm）；

v_j——平均速度（km/h）；

R——曲线半径（m）。

未被平衡欠超高和未被平衡过超高分别按下式检算：

$$H_c=11.8\frac{v_{max}^2}{R}-H$$

$$H_g=H-11.8\frac{v_H^2}{R}$$

式中　H——实设超高（mm）；

H_c——未被平衡欠超高（mm）；

H_g——未被平衡过超高（mm）；

v_{max}——线路允许速度（km/h）；

v_H——货物列车平均行车速度（km/h）。

未被平衡欠超高不应大于 75 mm，困难情况下不应大于 90 mm，但允许速度大于 120 km/h 线路个别特殊情况下已设置的 90（不含）～110 mm 的欠超高可暂时保留，但应逐步改造；未被平衡过超高不应大于 30 mm，困难情况下不应大于 50 mm，允许速度大于 160 km/h 线路的个别特殊情况下不应大于 70 mm。

实设超高在满足上述条件下，货物列车较多时，宜减小 H_g，旅客列车较多时宜减小 H_c。

有砟轨道实设最大超高，在单线上不得大于 125 mm，在双线上不得大于 150 mm。无砟轨道实设最大超高不得大于 175 mm。

（三）曲线轨距加宽

在小半径曲线地段，为了使机车车辆能够顺利通过曲线，轨距需要加宽，曲线轨距加宽按照表 2-28 规定，并应在整个缓和曲线内递减。如无缓和曲线，则在直线上递减，递减率不得大于 1‰，特殊条件下轨距加宽递减，可根据具体情况规定，但不得大于 2‰。

表 2-28　曲线轨距加宽标准

曲线半径 R/m	加宽值/mm
$R\geqslant 295$	0
$295>R\geqslant 245$	5
$245>R\geqslant 195$	10
$R<195$	15

注：曲线轨距加宽值不符合上述规定时，应有计划地进行改造，道岔内的轨距加宽按设计图保留。

（四）曲线设置缩短轨

曲线地段外股钢轨比内股钢轨长，为了保证两股钢轨接头采用对接方式，相错量达到规定标准，内股钢轨采用厂制缩短轨，为此需进行缩短轨计算。我国厂制缩短轨 12.5 m 的轨有 40 mm、80 mm、120 mm，25 m 钢轨缩短量有 40 mm、80 mm、160 mm。缩短轨长度由公式确定：

$$L_0<L(1-S_1/R)$$

式中　L_0——标准缩短轨长度(m)；

L——标准轨长度(m),25 m或12.5 m；

S_1——两股钢轨中心距离(m),一般用1.5 m；

R——曲线半径(m)。

总缩短量公式：

1.圆曲线部分的缩短量

缩圆(mm)=1 500×圆曲线长度(m)/曲线半径(m)

2.一端缓和曲线的缩短量

缩缓(mm)=1 500×一端缓和曲线长(m)/2×曲线半径(m)

式中,1 500 mm是两股钢轨中心线间距离。

3.整个曲线的缩短量

缩总=缩圆+缩缓1+缩缓2(mm)

当两端缓和曲线长度相同时,整个曲线的缩短量为

缩总=缩圆+2×缩缓(mm)

4.缩短轨根数

缩短轨根数=缩总/一根缩短轨的缩短量(根)

遇到小数取正倍数。一个曲线只能使用一种缩短量的缩短轨。

二、曲线检查及计算整治

(一)岔后连接曲线

在日常道岔连接曲线维修养护当中,道岔岔后连接曲线多采用支距法拨正,在现场实际运用中,先期进行现场调查,在根据“道岔连接曲线直股支距表”查表计算出连接曲线各点的支距,因国内道岔型号太多,在计算夹直线长度时,需考虑道岔后长;单一靠查表计算所有型号的道岔连接曲线各点支距,势必会造成夹直线长度不准确,在人工拨道或大机道岔捣固车进行作业时,会造成曲线头尾不准确。

由于国内道岔型号太多,故使用支距法计算岔后连接曲线时,不是用道岔连接曲线支距表,直接使用公式进行计算。

简易支距法计算出拨量,利用大型养路机械(道岔捣固车)进行拨道,具体的做法说明：

(1)用大型养路机械拨正道岔直线轨向(利用激光小车进行拨道)。

(2)量取线间距数值,因曲线后直线轨向不良,采取了在距曲线尾100 m处量取线间距数值,同时解决该段线路轨向不良问题。进行多点量取,取相同数值或相近数值居多为标准值。

(3)计算实际横距和实际支距。

①切线长

$$T=R\times\tan\frac{\alpha}{2}$$

式中　T——曲线切线长；

R——曲线半径；

α——辙叉角。

②曲线长

$$L=\frac{\pi}{180^\circ}\times\alpha\times R$$

式中　L——曲线长；
　　R——曲线半径；
　　α——辙叉角。

③曲线始终点横距

$$X=T\times(1+\cos\alpha)$$

式中　X——曲线始终点横距；
　　T——曲线切线长；
　　α——辙叉角。

④辙叉尾至曲线始点横距

$$F_x=N\times D+T-X-b$$

式中　F_x——辙叉尾至曲线始点横距；
　　N——辙叉号；
　　D——线间距；
　　T——曲线切线长；
　　X——曲线始终点横距；
　　b——道岔后长。

⑤各点支距

$$Z_{始}=D-\frac{X^2}{2R}$$

$$Z_2=D-\frac{[X-5\times(2-1)]^2}{2R}$$

$$Z_3=D-\frac{[X-5\times(3-1)]^2}{2R}$$

$$Z_4=D-\frac{[X-5\times(4-1)]^2}{2R}$$

$$Z_5=D-\frac{[X-5\times(5-1)]^2}{2R}$$

$$Z_6=D-\frac{[X-5\times(6-1)]^2}{2R}$$

式中　Z——曲线各点支距；
　　D——线间距；
　　X——曲线始终点横距；
　　R——曲线半径。

当$[5(i-1)]\geqslant X$时，Z为线间距。

(4)岔后与曲线之间夹直线支距的计算。从曲线实际始点处向辙叉方向间隔 5 m 进行排点，到接近长岔枕处停止。用辙叉号的比例计算各支距点的数值。

(5)现场排点，首先确定辙叉尖端位置(可用弦绳交叉定位)根据实际始点横距计算结果，用钢尺在直股钢轨上量取该数值，确定实际始点横距位置。从始点开始每隔 5 m 往后排点到曲线终点处，往前排点到接近长岔枕处。

排完正线(直线)各点后,从实际始点处投影到侧线上,找出曲线头的具体位置,从曲线头开始每隔 5 m 往前或往后进行排拨道测点(大机要求每 5 m 提供该处的拨道量)。

(6)现场量取侧线与正线(直线)距离数值,与计算的数值进行比较,可以求出拨道量。

【例】一组专线 4249 道岔 60 kg/m 钢轨 12 号单开道岔,道岔后长 21.208 m,道岔号为 12 号,岔后附带曲线半径 R=400 m,曲线长 L=33.256 m,曲线超高 H=15 mm,线间距实际量取为 5 060 mm,计算各点支距,4249 道岔总布置图如图 2-59 所示。

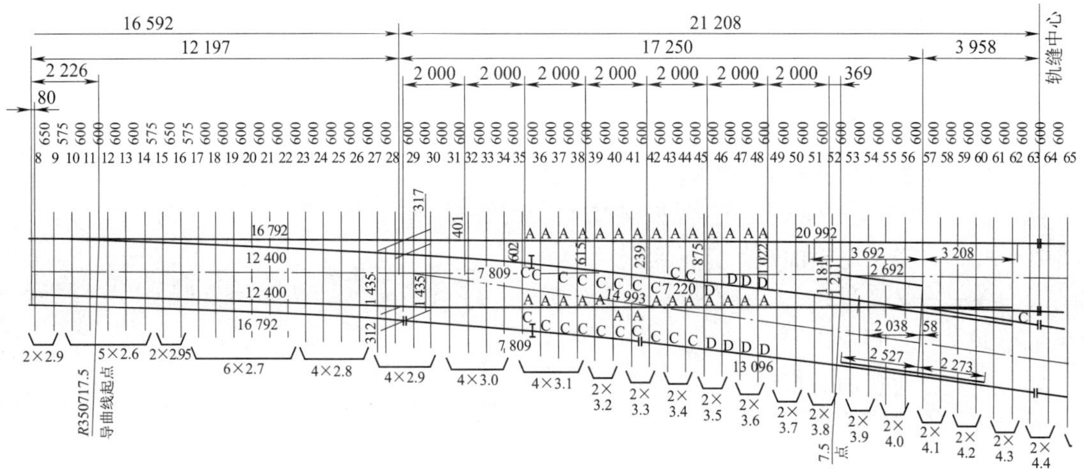

图 2-59 专线 4249 道岔总布置图(单位:mm)

【解】(1)$T=400\times0.041\ 594=16.637\ 6$(m)

(2)$X=16.637\ 6\times(1+0.996\ 55)=33.218$(m)

(3)$F_x=12\times5.060+16.637\ 6-33.218-21.208=22.931\ 6$(m)

(4)$Z_{始}=5.060-33.218^2/2\times400=3.681$(m)

$Z_2=5.060-[33.218-5\times(2-1)]^2/2\times400=4.065$(m)

$Z_3=5.060-[33.218-5\times(3-1)]^2/2\times400=4.386$(m)

$Z_4=5.060-[33.218-5\times(4-1)]^2/2\times400=4.645$(m)

$Z_5=5.060-[33.218-5\times(5-1)]^2/2\times400=4.842$(m)

$Z_6=5.060-[33.218-5\times(6-1)]^2/2\times400=4.976$(m)

$Z_7=5.060-[33.218-5\times(7-1)]^2/2\times400=5.047$(m)

$Z_8=5.060$ m

(5)岔后与曲线之间夹直线支距的计算。

5 m 处:(22.931 6+3.958−5.000)÷12=1.824(m)

10 m 处:(22.931 6+3.958−10.000)÷12=1.408(m)

15 m 处:(22.931 6+3.958−15.000)÷12=0.991(m)

具体拨道量见表 2-29。

注:根据辙叉号的比例,计算各支距点的数值,3.958 m 为辙叉后长,根据角度,12 号道岔从辙叉心理论尖端开始,横纵向比例为 1/12。

表 2-29　拨道量

测点	计算线间距或曲线支距/mm	实量线间距或曲线支距/mm	拨道量/mm	备注
1	991	985	6	
2	1 408	1 410	−2	
3	1 824	1 828	−4	
4	3 681	3 664	17	曲线头
5	4 065	4 030	35	
6	4 386	4 372	14	
7	4 645	4 648	−3	
8	4 842	4 860	−18	
9	4 976	5 008	−32	
10	5 047	5 096	−49	
11	5 060	5 130	−70	进入直线段
12	5 060	5 130	−74	
13	5 060	5 118	−58	
14	5 060	5 106	−46	
15	5 060	5 094	−34	
16	5 060	5 086	−26	
17	5 060	5 086	−26	
18	5 060	5 078	−18	
19	5 060	5 078	−18	
20	5 060	5 064	−4	
21	5 060	5 060	0	

注意：使用大型养路机械进行作业时，起拨道量必须以 0 为开始和结束，否则会直接造成轨道高低、轨向不良。

（二）正线曲线

正线曲线一般用绳正法测量，即用 20 m 弦线在钢轨踏面下 16 mm 处测量正矢，每 10 m 为一点，测量一次。

曲线圆度的好坏，用现场实测正矢与计划正矢之差表达，检查完毕后，曲线正矢超限时，使用绳正法对曲线进行计算拨量。

1. 绳正法拨正曲线的基本要求

（1）曲线两端直线轨向不良，应事先拨正，两曲线间直线段较短时，可与两曲线同时拨正。

（2）在外股钢轨上用钢尺丈量，每 10 m 设置 1 个测点（曲线头尾是否在测点上不限）。

（3）在风力较小条件下，拉绳测量每个测点的正矢，测量 3 次，取其平均值。

（4）按绳正法计算拨道量，计算时不宜为减少拨道量而大量调整计划正矢（尽量控制在 1 mm范围内，最大不宜超过 2 mm）。

（5）设置拨道桩，按桩拨道。

2. 绳正法的基本原理

利用绳正法计算拨道时，首先要了解和掌握其基本原理。

（1）两条假定

①假定曲线两端切线方向不变，即曲线始终点拨量为零。

②曲线上某一点拨道时,其相邻测点在长度上并不随之移动,拨动后钢轨总长不变。

(2)基本原理

①等长弦分圆曲线为若干弧段,则每弧段正矢相等。即等圆等弧的弦心距相等(平面几何定理)。

②曲线上某一点向外或向里拨一距离,其前后两点的正矢的影响量为该点拨动量之 1/2,而且方向相反。

③现场正矢的合计,等于现场正矢的合计。由原理②推出,曲线上任何点的正矢拨动或变更必定从相反方向以该点的半拨量影响其前后相邻点的正矢,所以曲线上任意点的拨动,其正矢和始终不变。

④曲线上各点正矢和为一常数,由原理③可知:曲线上各点正矢和不变,即正矢和为一常数。

⑤曲线上各点正矢差为 0(现场正矢与计划正矢的代数差)即现场正矢和与计划正矢和之差为 0。

3. 曲线整正的外业测量

测量现场正矢是曲线整正计算前的准备工作,这项工作的质量好坏,直接关系到计算工作,并影响到拨后曲线的圆顺,因此应注意以下几点:

(1)测量正矢前,先用钢尺在曲线外股按计划的桩距(10 m、5 m)丈量,并画好标记和编出测点号。测点应尽量与直缓、缓圆等点重合。

(2)测量现场正矢时,应避免在大风或雨天进行,弦线必须抽紧,弦线两端位置和量尺的位置要正确。在钢轨踏面下 16 mm 处测量,肥边大于 2 mm 时应铲除,每个曲线至少要丈量 2～3 次,取其平均值。

(3)如果直线轨向不直,则会影响整个曲线,应首先将直线拨正后再量正矢。如果曲线头尾有反弯或鹅头应先进行整正。如果曲线轨向很差,应先粗拨一次,但拨动部分应经列车碾压且稳定以后,再量取现场正矢,以免现场正矢发生变化而影响拨道量计算的准确性。

(4)在测量现场正矢的同时,应注意线路两旁建筑物的界限要求,桥梁、隧道、道口、信号机等建筑物的位置,以供计划拨道时考虑。

4. 曲线正矢计算公式

1)圆曲线正矢计算公式

取圆曲线上两点拉一直线,这一直线称为“弦”,弦中至曲线钢轨工作边的距离称为“正矢”。

当弦长(c)=20 m 时,正矢(f)=$(20)^2/8R\times(1\ 000)=50\ 000/R$

当弦长(c)=10 m 时,正矢(f)=$(10)^2/8R\times(1\ 000)=12\ 500/R$

当弦长(c)=5 m 时,正矢(f)=$(5)^2/8R\times(1\ 000)=3\ 125/R$

注:式中乘以 1 000 是将 m 变为 mm。

2)缓和曲线计算公式

缓和曲线的半径是由无穷大逐渐变为与圆曲线半径相等。由于缓和曲线的半径是变化的,所以缓和曲线上各点的正矢也随之变化,其变化方式是由直缓点向缓圆点逐渐增加一定的量,这个量称为“递增数”。

$$f_{\mathrm{d}}=f/m \qquad f_1=f_{\mathrm{d}}/6 \qquad f_n=(n-1)\times f_{\mathrm{d}}$$

式中 f——圆曲线正矢;

f_n——缓和曲线上某个点的正矢(不包括 f_1);

n——测点点号；

f_d——缓和曲线递增量；

m——缓和曲线长(分段数)。

(1)缓和曲线始终点正在测点上

设某一曲线的圆曲线正矢为 120 mm，缓和曲线长 60 m，桩距 10 m，则缓和曲线分段数为 60/10＝6，缓和曲线正矢递增数 $f_d=120/6=20$。

测点 1　$f=f_d/6=1\times20/6=3$(mm)

测点 2　$f=1\times f_d=1\times120/6=20$(mm)

测点 3　$f=2\times f_d=2\times120/6=40$(mm)

(2)缓和曲线始终点不在测点上

设某曲线圆曲线正矢 60 mm，缓和曲线(50 m)＝50/10＝5(段数)

缓和曲线纵距率计算公式：

测点 1　纵距率＝(乙)^3/6(甲＋乙)^3＝216/6 000＝0.036 0

测点 2　纵距率＝(甲＋2 乙)^3－2(乙)^3/6(甲＋乙)^3＝(4 096－432)/6 000＝0.610 7

测点 6　纵距率＝(丁＋2 丙)^3－2(丙)^3/6(丙＋丁)^3＝(2 744－128)/6 000＝0.436 0

测点 7　纵距率＝(丙)^3/6(丙＋丁)^3＝64/6 000＝0.010 7

根据上述公式算出附录七(纵距率表)，查法同圆曲线。

(3)确定缓和曲线各点正矢

缓和曲线正矢递增数＝60/5＝12

测点 1　$f=0.036\,0\times12=0$

测点 2　$f=0.610\,7\times12=7$

测点 3　f＝前点正矢＋递增数＝7＋12＝19

测点 4　f＝前点正矢＋递增数＝19＋12＝31

测点 5　f＝前点正矢＋递增数＝31＋12＝43

测点 6　f＝圆曲线－纵距率×递增数＝60－0.436 0×12＝55

测点 7　f＝圆曲线－纵距率×递增数＝60－0.010 7×12＝60

5.绳正法拨道计算

1)步骤

(1)圆曲线正矢 $f=c^2/8R$

或　量取圆曲线内几个测点的正矢和除以几点得出的平均数，即

$$f=(f_1+f_2+f_3+\cdots+f_n)/n$$

(2)圆曲线半径 $R=c^2/8f$，曲线半径计算一般取 10 的倍数。

(3)圆曲线中央点 QZ＝现场正矢倒累计和/现场正矢和

或　圆曲线中央点 QZ＝最后测点号－现场正矢再累计和/现场正矢累计

(4)圆曲线长 L＝现场正矢和/计划正矢(得数为段数)。

(5)圆曲线始点(TC)＝中央点－圆曲线长/2

圆曲线终点(CT)＝中央点＋圆曲线长/2

(6)曲线外轨超高 $H=11.8v^2/R$ 或 $7.6v^2/R$(一般情况按段测得数据，经上级技术主管部门批准办理)

(7)缓和曲线长 $l=H\times 1\,000$

(8)缓和曲线始点　　直缓 TS＝圆曲线始点 TC－缓和曲线长/2

　　　　　　　　　缓圆 ST＝圆曲线始点 TC＋缓和曲线长/2

　　　　　　　　　圆缓 CS＝圆曲线终点 CT－缓和曲线长/2

　　缓和曲线终点　缓直 ST＝圆曲线终点 CT＋缓和曲线长/2

(9)缓和曲线正矢递增数＝圆曲线正矢/缓和曲线长(段数)

2)计算表(表 2-30)及各栏说明

表 2-30　曲线拨量计算

测点	现场正矢倒累计	现场正矢	现场正矢累计	现场正矢再累计	计划正矢		正矢差		差累计		修正数组	半拨量		修正数组	修正累计	修后半拨量	全拨量	拨后正矢	记事
一	二	三	二′		四		五		六		七	八		九	十	十一	十二	十三	十四

第一栏，测点：测量前应进行设置测点，如果已有测点标记，应检查是否齐全，桩距是否正确。

第二栏，现场正矢倒累计(二)，即从现场正矢最后一个测点的正矢起，累计起来的数字。现场正矢累计(二′)是正的累计，即从第一个测点向下累计的数字。再累计，栏最下一个数不累计。

这一栏都是为计算曲线中央点用(也可用于圆曲线计划正矢的确定)，使用时可选择其中之一。

第三栏，现场正矢：将现场量得的正矢正确无误地填入本栏。在测量现场正矢时，应在无风或风小天气进行，拉绳松紧要一致，读数要精确，否则将影响整个曲线的拨正质量。

第四栏，计划正矢：将计算出的各点正矢填入本栏，其各点正矢和必须与现场正矢和相等。

第五栏，正矢差：即第三栏数减第四栏数，现场正矢大为“＋”号，现场正矢小为“－”号，最后“＋”数和与“－”数和必须相等。

第六栏，差累计：将第五栏正矢差第一个数平移到本栏，然后用“斜加平写”法将第五栏数按代数和累计到本栏，最后“＋”数和与“－”数和不相等时，则应调整计划正矢。方法是“＋”数多，则“下点减上点加”，反之，如果“－”数多则是“上点减下点加”。每点的正矢调整数最好是 1～2 mm，多了就会造成计划正矢本身出现“连续差”大的现象。

所谓“＋”多则“下减上加”或“－”多则“上减下加”就是把多或少的数用测点的间隔数调整到计划正矢数来消除。如果累计“＋”号和为 47，“－”号和为 35，即＋47、－35。“＋”号多 12(用“下减上加”来消除)，假定这个曲线有 22 个测点，则可以任意从大测点的计划正矢里减去 1 或 2，将这个数加到小测点的计划正矢里，如 15 测点计划正矢－1，加到 3 测点上的计划正矢里，即 $(15-3)\times 1=12$，后理 $(14-7)\times 1+(11-6)\times 1=7+5=12$，或 $(12-6)\times 2=6\times 2=12$ [每个点上－＋(2)]等都可以消除这个差数“12”。

第七栏，差累计修正数组(调整计划正矢的第二种方法)：梯形修正形式来修正计划正矢比较简单，如上例差累计“＋”号多12，为了保证曲线头尾位置不变，必须设法消去“12：这就运用梯形修正，在一些测点上加一些与正矢差累计合计的符号相反，总的数值相同的修正量。如从测点3开始，测点3减1，则测点4减2，测点5减3，测点6减3，测点7减2，测点8减1，形成梯形形式的数组，－1、－2、－3、－3、－2、－1，总量为－12，与正矢差累计合计“＋12”数值相同，符号相反，这样则可以消去“＋12”，保证曲线头尾位置不变的要求。

如果需要消去的差累计合计数值较大，可以在多个测点上修正。为了保证曲线的圆顺性，相邻测点修正量应排列成梯形的渐变形式，渐变量为1 mm，一般不要超过2 mm，并且在相邻测点上的修正量，由增加转变为减少时，至少有两个相邻点上的修正量相同，确保曲线圆顺。梯形两头可以不对称地排列，也可以用阶梯状的梯形排列，还可以用几个梯形来修正，但是两个梯形之间，至少有两个测点不做修正，以保证拨后连续正矢圆顺。

第八栏，半拨量：本栏第一测点给“0”，然后本栏数与第六栏(如果采用了梯形数组，再加上第七栏)数“平加斜写”，将其代数和填入本栏。如第六栏“＋”“－”号的和相等(采用梯形修正法，由第七栏数组修正后，差累计的“＋”“－”代数差为0)，那么半拨量的最后点必为“0”。

第九栏，半拨量修正数组(调整计划正矢的第三种方法)：差累计出现“＋”“－”数代数和不为0，第一种方法是调整计划正矢，第二种方法是采用梯形修正差累计，第三种方法是采用梯形修正半拨量。梯形修正半拨量的做法：先不管差累计的“＋”“－”数的代数和是多少，先计算出半拨量，半拨量最后点的数是多少，在一些测点上加一些与此数的符号相反但总的数值相同的修正量，例如半拨量最后点的数是12，可以从测点3开始，测点3减1，则测点4减2，测点5减3，测点6减3，测点7减2，测点8减1，形成梯形形式的数组：－1、－2、－3、－3、－2、－1，总量为－12，与半拨量最后点的数“＋12”数值相同，符号相反，这样就可以消去“＋12”，保证曲线尾拨量为“0”的要求。梯形修正半拨量与梯形修正差累计的要求是一样的。

第十栏，半拨量修正累计：将第九栏修正数组第一个数平移到本栏，然后用“斜加平写”法将第九栏数按代数和累计到本栏，最后的数与半拨量最后的数相同，符号相反。

第十一栏，修后半拨量：即第八栏与第十栏的代数和。

第十二栏，全拨量：为第十一栏修后半拨量×2的数。

第十三栏，拨后正矢：

$$拨后正矢=现场正矢+全拨量-(前点拨量+后点拨量)/2$$

第十四栏，记事：记载控制点，曲线头尾等有关计算时的注意事项。

实际上，梯形修正差累计和梯形修正半拨量与调整计划正矢的原理是完全相同的。修正差累计和半拨量，实质上是调整计划正矢。

在适当的点调整计划正矢，还可以调整曲线的拨道量，在保证曲线圆顺的前提下，减少拨量，提高了工效，降低了劳动强度。一般采用梯形修正差累计和梯形修正半拨量的方法来实行。

3)计算实例

(1)实例1：某无缓和曲线的曲线是一段三无曲线，根据现场实测正矢计算曲线的半径、计划正矢及五大桩位置(表2-31)。

①计划正矢　$f=638/16=39.9$ mm　取40 mm(3～18点正矢和/3～18点的测点数)

②曲线半径　$R=c^2/8f=50\ 000/40=1\ 250$(m)

③曲线中央点

QZ=7 127/694=10.27(倒累计之算)=19−6 059/694=19−8.73=10.27(正累计之算)

④圆曲线长L=694/40=17.35　取 17.34(假数)(小数后第二位要偶数)

⑤圆曲线始点　　　　　ZY=10.27−17.34/2=1.6

　　终点　　　　　YZ=10.27+17.34/2=18.94

⑥超高,按上级规定设置,从始、终点向曲线外方直线按 1‰比设置。

表 2-31　曲线实例 1 计算　　单位:mm

测点	现场正矢	现场正矢累计	现场正矢再累计	计划正矢		正矢差		差累计		半拨量		全拨量	拨后正矢	记事
一	三	二′		四		五		六		七		八	九	十
1	6	6	0	3		+3		+3	+3	0		0	3	
2	30	36	6	33		−3		0	0	+3		+6	33	
3	41	77	42	40		+1		+1	+1	+3		+6	40	
4	37	114	119	40		−3		−2	−2	+4		+8	40	
5	46	160	233	40		+6		+4	+4	+2		+4	40	
6	36	196	393	40		−4		0	0	+6		+12	40	
7	39	235	589	40		−1		−1	−1	+6		+12	40	
8	42	277	824	40		+2		+1	+1	+5		+10	40	
9	38	315	1 101	40		−2		−1	−1	+6		+2	40	
10	44	359	1 416	40		+4		+3	+3	+5		+10	40	
11	37	396	1 775	40		−3		0	0	+8		+16	40	
12	39	435	2 171	40		−1		−1	−1	+8		+16	40	
13	43	478	2 606	40		+3		+2	+2	+7		+14	40	
14	36	514	3 084	40	+1	−4	−5	−2	−3	+9		+18	41	
15	43	557	3 598	40		+3		+1	0	+6		+12	40	
16	38	595	4 155	40		−2		−1	−2	+6		+12	40	
17	40	635	4 750	40		0		−1	−2	+4		+8	40	
18	39	674	5 385	40	−1	−1	0	−2	−2	+2		+4	39	
19	20	694	6 059	18		+2		0	0	0		0	18	
20														
合计	694	6 059						+15 −11	+14 −14					

计算各点计划正矢:

查表法,测点 1　　　　f=0.080 0×40=3.2(mm)　取 3 mm

　　　测点 2　　　　f=0.620 0×40=32.8(mm)　取 33 mm

测点 18　　　　f=0.998 2×40=39.9(mm)　取 40 mm

测点 19　　　　f=0.441 8×40=17.67(mm)　取 18 mm

测点 3~17 计　　　　40×15=600(mm)

测点 1～19 合计 3＋33＋600＋40＋18＝694(mm)，与现场正矢和相等。

演算：至“差累计”栏，正数和＋15，负数和－11，正数较负数多 4，按“下减上加”法，从测点 18 的计划正矢里－1，加到 14 测点的计划正矢里，即(18－14)×1＝4。

(2)实例 2：设某一曲线只能量取现场正矢和超高，其余条件均不知，计算出该曲线各项要求和拨道量。(见表 2-32)

①圆曲线计划(平均)正矢　f＝1 333/16＝83.3(mm)　取 83 mm

(8～23 点的正矢和＝1 333)/(8～23 点的测点数＝16)

②圆曲线半径　$R=c^2/8f$＝50 000/83＝602(m)　取 600 m

③曲线中央点　QZ＝28 859/1 858＝15.53(m)

④圆曲线长　L＝1858/83＝22.38(m)

⑤圆曲线始点　ZY＝15.53－22.38/2＝4.34(m)

圆曲线终点　YZ＝15.53＋22.38/2＝26.72(m)

⑥超高：60 mm

⑦缓和曲线测点 11＝测点 12＝60 m

⑧缓和曲线始点 ZH　直缓 ZH＝4.34－6/2＝1.34(m)

缓和曲线始点 HY　缓圆 HY＝4.34＋6/2＝7.34(m)

缓和曲线终点 YH　圆缓 YH＝26.72－6/2＝23.72(m)

缓和曲线终点 HZ　缓直 HZ＝26.72＋6/2＝29.72(m)

⑨缓和曲线正矢递增数＝83/6＝13.8　取 14

计算各点正矢：

查表法：

测点 1　f＝0.047 9×14＝0.670 6(mm)　取 1 mm

测点 2　f＝0.666 5×14＝9.331(mm)　取 9 mm

测点 3　f＝9＋14＝23(mm)

测点 4　f＝23＋14＝37(mm)

测点 5　f＝37＋14＝51(mm)

测点 6　f＝51＋14＝65(mm)

测点 7　f＝83－0.387 9×14＝77.57(mm)　取 78 mm

测点 8　f＝83－0.006 6×14＝82.9(mm)　取 83 mm

缓和曲线正矢合计 347 mm

测点 30　f＝0.062 2×14＝0.87(mm)　取 1 mm

测点 29　f＝0.723 7×14＝10.13(mm)　取 10 mm

测点 28　f＝10＋14＝24(mm)

测点 27　f＝24＋14＝38(mm)

测点 26　f＝38＋14＝52(mm)

测点 25　f＝52＋14＝67(mm)

测点 24　f＝83－0.342 2×14＝79.21(mm)　取(79－1)mm

测点 23　f＝83－0.003 7×14＝82.95(mm)　取(83－1)mm

缓和曲线正矢合计 353 mm

圆曲线内 9～22 点计 83×14＝1 162(mm)

测点 11＋测点 12＋圆＝347＋353＋1 162＝1 862(mm)

计划正矢合计 1 862 较现场正矢合计 1 858 多 4，从测点 7、8、23、24 各减 1。

将算出的各点计划正矢填入表 2-32 内进行计算。

“差累计”栏正数和为＋48，负数和为－42，正数较负数多 48－42＝6。

消除＋6，用“下减上加”，由测点 30 的计划正矢内－1，加到测点 24 的计划正矢内，消去后，量为：30－24＝6。

表 2-32　曲线实例 2 计算　　单位：mm

测点	现场正矢倒累计	现场正矢	计划正矢		正矢差		差累计		半拨量	全拨量	拨后正矢	记事
一	二	三	四		五		六		七	八	九	十
1	1 858	2	1		+1		+1		0	0	1	
2	1 856	8	9		−1		0		+1	+2	9	
3	1 848	24	23		+1		+1		+1	+2	23	
4	1 824	39	37		+2		+3		+2	+4	37	
5	1 785	45	51				−3		+5	+10	51	
6	1 740	62	65		−3		−6		+2	+4	65	
7	1 678	78	77		+1		−5		−4	−8	77	
8	1 600	86	82		+4		−1		−9	−18	82	
9	1 514	79	83		−4		−5		−10	−20	83	
10	1 435	90	83		+7		+2		−15	−30	83	
11	1 345	81	83		−2		0			−26	83	
12	1 264	87	83		+4		+4		−13	−26	83	
13	1 177	78	83		−5		−1		−9	−18	83	
14	1 099	91	83		+8		+7		−10	−20	83	
15	1 008	82	83		−1		+6		−3	−6	83	
16	926	86	83		+3		+9		+3	+6	83	
17	840	77	83		−6		+3		+12	+24	83	
18	763	82	83		−1		+2		+15	+30	83	
19	681	76	83		−7		−5		+17	+34	83	
20	605	90	83		+7		+2		+12	+24	83	
21	515	78	83		−5		−3		+14	+28	83	
22	437	88	83		+5		+2		+11	+22	83	
23	349	82	82		0		+2		+13	+26	83	
24	267	79	78	+1	+1	0	+3	+2	+15	+30	79	
25	188	63	66		−3		0	−1	+17	+34	66	
26	125	46	52		−6		−6	−7	+16	+32	52	
27	79	40	38		+2		−4	−5	+9	+18	38	
28	39	25	24		+1		−3	−4	+4	+8	24	
29	14	14	10		+4		+1	0	0	0	10	
30	0	0	1	−1	−1	0	0	0	0	0	0	
合计	28 859	1 858					+48 −42					

三、梯形修正法的应用

由于受列车的冲击和作业方式的不当，曲线圆顺度不良，正矢超限严重，经检查合格率不足50%，针对这一情况，采用绳正法拨正曲线。但是，在用绳正法计算曲线时，有的曲线拨量很大。为了解决这一问题，采用了梯形修正的方法，减小了拨量。

具体做法：某正线K67＋779曲线，曲线现场正矢见表2-33，该表采用了常规的计算方法(见曲线拨量计算表2-34拨量栏内)，表2-35采用了梯形修正的方法(见曲线拨量计算表2-35拨量栏内)。现场实际操作步骤如下：

(1)拨正曲线头尾两端的直线轨向。

(2)在曲线上设置测点。测点的间距为10 m，如果原有曲线有测点，间距为10 m，可利用原有测点。

(3)选择无风天或风力较小的天测量曲线正矢，测量2～3遍，取平均值。

(4)将现场量取的曲线正矢值填入曲线拨量计算表内计算曲线拨量，第一种方法计算出的拨量过大(表2-33)。第二种方法采用了梯形修正的方法，拨量减小(表2-34)。具体计算步骤及方法如下所述。

计算时依据的公式为：

圆曲线计划正矢＝(正矢总和－缓和曲线正矢总和)/(总测点数－缓和曲线测点数)

曲线半径＝50 000/圆曲线计划正矢

缓和曲线分段数＝缓和曲线长度÷10

缓和曲线递增量＝圆曲线正矢÷缓和曲线分段数

曲线头尾位置：直缓点＝直圆点－缓和曲线分段数一半

缓圆点＝直圆点＋缓和曲线分段数一半

圆缓点＝圆直点－缓和曲线分段数一半

缓直点＝圆直点＋缓和曲线分段数一半

曲线中央点＝现场正矢倒累积合计÷现场正矢合计

曲线长＝(现场正矢合计/圆曲线正矢)×10

曲线全长＝曲线长＋一端缓和曲线长

圆曲线分段数＝现场正矢合计/圆曲线正矢

运用上述公式所得计算结果如下：

圆曲线计划正矢	f＝2 598－291/35－7＝82(mm)
曲线半径	R＝50 000/83＝610(m)
缓和曲线	测点11＝测点12＝60(m)
曲线中央点	QZ＝61 968/2 880＝21.52(m)
曲线长	L＝2 880/82＝35.12×10＝351.2(m)
曲线全长	$L_{全}$＝351.2＋60＝411.2(m)
曲线头	ZY＝21.52－35.12/2＝3.96(m)
曲线尾	YZ＝21.52＋17.56＝39.08(m)
直缓点	ZH＝3.96－6/2＝0.96(m)
缓圆点	HY＝3.96＋6/2＝6.96(m)
圆缓点	YH＝39.08－6/2＝36.08(m)

缓直点　　$HZ=39.08+6/2=42.08(m)$

缓和曲线递增量　　$f_{增}=82/6=13.7(mm)$

曲线各测点计划正矢(查曲线纵距率表见附录I)：

$$f_0=13.7\times0.0000=0$$

$$f_1=13.7\times0.1875=2.6(mm)\quad 取3\ mm$$

$$f_2=2.6+13.7=16.3(mm)\quad 取16\ mm$$

$$f_3=16.3+13.7=30(mm)\quad 取30\ mm$$

$$f_4=30+13.7=43.7(mm)\quad 取44\ mm$$

$$f_5=43.7+13.7=57.4(mm)\quad 取57\ mm$$

$$f_6=82-13.7\times0.9600=69(mm)$$

$$f_7=82-13.7\times0.1475=80(mm)$$

$$f_8\sim f_{35}=82(mm)$$

$$f_{43}=13.7\times0.0001=0$$

$$f_{42}=13.7\times0.2098=2.9(mm)\quad 取3\ mm$$

$$f_{41}=2.9+13.7=16.6(mm)\quad 取17\ mm$$

$$f_{40}=16.6+13.7=30.3(mm)\quad 取30\ mm$$

$$f_{39}=30.3+13.7=44(mm)\quad 取44\ mm$$

$$f_{38}=44+13.7=57.7(mm)\quad 取58\ mm$$

$$f_{37}=82-13.7\times0.9201=69(mm)$$

$$f_{36}=82-13.7\times0.1298=80(mm)$$

$$f_0\sim f_7=0+3+16+30+44+57+69+80=299(mm)$$

$$f_{36}\sim f_{43}=80+69+58+44+30+17+3+0=301(mm)$$

$$(圆)f_8\sim f_{35}=28\times82=2\ 296(mm)$$

$$计划正矢合计=299+301+2\ 296=2\ 896(mm)$$

计划正矢合计2 896 mm,较现场正矢合计2 880 mm多16 mm,在$f_1\sim f_8$、$f_{35}\sim f_{42}$各−1 mm。曲线计算结果标注如图2-60所示。

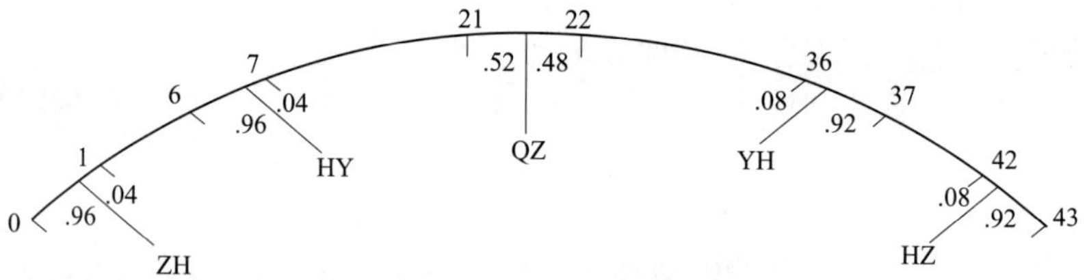

图2-60　曲线计算结果标注

表2-33　曲线使用点号差修正法拨量计算　　单位:mm

测点	现场正矢倒累计	现场正矢	计划正矢	正矢差	差累计	修正后差累计	半拨量	拨量	拨后正矢
1	2 880	2	2	0	0	0	0	0	2
2	2 878	10	15	−5	−5	−5	0	0	15
3	2 868	25	29	−4	−9	−9	−5	−10	29
4	2 843	44	43	1	−8	−8	−14	−28	43

续上表

测点	现场正矢倒累计	现场正矢	计划正矢	正矢差	差累计	修正后差累计	半拨量	拨量	拨后正矢
5	2 799	53	56	−3	−11	−11	−22	−44	56
6	2 746	68	68	0	−11	−11	−33	−66	68
7	2 678	80	79	1	−10	−10	−44	−88	79
8	2 598	89	81	8	−2	−2	−54	−108	81
9	2 509	86	82(−1)	4(5)	2	3	−56	−112	81
10	2 423	79	82	−3	−1	0	−53	−106	82
11	2 344	79	82	−3	−4	−3	−53	−106	82
12	2 265	76	82	−6	−10	−9	−56	−112	82
13	2 189	77	82	−5	−15	−14	−65	−130	82
14	2 112	82	82	0	−15	−14	−79	−158	82
15	2 030	85	82	3	−12	−11	−93	−186	82
16	1 945	87	82	5	−7	−6	−104	−208	82
17	1 858	85	82	3	−4	−3	−110	−220	82
18	1 773	88	82	6	2	3	−113	−226	82
19	1 685	84	82	2	4	5	−110	−220	82
20	1 601	83	82	1	5	6	−105	−210	82
21	1 518	80	82	−2	3	4	−99	−198	82
22	1 438	81	82	−1	2	3	−95	−190	82
23	1 357	82	82	0	2	3	−92	−184	82
24	1 275	83	82	1	3	4	−89	−178	82
25	1 192	81	82	−1	2	3	−85	−170	82
26	1 111	83	82	1	3	4	−82	−164	82
27	1 028	80	82	−2	1	2	−78	−156	82
28	948	85	82	3	4	5	−76	−152	82
29	863	84	82	2	6	7	−71	−142	82
30	779	85	82	3	9	10	−64	−128	82
31	694	80	82	−2	7	8	−54	−108	82
32	614	77	82	−5	2	3	−46	−92	82
33	537	80	82	−2	0	1	−43	−86	82
34	457	81	82	−1	−1	0	−42	−84	82
35	376	85	81	4	3	4	−42	−84	81
36	291	82	79	3	6	7	−38	−76	79
37	209	72	68	4	10	11	−31	−62	68
38	137	56	57	−1	9	10	−20	−40	57
39	81	39	43(+1)	−4(−5)	5	5	−10	−20	44
40	42	29	29	0	5	5	−5	−10	29
41	13	11	16	−5	0	0	0	0	16
42	2	2	2	0	0	0	0	0	2
合计	61 968	2 880	2 880		+95 −125	+116 −116			

表 2-34　曲线使用梯形修正法拨量计算 单位:mm

测点	倒累计	现场正矢	计划正矢	正矢差	差累计	数组	半拨量	拨量	拨后正矢
1	2 880	2	2	0	0		0	0	2
2	2 878	10	15	−5	−5	1	0	0	14
3	2 868	25	29	−4	−9	2	−4	−8	28
4	2 843	44	43	1	−8	3	−11	−22	42
5	2 799	53	56	−3	−11	4	−16	−32	55
6	2 746	68	68	0	−11	5	−23	−46	67
7	2 678	80	79	1	−10	6	−29	−58	78
8	2 598	89	81	8	−2	7	−33	−66	80
9	2 509	86	82	4	2	8	−28	−56	81
10	2 423	79	82	−3	−1	9	−18	−36	81
11	2 344	79	82	−3	−4	10	−10	−20	81
12	2 265	76	82	−6	−10	10	−4	−8	82
13	2 189	77	82	−5	−15	9	−4	−8	83
14	2 112	82	82	0	−15	8	−10	−20	83
15	2 030	85	82	3	−12	7	−17	−34	83
16	1 945	87	82	5	−7	6	−22	−44	83
17	1 858	85	82	3	−4	5	−23	−46	83
18	1 773	88	82	6	2	4	−22	−44	83
19	1 685	84	82	2	4	3	−16	−32	83
20	1 601	83	82	1	5	2	−9	−18	83
21	1 518	80	82	−2	3	1	−2	−4	83
22	1 438	81	82	−1	2		2	4	83
23	1 357	82	82	0	2	−1	4	8	83
24	1 275	83	82	1	3	−2	5	10	83
25	1 192	81	82	−1	2	−3	6	12	83
26	1 111	83	82	1	3	−4	5	10	83
27	1 028	80	82	−2	1	−5	4	8	83
28	948	85	82	3	4	−6	0	0	83
29	863	84	82	2	6	−7	−2	−4	83
30	779	85	82	3	9	−8	−3	−6	83
31	694	80	82	−2	7	−8	−2	−4	82
32	614	77	82	−5	2	−8	−3	−6	82
33	537	80	82	−2	0	−7	−9	−18	81
34	457	81	82	−1	−1	−6	−16	−32	81
35	376	85	81	4	3	−5	−23	−46	80
36	291	82	79	3	6	−4	−25	−50	78
37	209	72	68	4	10	−3	−23	−46	67

续上表

测点	倒累计	现场正矢	计划正矢	正矢差	差累计	数组	半拨量	拨量	拨后正矢
38	137	56	57	−1	9	−2	−16	−32	56
39	81	39	43	−4	5	−1	−9	−18	42
40	42	29	29	0	5		−5	−10	28
41	13	11	16	−5	0		0	0	16
42	2	2	2	0	0		0	0	2
合计	61 968	2 880	2 880		+95 −125				

(5)计算出拨量后，将各测点的拨量数值输入大型养路机械计算机拨道系统内，按拨量进行拨道。

(6)两种方法的比较

①采用常规的计算方法：

a. 最大拨量 226 mm，累计拨量为−4 662 mm(见曲线拨量计算表 2-34 拨量栏内)。

b. 拨后曲线正矢与计划正矢最大误差为加减 1 mm(见曲线拨量计算表 2-34 拨后正矢栏内)。

c. 拨后曲线伸缩量＝111×411.2/610＝74.82(mm)。

②采用梯形修正的拨道方法：

a. 最大拨量为 66 mm 累计拨量为−874 mm，+30 mm(见曲线拨量计算表 2-35 拨量栏内)。

b. 拨后曲线正矢与计划正矢最大误差为加减 1 mm(见曲线拨量计算表 2-35 拨后正矢栏内)。

c. 拨后曲线伸缩量＝20×411.2/610＝13.48(mm)。

③两种方法的比较：

a. 最大拨量，梯形修正的方法比常规的方法少 160 mm，累计拨量少 3 558 mm，梯形修正的方法由于拨量小，大型养路机械作业一遍即可拨到位，配合拨道的人工较小(拨量大于 30 mm，要求扒开轨枕头部道砟及回填道砟所用人工)。常规的方法由于拨量过大，大型养路机械至少作业三遍以上，配合拨道的人工远大于梯形修正的方法，并引起供电配合部门的大量工作。

b. 拨后曲线正矢与计划正矢最大误差均为加减 1 mm，有效地保证了拨后曲线的圆顺度。

c. 拨后曲线伸缩量，梯形修正的方法为 13.48 mm，由于拨后曲线伸缩量很小，不用对曲线地段的轨缝进行调整。而常规的方法拨后曲线伸缩量为 74.82 mm，需要在拨道前进行调整轨缝，从而加大了工作量。采用梯形修正的拨道方法，拨后的曲线合格率达到了 100%。

结论：采用梯形修正的拨道方法，在保证曲线圆顺度的前提下，又大大减少了拨道工作量，降低了劳动强度，收到了良好的效果。

四、曲线检查实作

(一)准备

选择一条半径不小于 300 m 的曲线。

(二)安全预想

天窗点内作业车站设驻站联络员、现场设现场防护员，对讲机防护联络，移动停车手信号防护。防护设好后方可进行作业。工具随作业人员一起下道。

(三)工、量具及材料准备

曲线检查工、量具及材料准备见表 2-35。

表 2-35　曲线检查工、量具及材料准备

序号	名称	规格	单位	数量	备注
1	轨距尺		把	1	经校正
2	弦线			若干	
3	钢卷尺	2 m	把	1	
4	木折尺		把	1	
5	曲线检查记录簿		本	1	
6	双色圆珠笔		支	1	
7	石笔		支	1	

(四)质量要求

1. 判定曲线超限处所,要求符合表 2-5、表 2-7、表 2-8 的规定。

2. 检查水平时,曲线上股为标准股,标准股高的为"＋",低的为"－"。

3. 各检点位置正确,轨距、水平、正矢等测量误差不超过 1 mm。

(五)工作量及劳动组合

单开道岔 1 组,单人作业。如测量高低、正矢拉弦线需配合 2 人。

(六)时间

正式操作时间:30 min,计时从得到允许作业的命令之时开始,到汇报作业完毕之时结束。按规定时间完成,超 1 min 扣 2 分,超 5 min 停止作业。

(七)要点及评分标准

曲线检查作业要点及评分标准见表 2-36。

表 2-36　曲线检查作业要点及评分标准

序号	内容	要　点	配分/分	评分标准	扣分	得分
1	作业程序	1. 上道检查前,先确认检测量具是否规范、合格、有效,检查前先校对水平。 2. 检查曲线头、尾位置,判别是否存在"鹅头"或"反弯",两端直线段几何尺寸是否有偏差。 3. 确定基准股:水平以曲下股为基准,轨向以曲上股为基准。 4. 检轨距、水平、轨向、高低、三角坑和递减顺坡率,测量曲线正矢。 5. 检查钢轨磨耗、接头状态、轨枕失效、歪斜、零配件缺损失效,以及接头对方和线路爬行情况。 6. 检查道床、路肩、外观和排水设备,最后看标记和标志是否齐全、准确、清晰。 7. 将检查出来每个项目的数据(包括工作量),填写在指定记录簿相应的位置。 8. 汇总分析:根据曲线状态检查结果,对偏差处所正确判定,认真分析该曲线存在的主要病害及状态质量,需要采取的针对性的方法和措施	40	1. 未检测量具校对水平扣 5 分。 2. 未检查直线段几何尺寸有偏差扣 5 分。 3. 基准股选错扣 5 分。 4. 检查项目不全缺,一项扣 2 分。 5. 检查项目不全缺,一项扣 2 分。 6. 检查项目不全缺,一项扣 2 分。 7. 填写位置不对扣 5 分。 8. 判断不正确、主要病害针对性不强、未采取针对性方法和措施,每项扣 5 分		

续上表

序号	内容	要 点	配分/分	评分标准	扣分	得分
2	质量	1. 检查项目和部位齐全、正确，记录规范、清晰。 2. 各项检测数据误差不大于 1 mm。 3. 检测熟练，操作规范。 4. 曲线地段拨道要进行绳正法拨道量计算。 5. 发现曲线钢轨顶面光带偏离，曲上股侧磨速率变化大，或曲下股压溃严重，要定期观察和测速，并应及时申请调整超高度或轨底坡。 6. 钢轨磨耗接近轻伤时，要将磨耗地点、股别、长度和磨耗量向车间汇报。磨耗达到轻伤后，要及时向工务段汇报，并定时加强观察、记录和分析。 7. 检查时发现几何尺寸达到“临时补修”和线路设备状态危及行车安全时，要采取果断措施，及时汇报处理。 8. 作业项目和工作量确定合理，主要病害分析有依据，操作方法可行，所采取的措施针对性强	35	1. 缺项扣 1 分，记录不规范、涂改扣 2 分。每处扣 10 分。 2. 误差大于 1 mm，每处扣 2 分。 3. 操作不规范扣 5 分。 4. 计算方法不正确扣 5 分。 5. 未检查扣 5 分。 6. 未检查记录和分析扣 5 分。 7. 未采取措施、汇报处理扣 5 分。 8. 作业项目确定不合理，主要病害分析没有依据，措施针对性不强扣 5 分		
3	工具	1. 工具使用不正确。 2. 损坏量具	10	1. 每次扣 2 分。 2. 扣 10 分		
4	时间	在规定的时间内完成作业内容	5	每超时 1 min 扣 1 分，超 5 min 停止		
5	安全	1. 邻线来车不停止检查。 2. 本人有其他不安全因素酌情扣分。 3. 不按规定着装和使用劳保用品	10	1. 每次扣 5 分。 2. 每次扣 2～5 分。 3 每少 1 件扣 2 分		
合计			100			

复习思考题

1. 线路设备检查有哪几种检查方式？

2. 站线线路和道岔检查周期是什么？

3. 曲线正矢检查周期是什么？

4. 动态检测方式有哪些？

5. 什么是查照间隔？为什么要保持在 1 391～1 394 mm 之间？

6. 什么是护背距离？为什么要保持在 1 346～1 348 mm 之间？

7. 什么是三角坑？三角坑有哪些危害？

8. 道岔的作用是什么？

9. $v \leqslant 80$ km/h 的线路轨道静态几何不平顺容许偏差管理值对轨距、水平、高低、轨向、三角坑是如何规定的？

10. $v \leqslant 80$ km/h 的道岔轨道静态几何不平顺容许偏差管理值对轨距、水平、高低、轨向、三角坑、支距是如何规定的？

11. 某段线路的检查记录见表 2-37，按照 $v \leqslant 80$ km/h 正线计划维修标记表 2-37 线路检查中出现的超限位置。

表 2-37　线路检查记录簿

正线 5 km 至 6 km　　站线　　股道　　曲线半径 800 m　　超高 50 mm　　顺坡率 1‰

检查日期	检查项目	钢轨编号																											
		1				2				3				4				5				6				7			
		接头		中间		接头		中间		接头		中间		接头		中间		接头		中间		接头		中间		接头		中间	
2月14日	轨距	1	−1	8	1	2	0	3	3	2	2	7	2	1	−1	−2	0	1	1	0	−1	1	1	2	2	1	−2	−5	−1
	水平、三角坑	0	2	0	1	1	0	0	3	−5	−1	1	2	3	9	11	0	0	0	0	0	7	1	1	2	−5	3	2	0
	轨向高低及其他																												
	临时补修日期及内容																												

12. 某段道岔检查记录见表 2-38，按照 $v \leqslant 80$ km/h 道岔计划维修标记表 2-38 道岔检查中出现的超限位置。

表 2-38　道岔检查记录簿

站名：××站　　道岔编号：7 号　　线别：到发线　　道岔类型：P60-12

检查日期	部位项目	转辙部分					导曲线部分						辙叉部分										支距
		基本轨接头	尖轨尖墙处	尖轨中	尖轨跟端		直线			导曲线			叉心前		叉心中		叉心后		查照间隔		护背距高		
					直	曲	前	中	后	前	中	后	直	曲	直	曲	直	曲	直	曲	直	曲	
7月15日	轨距	1	0	2	6	3	0	1	2	0	0	2	2	0	1	0	3	−1	87	46	92	49	1 −2 −4 1 0 0 2 1 0
	水平	1	2	×	3	3	−5	1	2	−3	1	2	1	2	×	×	2	1	×	×	×	×	
	轨向高低其他																						
	临修日期内容																						

13. 钢轨的功用是什么？

14. 预留轨缝的条件是什么？

15. 某地某地更换 25 m 长普通线路钢轨，当地最高轨温 61 ℃，最低轨温 −19 ℃，作业轨温 28.2 ℃，请计算预留轨缝应为多少？

16. 在铁路线路平面上主要由哪些曲线组成？

17. 测得岔后连接曲径正矢三处为 25 mm、26 mm、27 mm，试求连接曲线的半径为多少？

18. 在某一铁路上，曲线半径为 600 m，列车通过该曲线时的平均速度为 66.7 km/h，该线路容许速度为 90 km/h，货物列车的平均速度为 45 km/h，问该线路应设超高是多少？并进行检算。

19. 已知曲线半径为 800 m，缓和曲线长为 50 m，测点在缓和曲线始、终点上，求缓和曲线各点正矢(按 10 m 等分缓和曲线)？

20. 使用梯形修正法计算表 2-39 曲线拨量。

表 2-39　曲线拨量计算

位置:K7＋212.92～K7＋446.78　　R=800 m　　L=233.86 m　　l=50 m　　H=40 m(右向曲线)

测点	现场正矢到累计	现场正矢	调整计划正矢	计划正矢	正矢差	差累计	修正	半拨量	拨量	拨后正矢	备注
1		−3		0							
2		5		4							
3		14		16							
4		24		29							
5		39		41							
6		55		53							
7		66		62							
8		61		63							
9		63		63							
10		58		63							
11		71		63							
12		59		63							
13		71		63							
14		59		63							
15		63		63							
16		59		63							
17		66		63							
18		62		63							
19		63		63							
20		61		62							
21		56		53							
22		37		41							
23		30		29							
24		10		16							
25		1		4							
26		3		0							
合计											

21. 已知某道岔为 12 号，岔后链接曲线半径为 400 m，线间距 5 048 mm，L=33.256 m，曲

线超高 H=15 mm,计算岔后曲线横距及各点支距。

22.已知某曲线半径为 320 m,曲线长 200 m,缓和曲线长 70 m,实测正矢 21 点,实测正矢合计 2 013 mm,实测正矢倒累计合计为 22 046 mm,试计算出曲线中点位置、圆曲线长及各点正矢。

23.缓和曲线长 80 m,圆曲线长 28.27 m,曲线半径 400 m,用 12.50 m 标准轨铺设,计算缩短轨类型及总缩短量。

24.轨道检查仪划分为几个等级?划分标准是什么?

25.轨道检查仪检测项目有哪些?

26.轨道检查仪检定周期是多长?

模块三　轨道动态检查

引子

随着社会经济发展的需要,铁路列车运行速度不断提高,铁道线路质量与行车安全的矛盾也愈来愈突出。准确、及时、全面预报铁道线路危及行车安全的病害,全天候掌握线路动态状况,是确保铁路行车安全的关键。目前在线路动态检测方面逐步形成了以动车组综合检测车和轨道检查车检查为主,车载式线路检查仪、便携式线路检查仪为辅的检测体系。大量利用轨检车动态资料进行线路维修是铁路发展的需要,充分利用它们查找线路病害,分析病害成因,制定科学的维修整治方案。轨道检查车作为轨道动态检测的主要工具,具有速度快,精度高,作业方便的特点。同时正确运用 TQI 数据对指导线路日常维修具有十分重要的意义。

岗位要求

作为线路工等技术人员,能够利用轨检车各项数据及轨检车波形图在工务维修作业中来指导现场作业以及安排“天窗”。

学习目标

【知识】

熟悉轨道动态质量评定标准以及轨检车检测项目、检测报表、波形图等检测资料。

【技能】

能够利用轨检车各项数据及轨检车波形图分析线路病害并指导工务维修作业。

【素质】

1. 培养“科技赋能铁路”创新意识,安全责任与工匠精神;
2. 培养创新思维与技术迭代;
3. 树立严谨细致、科学规范的工作态度;
4. 培养团队协作与应急处置。

在铁路运输事业的发展和建设水平上,我国在世界上享有很高的声誉。经济新常态下,铁路运输事业的发展步伐加快,再加上近年来铁路列车提速频率和幅度的增加以及车流量的密度的加大,工务系统线路的安全检测面临更加严格的要求,工务系统线路安全维修养护必须要有更为科学、更为先进的手段。

以往,对于铁路工务安全生产的检查,普遍采用的是人工检查和现场复核的方式,但这样的方式已无法满足生产养护维修的需要,这种不满足主要因为两个方面:第一,上道检查的效率低;第二,上道检查的安全系数低。通过科学的动、静态检测手段,铁路工务安全检测的水平得到了显著的提高,铁路列车的运行安全得到了最大限度地保证,进而保证了人身及财产安全的同时,更好地为交通运输事业的发展服务。

轨道的动态检测是指在列车动荷载作用下,使用专用仪器和线路检测车,对轨道状态进行定期的系统检测,检测轨道发生的轨距、水平、轨向、高低等轨道变形,用以反映轨道状态,分析轨道病害。

从现阶段综合检测技术在铁路工务安全生产中的运用来看,使用到的设备既包括动态检测设备,又包括静态检测设备,具体有便携式线路检查仪、车载式线路检查仪、轨道检查车和轨道检查仪。

单元一　便携式线路添乘仪

在综合检测技术的运用过程中,常常会用到便携式线路添乘仪,便携式线路添乘仪为工务各级检查单位在添乘机车时携带,是检测技术运用中最常见的检测仪器。便携式线路添乘仪采用的是卫星定位技术用于对里程进行测量,利用车体与轨道的动力响应,实现对车体振动信号的采集,根据机车姿态平衡信息来间接反映线路信息。从目前铁路工务线路系统对便携式线路添乘仪的应用来看,在各种不平顺引起的车体晃动或振动中,该仪器设备的敏感性较高,并且还可以实现对机车的横向和垂向加速度的定量检测。

便携式线路添乘仪是添乘机车车辆时对线路状况进行检测的智能仪器。它通过对车体振动数据的实时采集、记录和运算,量化判断线路状况,可用北斗卫星导航系统识别线路、定位里程,也可通过蓝牙从车载式线路检查仪获取机车运行数据,进行线路识别和里程定位,目前一般都使用北斗卫星导航系统,自动记录晃车的准确里程和病害程度。检测数据可导出应用,利用计算机对数据查询、统计、分析。该设备体积小,便于携带。下面以 SY-5 便携式线路添乘仪为例进行讲解。

一、便携式线路添乘仪介绍

1. SY-5 便携式线路添乘仪概述

SY-5 型便携式线路添乘仪是对 SY-3 型和 SY-4 型进行技术升级改造的便携式线路检查仪,如图 3-1 所示。在原有功能的基础上,提高了线路动态监测的准确性和一致性。系统利用蓝牙通信微微网实现了与车载式线路检查仪的数据共享,解决了隧道内的定位问题,同时为系统进一步升级,组合 PDA、遥控器使用,实现了单人添乘、多人添乘、设备添乘与人工添乘相结合。SY-5 型便携式线路添乘仪采用新型传感器、北斗定位模块及运算能力超强的 DSP 处理器,引入 FFT 和小波算法,使监测数据及病害定位更准确,更能真实反映线路的情况,为指导工务线路维修提供科学依据。

视频

轨道动态检测项目

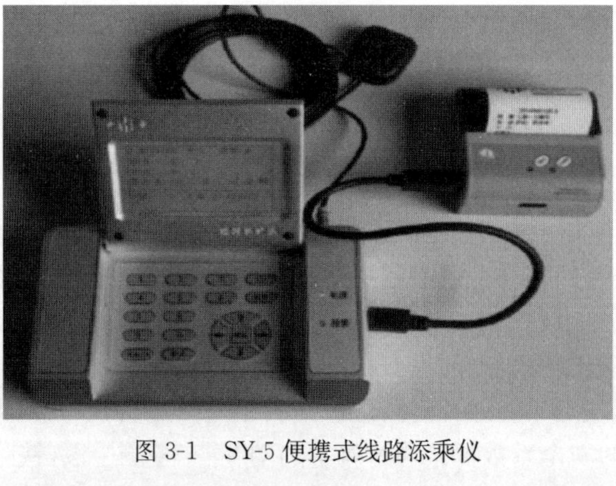

图 3-1　SY-5 便携式线路添乘仪

北斗卫星导航系统(beidou navigation satellite system,BDS)是中国自主研发的全球卫星导航系统。北斗卫星导航系统由 55 颗卫星组成,包括地球静止轨道卫星、倾斜地球同步轨道卫星和中地球轨道卫星,构成了一个完整的星座,为全球用户提供更广泛的覆盖和服务。其定位原理是基于时间测距,通过测量卫星信号到达用户接收机的时间差,结合卫星的精确位置信息,计算出用户的位置。北斗卫星导航系统采用无源定位方式,至少需要 4 颗卫星的信号,利用信号传播时间差解算用户的三维位置(经度、纬度、高度)和精确时间。北斗卫星导航系统的定位精度较高,全球范围内水平定位精度优于 10 m,部分地区可达 5 m。在中国及周边地区,水平定位精度能达到 1.32 m,垂直精度 2.14 m。通过地基增强系统,可提供更高精度的定位服务,如米级、分米级甚至厘米级。

2. SY-5 便携式线路添乘仪特点

(1)动态监测线路状况,反馈横向加速度,垂向加速度大小。

(2)BDS 准确定位,自动识别线路、行别及管界信息。自动校正里程误差。

(3)根据车型、速度,自动选择晃车门限。超限数据实时报警并打印。

(4)智能处理曲线、道岔、桥隧等特殊路段,监测结果更准确。

(5)大容量数据存储。计算机 USB 接口,高速海量数据传输。

(6)数据查询:提供按交路的方式查询。波形显示:实时显示振动波形及速度里程。

(7)中文、背光液晶显示。菜单式操作、界面友好。

(8)微型热敏打印,快速、低功耗。

(9)工作时间不小于 15 h。体积小、质量小,便于携带。

(10)蓝牙通信,与车载式线路检查仪实现资源共享。

3. SY-5 便携式线路添乘仪技术指标

SY-5 便携式线路添乘仪技术指标见表 3-1。

表 3-1　SY-5 便携式线路添乘仪技术指标

参数类型	技术参数
量程	20 m/s^2
测量精度	0.1 m/s^2
非线性	<1%
横向效应	<2%
采样频率	2 000 Hz
频率响应	0.3～20 Hz
加速度数据分析范围	0.3～20 Hz;该范围内传递特性为 1±10%
连续工作时间	15 h
蓝牙传输距离	50 m,数据加密
BDS 定位精度	<10 m
存储容量	64 MB
电源	DC(7.4±0.005)V
充电时间	12 h
工作温度	0～70 ℃

续上表

参数类型	技术参数
存储温度	−40～+85 ℃
外形尺寸	200 mm×120 mm×45 mm
质量	≤1 000 g

4. SY-5 便携式线路添乘仪操作说明

(1)选择交路。

搜星成功后自动进入选择交路界面,如图 3-2 所示。列车交路,又称机车牵引交路,是指列车担当运输任务的固定周转区段,即列车从起始站至终端折返站之间往返运行的线路区段。交路方案决定了列车运行的区段长度、折返车站以及按不同交路运行的列车开行对数等,是行车计划确定的基础。

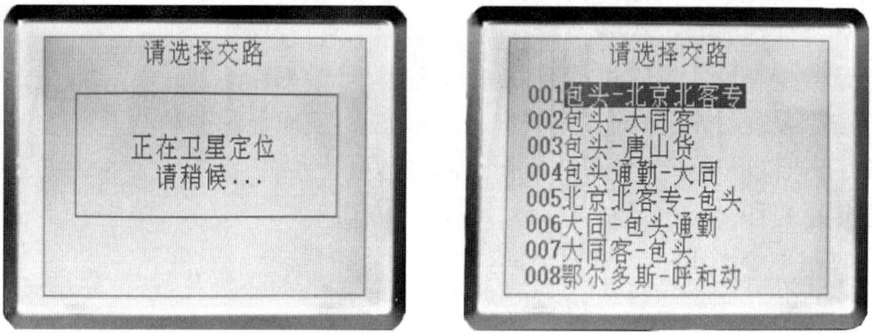

图 3-2　选择新线路

在检测工程中,对便携式线路添乘仪中已保存的交路进行添乘时选择已有交路,对未保存的交路进行添乘时,选择新线路,如图 3-2 所示。直接对新线路进行添乘,由于没有该交路的 BDS 坐标数据,仪器无法自动校正里程信息,因此,添乘时需要添乘人手动校正里程数据,方可对超限处所进行较准确的定位。打点(即采标)工作须在添乘仪已接收到卫星信号的情况下才能进行,在采标时,应保证当公里标与 BDS 接收天线行至同一位置时采标,以减少采标点与公里标的误差。

(2)选择车型、输入机车号、车次车型选择界面如图 3-3 所示,输入车次界面下按“↑”开启的字母键盘如图 3-4 所示。

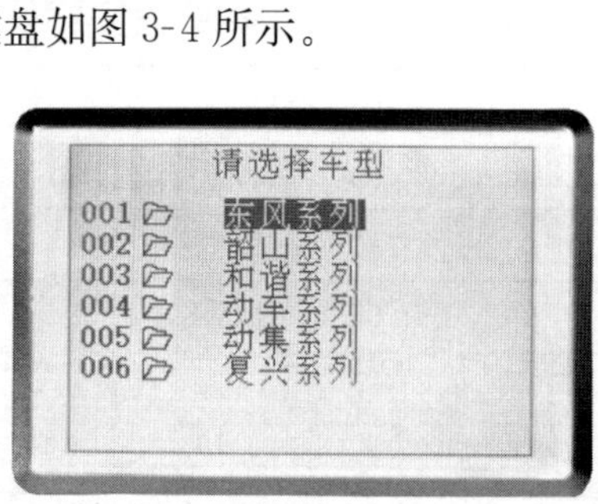

图 3-3　车型选择

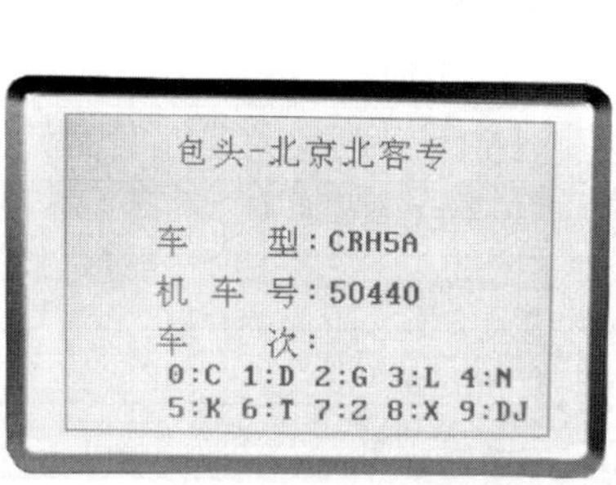

图 3-4　输入车次界面下开启字母键盘

(3)添乘工作界面。

添乘工作界面如图 3-5 所示,界面显示内容详见表 3-2,界面下各按键的功能详见表 3-3。

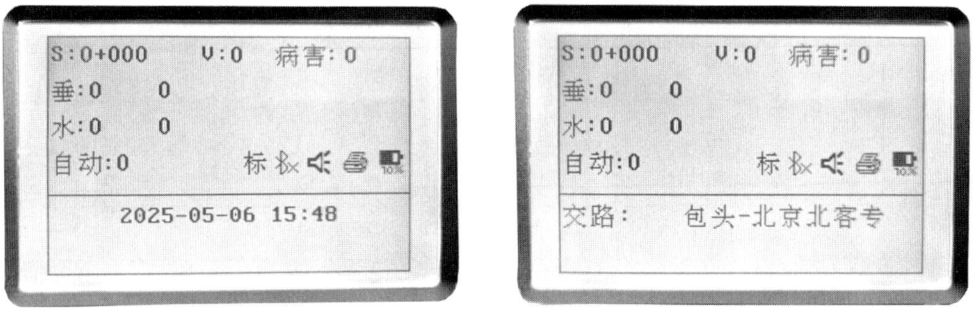

图 3-5　添乘工作界面

表 3-2　添乘工作界面显示内容及其含义

显示内容	含　义
S	当前机车运行里程(如 438+018,即 438.018 km)
V	当前机车运行速度(单位:km/h)
病害	截止当前时间,本次添乘出现的病害数量
垂	第一个数字:机车晃动实时垂向加速度("5"表示 0.05g) 第二个数字:截止当前时间,本次添乘的最大垂向加速度("8"表示 0.08g)
水	第一个数字:机车晃动实时横向加速度("3"表示 0.03g) 第二个数字:截止当前时间,本次添乘的最大横向加速度。("17"表示 0.17g)
Ⅱ	上面数字:当前所添乘机车的垂向加速度Ⅱ级超限数量下面数字:当前所添乘机车的横向加速度Ⅱ级超限数量
Ⅲ	上面数字:当前所添乘机车的垂向加速度Ⅲ级超限数量下面数字:当前所添乘机车的横向加速度Ⅲ级超限数量
自动	当前使用蓝牙和 BDS 协同定位
星数	当前仅使用 BDS 定位,BDS 模块可用的卫星数量
蓝牙	当前仅使用蓝牙定位
标/内/精	根据机车状况,快速调整机车系数,在"菜单/机车系数设置"界面下调整其对应的机车系数。按 1 号键可切换标、内、精
蓝牙	⊗:蓝牙连接正常,通过蓝牙获取机车里程。屏幕显示"蓝牙 L"
	xx:开启蓝牙,但蓝牙断开。屏幕显示"蓝牙 D"
	使用 GPS,不使用蓝牙时,蓝牙位置显示星数
声音	一:有按键音、报警音
	二:关闭按键音、报警音
打印	:打印 3 级超限
	:打印 2、3 级超限
电量	以百分比形式显示剩余电量
交路	当前运行的交路信息
超限	上一条超限所在里程及超限类型、超限级别、超限值
××段××线	仪器识别了管界后,显示当前工务段、线名
→数字	下一个校正点的里程

注:表格中垂向加速度以下简称垂加,横向加速度以下简称横加。

表 3-3 添乘工作界面下各按键的功能

按键	功　能
数字键 1	机车系数标、内、精的切换
数字键 2	开启或者关闭蜂鸣器
数字键 3	开启或者关闭蓝牙
数字键 4	预置里程、速度、行别。如图“里程、速度、行别预置”
数字键 5	进入实时波形显示界面
数字键 6	整公里校正
数字键 8	锁星切换按键
数字键 9	切换打印机打印三级或是二三级超限
↑	调节速度,每按一次“↑”键,速度增加× km/h。 x 值通过微调设置设定
↓	调节速度,每按一次“↓”键,速度减小× km/h x 值通过微调设置设定
←	节里程,每按一次“←”键,里程减小 y m。 y 值通过微调设置设定
→	调节里程,每按一次“→”键,里程增加 y m。 y 值通过微调设置设定
背光	关闭/开启液晶背光
菜单	设置或查看添乘界面的相关参数

(4)查看门限。

门限值与车型、速度有关,选择门限可控制打印数据的多少。当检测的加速度值达到设定的门限时,打印机就实时打印输出,如图 3-6 所示。在菜单列表界面下,选择“查看门限”,按“确认”键,进入“选择车型界面”。每个车型对应一组门限,选择车型后按“确认”键,显示该车型的门限表。例如,车型选择“CRH5”,则打开 CRH5 型车的门限表,如图 3-7 所示。

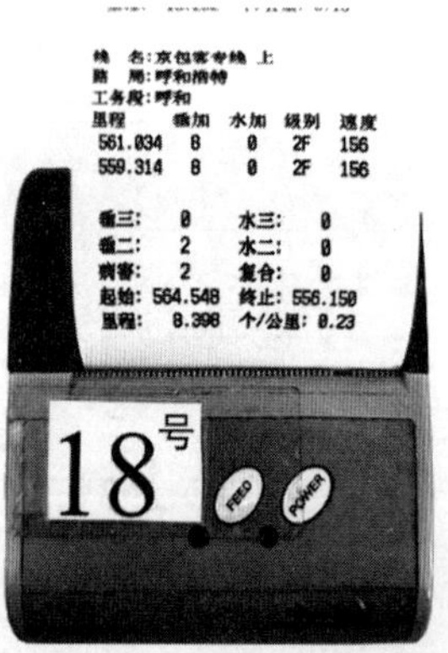

图 3-6 打印机

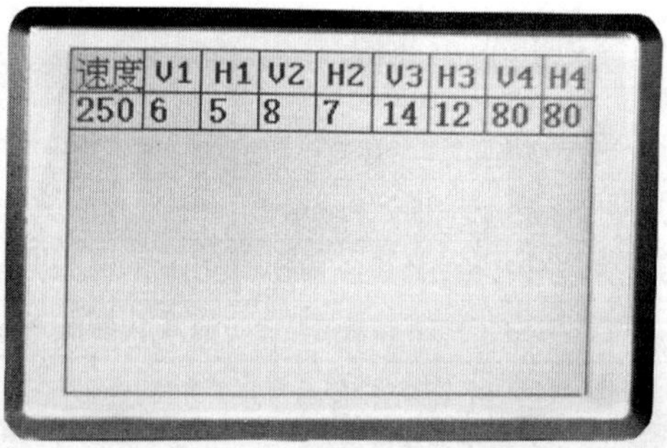

图 3-7 CRH5 型车门限

V1、H1：对应垂加和横加的一级门限；

V2、H2：对应垂加和横加的二级门限；

V3、H3：对应垂加和横加的三级门限；

V4、H4：对应垂加和横加的四级门限；

速度：该车型该行门限对应的速度区间 250 km/h。

门限只能查看，如需修改可通过上位机软件修改后重新下发至仪器，也可在仪器的“主界面/参数设置”中进行修改。

(5)查询超限。

在主界面下，选择“查询超限”，按“确认”键，进入“超限级别选择”界面，如图 3-8 所示。

三级查询：查询所有三级和三级以上的超限数据；

二三级查询：查询所有二级和二级以上的超限数据。

超限数据表相关界面如图 3-9 所示。

超限数据表内容解读：超限数据表中的“级别”为两位数字，分别表示垂加和横加级别。如“32”，表示垂加为 3 级，横加为 2 级。级别中字母“F”代表 0 级。

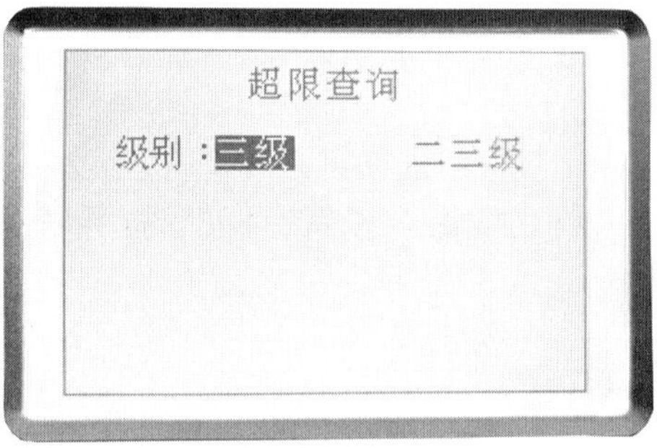

图 3-8　“超限级别选择”界面

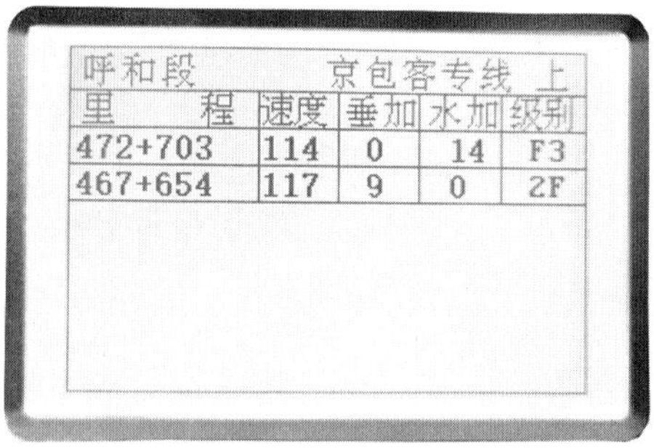

呼和段	京包客专线 上			
里　程	速度	垂加	水加	级别
472+703	114	0	14	F3
467+654	117	9	0	2F

图 3-9　超限数据表

二、添乘检测

1. 作业条件

不受天窗时间限制。

2. 作业时间

根据添乘车次、添乘长度确定。

3. 人员要求

人员配置，岗位要求，经段级单位培训并考试合格符合添乘要求人员。

4. 工具仪器

检查记录本、视频记录设备、便携式线路添乘仪。

5. 作业程序

(1)作业准备

出示证件，询问、记录司机姓名、机车型号、车次，安设仪器。

(2)瞭望检查

集中精力瞭望和观测仪器；做好记录：区间、里程、问题、涉及人员、简要原因；危及行车安全或严重问题立即通知相关单位进行处理。遇突发事件，及时传递信息，协助乘务人员，在职责范围内处理问题。

(3)操作流程

仪器平稳放好→连接BDS天线,然后把磁性天线头吸附在车外面(推荐)或驾驶室前窗的位置→连接打印机→长按开关启动检查仪→开启打印机→按“确认”键进入BDS搜星→搜星成功选择交路,搜星失败则按“退出”键选择交路→按“确认”键→选择车型“确认”→输入机车号“确认”→输入车次号“确认”→进入工作界面。

需要查询数据时,在主界面选择“查询超限”→选择查询级别“确认”→选择是否打印→按上下键查看超限数据,正在进行添乘时需退出至主界面选择查询超限,进行数据查询。

(4)注意事项

①上车后,仪器平稳放置在驾驶台,与机车运行方向一致,确保在列车启动、制动和正常运行情况下不与车体产生相对运动。

②机车运行过程中进行操作,不得将仪器挪动或拿起,否则监测数据无效。

③由于机车内BDS信号强度较弱,要提前启动仪器,完成BDS搜星、定位工作。建议BDS天线放置车内开阔处(不可有物体遮挡),卫星星数多在4以上时,方可以正常使用。严禁带电插拔BDS天线接头,连接打印机,必须在仪器关机的状态下进行,严禁热插拔。

⑤仪器每年必须返厂标定,且标定时间间隔不得超过一年。

6.信息反馈

(1)工务段轨道动态管理人员添乘检查线路后应及时将检查资料进行整理,报段安全生产指挥中心,指挥中心对检查数据进行分析,及时掌握管内线路设备状态,便于指导线路设备维修。

(2)对检查出的Ⅲ、Ⅳ级偏差,工务段应比照机车车载式线路检查仪的偏差分析、处理规定及时通知业务科室、所属线路车间进行检查、整修。对检查出的Ⅱ级偏差,段安全生产指挥中心轨道动态分析人员要按各线路车间管界进行分类统计,录入“工务安全生产管理系统”,并报业务科室,及时指导线路车间、工区充分利用综合维修天窗有计划地进行线路设备整修。

(3)人工添乘体感晃车。体感晃车是对仪器添乘检查的必要补充。添乘人员要将添乘资料报告单段安全调度指挥中心。添乘发现的晃车处所,各级分析人员要结合动态轨检车数据重点分析,车间要比照动态添乘仪的偏差管理及时消灭。

7.安全方面

(1)检测仪器未正确安置,造成数据不准。

(2)添乘过程中影响司机正常操作,不遵守驾驶室规定。

(3)在机车上随意乱碰机车部件触电,造成人员伤害。

单元二 车载式线路检查仪

车载式线路检查仪直接安装在机车车体上,作为一种常见的动态检测技术,在铁路工务安全生产检测中出现频率很高。在使用车载式线路检查仪对铁路工务安全生产进行检测时,仪器通过对机车车体垂向、横向加速度进行密集采样,并对数据进行模拟与数字滤波,结合机车的各项基本数据,如车型、速度、里程等,如果客观环境理想,没有其他人为因素的干扰,则会综合生成反映线路平顺状态的数据,进而满足线路状况实时监测的基本要求。

机车车载式线路检查仪是通过固定在机车车体上的加速度传感器，采集在机车运行过程中车体垂向、横向振动加速度值及超限地点，通过无线数传模块将数据传送到便携式计算机，通过 GSM 将Ⅰ、Ⅱ、Ⅲ、Ⅳ级超限病害信息发送到地面接收单元或相关人员手机上，以便工务人员实时掌握线路不良地点。也可以通过数据转储器把线路数据转储到地面微机，由数据处理软件利用计算机对数据查询、统计、分析。

车载式线路检查仪（又称晃车仪或车载仪）是安装在机车上对线路进行动态检查，实现检测数据无线传输的新型设备。在机车运行中，该设备可以连续采集、记录所通过线路状态的有关数据，无线传输至地面接收系统及相关人员手机，以指导工务线路维修、及时消除线路严重超限处所，确保行车安全。

一、车载式线路检查仪分类

1. 车载式线路检查仪按系统功能分类

（1）数据采集处理传输系统：包括传感器、传感器连接线、主板（主板为 TAX2 箱插件），如图 3-10 和图 3-11 所示。

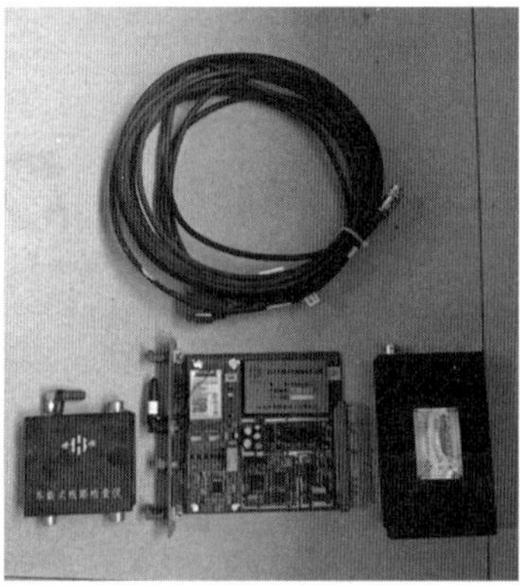

图 3-10　机车车载式线路检查仪

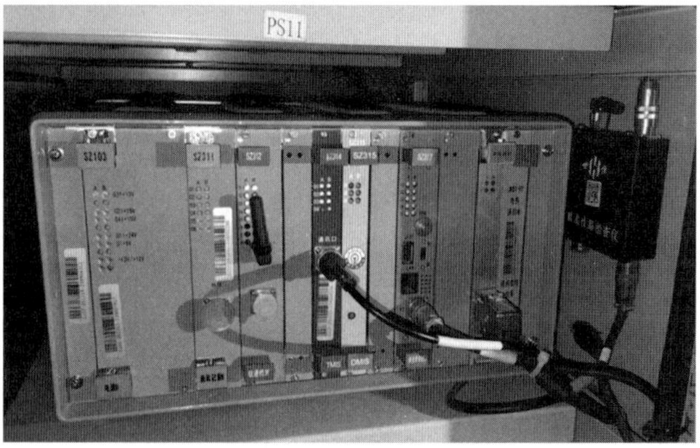

图 3-11　TAX2 机箱

（2）线路动态检测地面处理系统：便携式计算机、地面接收装置、相关人员手机、机车报警装置等。

2. 车载式线路检查仪按类型分类

（1）CGDJ-Ⅲ机车车载式线路检查仪：适用于运行速度不大于 250 km/h 的机车或动车组。

（2）HGDJ-Ⅲ动车组车载式线路检查仪：适用于运行速度大于 250 km/h 的高速动车组。

二、设备原理

车载式线路检查仪随机车或动车组运行，利用嵌入式智能传感器获得机车运行过程中水平、垂直方向振动信号，经高精度仪用放大器、A/D 转换、数字信号滤波，运算处理得到有用信号。将该有用信号经主控单元，与机车安全信息综合检测装置（TAX2）或列控设备动态监测系统（DMS）中的日期、时间、机车号、车次、里程、速度、线路编号等信息综合生成一个能够反映轨道状态的综合数据信息包，并无线传输到用户端（如便携式计算机、地面接收装置、相关人员手机、机车报警装置等）。车载式线路检查仪检测原理如图 3-12 所示。

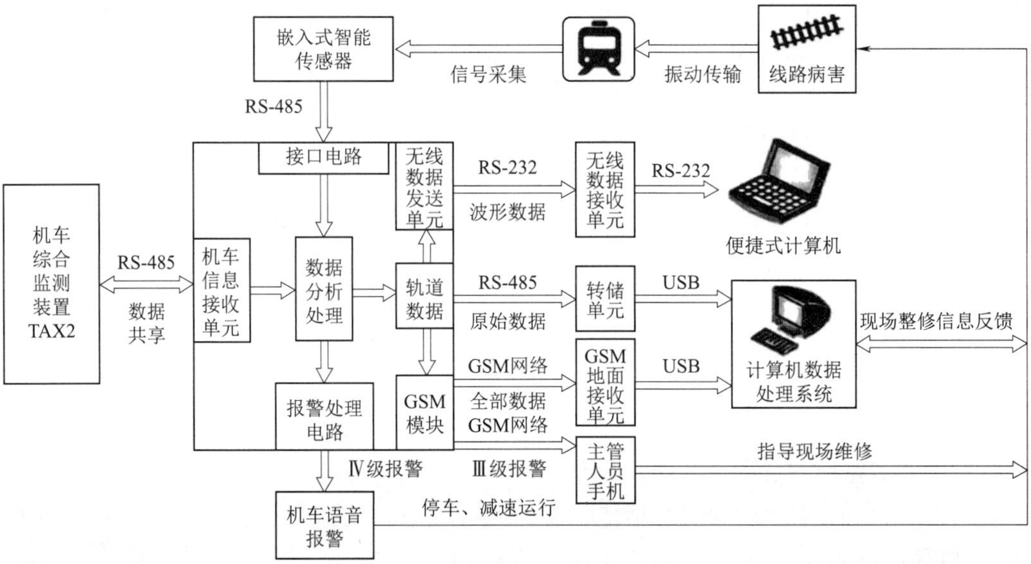

图 3-12　车载式线路检测仪检测原理

三、设备安装

1. 准备工作

(1)提前联系确定好要安装的机车号、清点安装时的设备及工具,安装 3 型设备时提前将本机号写入。

(2)办理好相关登乘作业手续,以免上车后不能安装设备。

2. 安装步骤

(1)记录设备编号

安装前将各设备编号(车型、机车号、手机卡号、主板编号、传感器编号、连接线编号、蓝牙模块编号、各设备程序版本号)记录下来,安装完后更新设备台账表。

(2)安装主板

目前铁路上现有的车型有内燃机车、电力机车、动车组。安装线路检测单元主板前须先切断机车电源,在 TAX2 机箱内的安装主板,将线路检测主板插入“通信记录单元”右侧的“线路检测”插槽内,如图 3-13 所示。

图 3-13　主板安装位置

(3)安装加速度传感器

传感器安放在位于转向架上方的车体上,传感器均应水平放置,倾斜度以不大于 5°为宜,传感器长轴方向与机车长轴方向垂直,偏差以不大于 5°为宜,如图 3-14 所示。传感器下方无杂物,传感器吸附到地板上要牢固,且不能紧贴可动物体。传感器连线时将传感器连线一端与传感器插座相连(将插头的大缺口向上插入插座并向右拧紧插头环),另一端连接 TAX2 机箱的 X3“轨道检测”插座,如图 3-15 所示。当传感器机箱安装在车体外的车体底架上时,电缆穿过车体时要用穿线管套上以防磨损。将车体外的电缆线用线扣紧固在与车体相连的线架或管路上,以免需要吊起车体检修时损坏电缆。

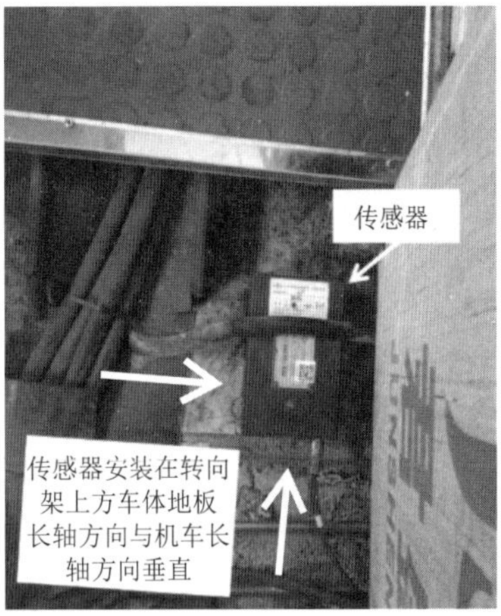

图 3-14　传感器的安装

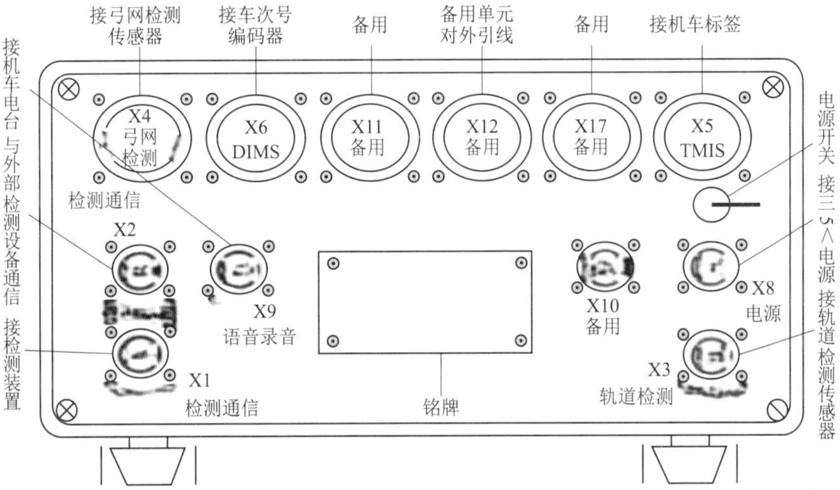

图 3-15　TAX2 型监测装置背板插座分布示意

(4)安装蓝牙

百米蓝牙要求安装到机车电器间 TAX2 机箱旁边,目的是在机车两端使用蓝牙便携添乘时均可以收到百米蓝牙信号。

(5)系统自检

安装完毕后通过主板指示灯观察是否已接收完初始化信息。

四、设备维护

车载仪的拆装、维修保养、参数调整、数据转发及接收终端维护由局站场调速技术研究所负责,并与使用单位、机务段、电务段签订维护协议。

车载仪的安装、调试完成后,即纳入电务段(TAX 箱车载部分)和工务段(接收终端)设备管理,地面接收终端的安设位置必须固定,并有专人负责管理。

为确保车载仪正常使用,由设备管理单位每月对其使用情况进行巡检,并填写检查记录,发现异常及时进行维修,每月分析汇总车载仪使用和各线覆盖情况,报局工务处。铁路局集团公司工务处每半年组织有关单位对该系统全面检测,并根据检测结果提出更新修理意见,由铁路局集团公司在年度计划中安排解决。站场调速技术研究所对车载仪检修时,必须由电务部门配合进行检修,修复后,由站场调速技术研究所、电务部门共同确认恢复设备正常使用。

车载仪使用超 5 年,站场调速技术研究所组织生产厂家对其性能进行检测,经检测性能良好可适当延长使用寿命,并在使用过程中观测检查数据变化情况,发现异常及时进行性能检测,经检测性能不良报铁路局集团公司工务处进行报废处理。

五、技术指标及主要功能

1. 技术指标

车载式线路检查仪主要技术指标见表 3-4。

表 3-4 车载式线路检查仪技术指标

参数类型	技术参数
速度范围/(km/h)	0～160、0～350
加速度监测范围	±0.1g
频率响应范围/Hz	0.2～10
选存加速度最大间隔/m	2
蓝牙模块通信距离/m	>10
环境温度/℃	−30～75

2. 主要功能

(1)动态实时监测功能:随着机车上线运行,超限报警数据与机车运行数据相结合,准确定位超限处所,如图 3-16 所示。机车运行数据指机车安全信息综合检测装置(TAX2)或列控设备动态监测系统(DMS)中的日期、时间、机车号、车次、里程、速度、线路编号等信息。

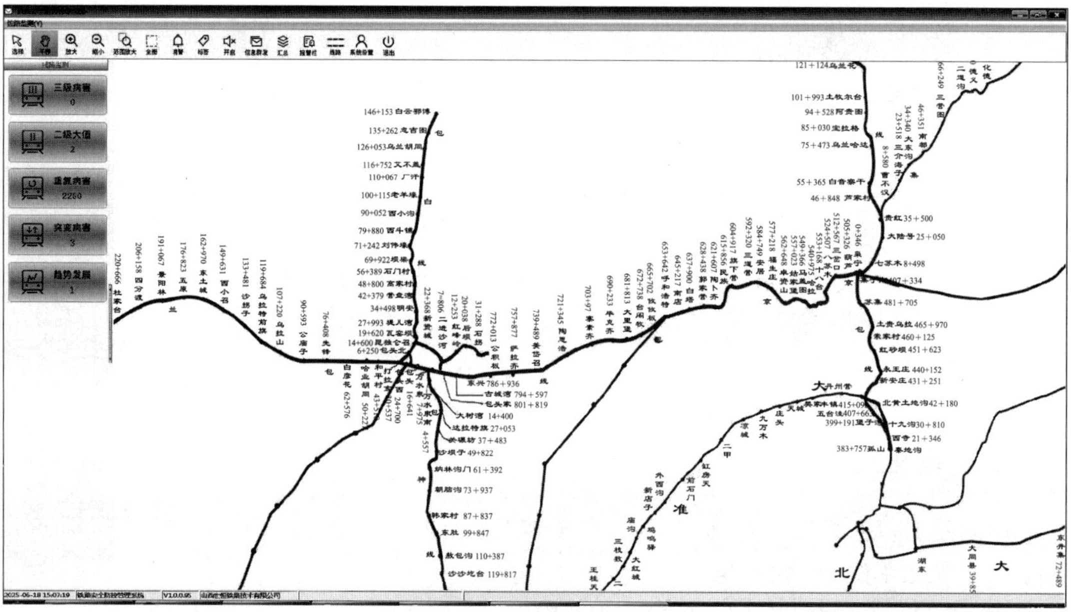

图 3-16 车载数据实时监测

(2)超限数据实时传输:利用 GPRS/GSM 无线网络,实时上传超限数据。

(3)语音报警功能:严重超限处所,实时语音报警提示。

(4)报警短信实时发送:实时发送Ⅲ级及以上超限报警信息到相关人员手机,报警短信如图 3-17 所示。

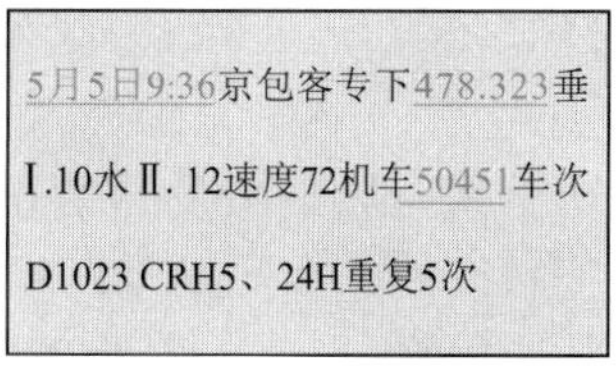

图 3-17　报警短信

(5)数据大容量存储。

(6)实时数据、历史数据查询,如图 3-18 所示。

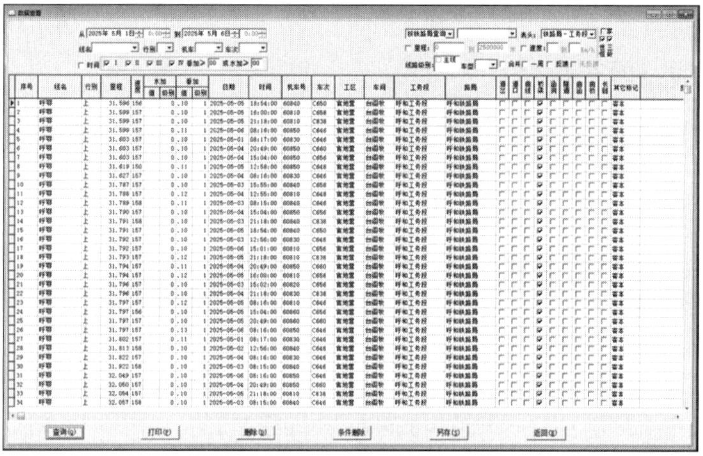

图 3-18　车载病害数据查询

(7)超限数据综合分析,生成指导线路维修养护的报告文件、图表,清晰直观地反映线路状况,如图 3-19 所示。

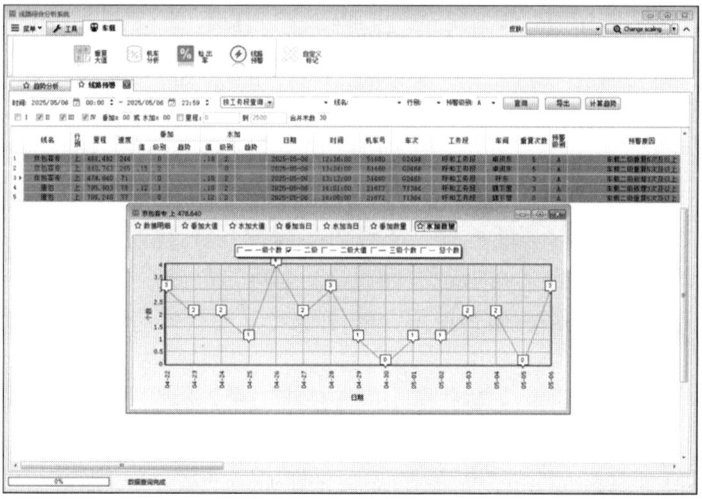

图 3-19　车载数据分析

(8)数据报告文件打印导出。

六、超限处理

车载仪采集的轨道动态数据分别以文字和数字格式发送,其文字短信格式实时分级发送至相关人员手机,数字格式发送至接收终端。

具体要求:

(1)达到Ⅳ级及以上的信息发送至铁路局集团公司工务处处长、主管安全副处长、主管维修副处长、线路科科长、相关工务段段长、安全生产副段长和有关线路车间主任的手机上。

(2)达到Ⅲ级值的信息发送至相关工务段段长、安全生产副段长和车间主任、副主任的手机上。

(3)达到预警值及Ⅲ、Ⅳ级的信息采取实时发送,Ⅱ级信息以定点方式发送至铁路局集团公司工务处、相关工务段信息终端。

(4)相关人员手机号由工务处和各段提供,工务处负责设定和转发站。

七、车载式线路检查仪特点

(1)车载式线路检查仪的速度、里程采用机车监控器中的数据,准确性较高;能满足等速检测;每天检测一次或若干次,监测频率高;数据储存便于全面分析线路质量,可转化为各种表格存档和分析。

(2)只能记录晃车里程和程度,不能确定属于什么线路病害;对钢轨波形磨耗、大轨缝反应过度灵敏,对三角坑和大轨距反应不明显;不能判别外来信号的干扰,易将干扰信号判断成晃车;易将列车紧急制动等车辆运行造成的晃车判断为线路病害引起的晃车。

(3)车载动态及添乘仪检测产生的加速度大小与线路上技术状态的优势及车速密切相关,相同的设备状况,车速越高、产生的加速度值越大,通常是几种病害互相叠加后形成的。

(4)从现场核实情况来看,造成“横加速度”超限的地点主要是钢轨接头及道岔部位,主要病害:①线路轨向不良,尤其是接头支嘴、错口、曲线正矢误差较大;②轨距超限或递减率不均匀,接头软硬不均,左右股钢轨交替偏压;③道岔前后接头或基本轨轨向不良;④线路、道岔存在三角坑;⑤线路、道岔、曲线各项几何尺度变化率不均匀。

垂向加速度的主要病害:①空吊板,尤其是暗坑的处所;②轨道高低不良,轨面纵向不平顺;③接头高低不良;④道岔的叉心或前后接头空吊板;⑤线路、道岔轨道框架结构不稳定;⑥轨枕扣件及联结零件扭力矩不达标。

各种病害往往同时存在,产生横向或垂向加速度。如线路存在连续的小碎弯或小三角坑、高低差,其检测结果就会出现连续的横向加速度或者垂向加速度。另外,机车通过道岔群地段时,也会出现连续的横向或垂向加速度超限。从现场复核情况看,这是由于轨向、高低、水平、三角坑、轨距不良引起的,道岔本身特殊构造的影响,如基本轨的弯折点不符合要求,尖轨拱腰与滑床板不密贴,护轨磨耗、轨向不顺,尖轨顶铁不合格,辙叉心磨耗等都会使车体产生振动加速度。

单元三　轨检车构造与轨检技术的发展

轨道检查车(以下简称“轨检车”),从其命名不难看出,“轨道”一词是关键。在应用轨道检查车进行检测的时候,主要是对轨道的各项状态进行检查,如轨道的基本状态、轨道潜在的病害威胁。运用轨道检查车进行检查之后,如果操作科学合理,没有出现差错,则能够获取线路局部平顺程度的信息数据,以及线路区段整体不平顺的动态质量。进而,利用所获取到的数据信息,可以为线路养护维修工作提供更多数据上的指导,如图 3-20 所示。

图 3-20　GJ-6 型轨检车

其中,轨检车是检查轨道病害、指导线路养护维修、保障行车安全的重要检测设备。随着科学技术的发展和计算机的普及,各种新技术、新方法日新月异,我国的轨检车研制及运用进入了高速的黄金发展期,这也为全路提速战略的顺利实施以及大量高速铁路的相继开通奠定了坚实的基础。随着轨检车的检查监控,线路质量得到了大大的提高,保障了列车的运营安全和旅客乘车的舒适度,轨检车的成功应用已成为科技保安全的典范。下面具体介绍轨检车的相关内容。

一、轨检车的构造

轨检车的车体采用的普通客车车体,车上包括会议室、仪表室、休息室、厨房、卫生间等生活设备设施。

检测装置采用线型激光光源、摄像机、图像处理系统,通过对钢轨断面轮廓图像的测量获得轨距、轨向等测量值,检测设备基本结构主要包括 3 个主要部分:非接触测量总成,VME 计算机系统,通用几何 Windows 软件。

VME 计算机系统安装在轨检车里,非接触测量总成安装在与转向架相连的测量梁中。测量梁中传感器数据经过数字化后发送到 VME 计算机的几何 CPU,然后进行合成和滤波处理,得到轨道几何数据,在检查车里的工作站上运行通用几何软件,可以实时显示轨道几何波形、进行超限判断、数据库存储、超限编辑和报表打印等,如图 3-21 所示。

图 3-21　VME 计算机系统

非接触测量总成安装在检查车底下,检测设备摄像机组配置使用 10 个摄像机和 4 个激光器用于钢轨断面的非接触测量,摄像机和激光器被固定安装在车底下的封闭梁里。钢轨内、外两侧激光器发出一扇形光带,垂直照射在钢轨上,在钢轨上形成一垂直断面;同时,断面和轨距摄像机捕捉到激光线的图像,视频图像输出到计算机系统,经数字化后,拟合成完整的钢轨断面图像,通过坐标变换、合成和滤波处理等,得到轨道几何数据和钢轨断面磨耗等。

惯性测量包安装在激光器/摄像机梁的中部,惯性测量包测量车体振动、车辆转向架的横向和垂向加速度以及滚动和摇头速率等。

二、轨检车的技术发展

我国轨检技术的发展经历了几代人的努力,才发展到今天的水平。

(一)GJ-1 型轨检车

我国从 20 世纪 50 年代起就采用 GJ-1 型轨检车,每季度检查一次正线线路,该轨检车采用弦测法,机械传动,可将轨距、水平、三角坑项目绘在图纸上,人工读取超限计算扣分。

(二)GJ-2 型轨检车

20 世纪 60 年代后期研制的 GJ-2 型轨检车仍采用弦测法,电传动,增加了长波高低与短波高低,超限读取与计算扣分与 GJ-1 型轨检车相同。

(三)GJ-3 型轨检车

20 世纪 80 年代初期研制成功的轨检车是我国轨检车技术的一次大飞越,其特点是将先进的传感器技术、计算机技术和惯性基准原理应用到轨检车上,可以检测高低、水平、扭曲、车体垂向振动加速度和横向振动加速度,轨距、轨向则无法检测。传感器信号经过相关处理,直接以电压大小作为不平顺超限判据,经计算机采集后,计算超限等级和数量,并计算扣分,以扣分的多少来衡量线路的好坏,通过笔式绘图仪记录不平顺波形。

(四)GJ-4 型轨检车

1985 年我国引进国外的轨检技术,成功研制 XGJ-1 型轨检车。在 XGJ-1 型轨检车的基础上,创新使用微机技术和实时操作系统技术,成功研制出第四代轨检车,这标志着我国轨检技术和轨检车又一次飞跃,并跨入了世界先进技术的行列。该系统采用了捷联式结构和数字滤波技术,对各种误差信号进行补偿修正,通过光电传感器技术,解决了轨距、轨向项目的检测,利用计算机服务器集中处理全部检测项目数据。系统检测信号利用率高,传感器安装方便,检测项目齐全,包括轨距、轨向高低、水平、曲率、扭曲、车体横向振动加速度和垂向振动加速度等轨道不平顺,以及道岔、道口和桥梁等地面具有显著特征的标志物,方便工务人员查找病害。GJ-4 型轨检车最高检测速度可达 160 km/h。

(五)GJ-5 型轨检车

随着铁路大面积的提速,线路质量的进一步提高,原有轨检车的检测精度已不能适应新形势的要求,同时 GJ-3 型、GJ-4 型轨检的吊梁及机械系统在车下恶劣复杂环境下,容易出现安全问题。为解决上述问题,原铁道部决定,再次引进国外最新的检测技术。2003 年,在引进美国公司激光摄像式检测技术的基础上,研制成 GJ-5 型轨检车,它采用激光摄像测量技术和惯性测量技术,实现轨道几何状态的检测,检测项目包括轨距、左(右)轨向(空间曲线或可变换成多种弦测值)、左(右)高低(空间曲线或可变换成多种弦测值)、水平(超高)、扭曲、曲率(弧度或半径)、车体横向振动加速度和垂向振动加速度、轨底坡(可选项)、钢轨断面(可选项)等。主要传感器均安装在检测梁上,使用计算机浏览和输出轨道几何波形,最高检测速度可达 200 km/h。

(六)GJ-6 型轨检车

随着客运专线及高速铁路建设的不断增加,我国自主研发了新代 GJ-6 型轨道检测系统。该系统继承了 GJ-4 型轨检系统的捷联式结构和 GJ-5 系统的激光摄像检测技术等优点,克服易受阳光干扰的缺点，优化了轨检梁的设计，提高了悬挂系统的安全性，取得了多项技术突破。GJ-6 型系统检测能力满足 400 km/h 工务轨道检测的需要，但受轨检车车体运行速度的限制，目前我国轨检车的最高检测速度仍为 200 km/h。该型系统可安装在动检车上，在高速铁路上实现等速检测。

（七）综合检测列车

为保障既有提速干线的持续安全运营，国铁集团决定开行综合检测列车（简称动检车），对全路开行动车组的京沪、京广等提速线路和即将陆续开通的高速铁路进行周期性综合检测。伴随着我国铁路高速发展，中国铁道科学研究院集团公司与中国中车联手，成功研制集工务、电务、接触网及轮轨作用力检测融为一体的高速综合检测车。目前高铁的检测任务及新线开通的调试工作主要依靠它来完成，它为高速铁路运营安全评估和指导铁路基础设施的养护维修工作提供了技术支撑。

单元四　轨道动态质量评定与管理

一、轨道动态质量评定方法

（一）各项偏差等级和扣分标准

Ⅰ级每处扣 1 分，Ⅱ级每处扣 5 分，Ⅲ级每处扣 100 分，Ⅳ级每处扣 301 分。

偏差等级的意义：

Ⅰ级日常保持标准；Ⅱ级计划维修标准；Ⅲ级临时补修标准；Ⅳ级限速标准。

（二）线路动态评定标准

（1）线路动态评定以千米为单位。

（2）每千米扣分总数为各级、各项偏差扣分总和。

（3）每千米线路动态评定标准：

优良——扣分总数在 50 分及以内；

合格——扣分总数在 51～300 分；

失格——扣分总数在 301 分及以上。

（三）轨道质量指数

轨道质量指数（以下简称“TQI”）是衡量轨道区段整体不平顺（均值管理）动态质量的综合指标。运用 TQI 评价和管理轨道状态，是对单一幅值扣分评判轨道质量方法的补充，可提高轨道检测数据综合应用水平，为科学制定线路维修计划，确保轨道状态的均衡发展提供科学依据。

该值的大小与轨道状态平顺性密切相关，表明 200 m 区段轨道状态离散的程度，即数值越大，表明轨道的平顺程度越差、波动性也越大。区段均值评价指标为轨道质量指数（TQI），轨道质量指数管理值见表 3-5。

表 3-5　轨道质量指数管理值

速度等级	左高低/mm	右高低/mm	左轨向/mm	右轨向/mm	轨距/mm	水平/mm	三角坑/mm	TQI 值
$v \leqslant 80$ km/h	2.2～2.5	2.2～2.5	1.8～2.2	1.8～2.2	1.4～1.6	1.7～1.9	1.9～2.1	13～15
80 km/h$<v_{max} \leqslant$120 km/h	1.8～2.2	1.8～2.2	1.4～1.9	1.4～1.9	1.3～1.4	1.6～1.7	1.7～1.9	11～13
120 km/h$<v_{max} \leqslant$160 km/h	1.5～1.8	1.5～1.8	1.1～1.4	1.1～1.4	1.1～1.3	1.3～1.6	1.4～1.7	9～11
160 km/h$<v_{max}$	1.1～1.5	1.1～1.5	0.9～1.1	0.9～1.1	0.9～1.1	1.1～1.3	1～1.4	7～9

(四)T 值

为便于对区段 TQI 管理标准的推广与应用，依据《普速铁路线路修理规则》轨道不平顺幅值和扣分管理办法，确定 TQI 的管理办法，以千米为管理和维修的长度单位，对 TQI 值的评价引入“T 值”的概念。

将 200 m 区段 TQI 超过管理值的大小作为扣分值，每千米 5 个单元区段的扣分数值之和，简称“T 值”。

根据 T 值的大小评价每千米轨道状态质量，表 3-6 为不同 T 值对应的含义。

表 3-6　不同 T 值对应的含义

评价定义	均衡	计划	优先
每千米 T 值	$0<T<40$	$40\leqslant T\leqslant 100$	$T>100$

每千米线路区段均值评定标准划分为：均衡——代表线路质量均衡，不需要维修；计划——代表应列入维修计划，适时进行修理；优先——代表应优先列入维修计划，尽快安排修理。

二、轨道动态质量管理

轨道动态几何不平顺容许偏差是指动态条件下轨道几何不平顺值与标准值的偏差，主要通过轨道检查车或综合检测列车进行检测，按线路允许速度进行评价。动态几何不平顺容许偏差管理分为局部峰值管理和区段均值管理。

轨道几何不平顺动态检测项目包括高低、轨向、轨距、水平、三角坑、复合不平顺、轨距变化率、车体垂向振动加速度、车体横向振动加速度等。

局部峰值动态评价采用四级管理：Ⅰ级为日常保持标准，Ⅱ级为计划维修标准，Ⅲ级为临时补修标准，Ⅳ级为限速标准。各级容许偏差管理值见表 3-7。

表 3-7　轨道动态几何不平顺容许偏差管理值

项目		160 km/h $<v_{\max}$ 正线				120 km/h $<v_{\max}\leqslant$ 160 km/h 正线				80 km/h $<v_{\max}\leqslant$ 120 km/h 正线				$v_{\max}\leqslant$ 80 km/h 正线			
		Ⅰ级	Ⅱ级	Ⅲ级	Ⅳ级(限速160 km/h)	Ⅰ级	Ⅱ级	Ⅲ级	Ⅳ级(限速120 km/h)	Ⅰ级	Ⅱ级	Ⅲ级	Ⅳ级(限速80 km/h)	Ⅰ级	Ⅱ级	Ⅲ级	Ⅳ级(限速45 km/h)
高低/mm	1.5~42 m	5	8	12	15	6	10	15	20	8	12	20	24	12	16	24	26
	1.5~70 m	6	10	15	—	—	—	—	—	—	—	—	—	—	—	—	—
轨向/mm	1.5~42 m	5	7	10	12	5	8	12	16	8	10	16	20	10	14	20	23
	1.5~70 m	6	8	12	—	—	—	—	—	—	—	—	—	—	—	—	—

续上表

项目	160 km/h<v_{max}正线				120 km/h<v_{max}≤160 km/h 正线				80 km/h<v_{max}≤120 km/h 正线				v_{max}≤80 km/h 正线			
	Ⅰ级	Ⅱ级	Ⅲ级	Ⅳ级（限速160 km/h）	Ⅰ级	Ⅱ级	Ⅲ级	Ⅳ级（限速120 km/h）	Ⅰ级	Ⅱ级	Ⅲ级	Ⅳ级（限速80 km/h）	Ⅰ级	Ⅱ级	Ⅲ级	Ⅳ级（限速45 km/h）
轨距/mm	+4 −3	+8 −4	+12 −6	+15 −8	+6 −4	+10 −7	+15 −8	+20 −10	+8 −6	+12 −8	+20 −10	+23 −11	+12 −6	+16 −8	+23 −11	+25 −12
轨距变化率（基长3 m）/‰	1.2	1.5	—	—	1.5	2.0	—	—	2.0	2.5	—	—	2.0	2.5	—	—
水平/mm	5	8	12	14	6	10	14	18	8	12	18	22	12	16	22	25
三角坑（基长3 m）/mm	4	6	9	12	5	8	12	14	8	10	14	16	10	12	16	18
复合不平顺/mm	7	9	—	—	8	10	—	—	—	—	—	—	—	—	—	—
车体垂向振动加速度/（m/s^2）	1.0	1.5	2.0	2.5	1.0	1.5	2.0	2.5	1.0	1.5	2.0	2.5	1.0	1.5	2.0	2.5
车体横向振动加速度/（m/s^2）	0.6	0.9	1.5	2.0	0.6	0.9	1.5	2.0	0.6	0.9	1.5	2.0	0.6	0.9	1.5	2.0

注：①表中各种偏差限值为实际幅值的半峰值。

②水平限值不包含曲线按规定设置的超高值及超高顺坡量。

③高低和轨向采用对应波长的空间曲线。

④复合不平顺特指轨向和水平逆向复合不平顺。

⑤三角坑限值包含缓和曲线超高顺坡造成的扭曲量。

⑥固定型辙叉的有害空间部分不检查轨距、轨向，其他检查项目及检查标准与线路相同。

⑦车体垂向振动加速度采用 20 Hz 低通滤波，车体横向振动加速度采用 0.5～10 Hz 带通滤波和 10 Hz 低通滤波。

案例分析：轨道几何状态动态评价标准运用

当使用轨道检查车检查线路允许速度为 120 km/h<v≤160 km/h 的线路时，在经过 K603+000—K604+000 处时出现 10 mm 高低一处、13 mm 高低俩处，出现一处 8 mm 轨向、一处 11 mm 轨向，一处轨距 7 mm，一处 11 mm 的三角坑，且该区段车体横向加速度达到 0.9 m/s^2。请问该段线路扣分多少？并判断线路优良、合格、失格情况。

答：经过轨道检查车检查：高低二级超限 3 处，每处扣 5 分，扣 15 分；轨向二级超限 2 处，每处扣 5 分，扣 10 分；轨距一级超限 1 处，每处扣 1 分，扣 1 分；三角坑二级超限 1 处，每处 5

分,扣 5 分;车体横向加速度二级超限 1 处,每处 5 分,扣 5 分。则有

$$S=\sum_{i=1}^{4}\sum_{j=1}^{9}K_iC_{ij}=5\times3+5\times2+1\times1+5\times1+5\times1=15+10+1+5+5=36(\text{分})$$

总共扣 36 分,小于 50 分,线路优良。(在线路静态检查时超过该数值即为超,在线路动态检查时达到该数值即为超)

单元五　轨检车检测项目分析及影响

一、速度与地面标志

轨检车通过计算机 CPU,对空间采样脉冲进行累加计数,可得运行里程,再通过 GPS 对里程进行校正,对空间采样脉冲间隔距离和间隔时间计算得到运行速度。由于轨检车的惯性基准原理,在速度低时惯性无法发挥作用,所以轨检车容易受低速影响,不受高速影响,当轨检车速度低于 15 km/h 时,线路高低不能做出检测,当轨检车速度低于 25 km/h 时,线路轨向不能做出检测,记录的波形图为直线段。

轨检车车体下与车轴平行对检测梁上还安装电涡流金属探测传感器,主要检测金属物的存在。金属在穿过电磁场时会使产生磁场的电感发生变化,电感的变化可由电子测量线路转变为电压的变化,测量电压的变化即可发现金属物的存在。由于道口的混凝土板内有钢筋,道岔、曲线拉杆、钢桥及混凝土桥头两端的梭头及桥梁护轨为金属部件,所以电涡流传感器通过时,能够检测出金属部件的存在。当传感器安装好后,它与轨枕面的距离是一定的,由于道口道岔、桥梁、拉杆等金属部件的大小面积不一,所以传感器输出的信号宽度、幅值变化不等,从而能绘出不同的波形图,根据波形图的差别可以判定地面不同的设备装置。

利用地面标志和线型线位确认病害位置,地面标志分类:公里标(图 3-22)、半公里标、百米标(图 3-23)、道岔、钢枕、有桥梁护轨(图 3-24)的护轨梭头、曲线头尾。近处有曲线的可计算出直缓点、缓圆点、圆缓点、缓直点、直圆点、圆直点的距离。利用地面标志准确判断病害的具体位置。除公里标、半公里标、百米标少有误差外,其他都是地面的实际位置。通过阅读波形图就知道现场病害的偏差值和具体位置,既方便又准确,省力又省工。

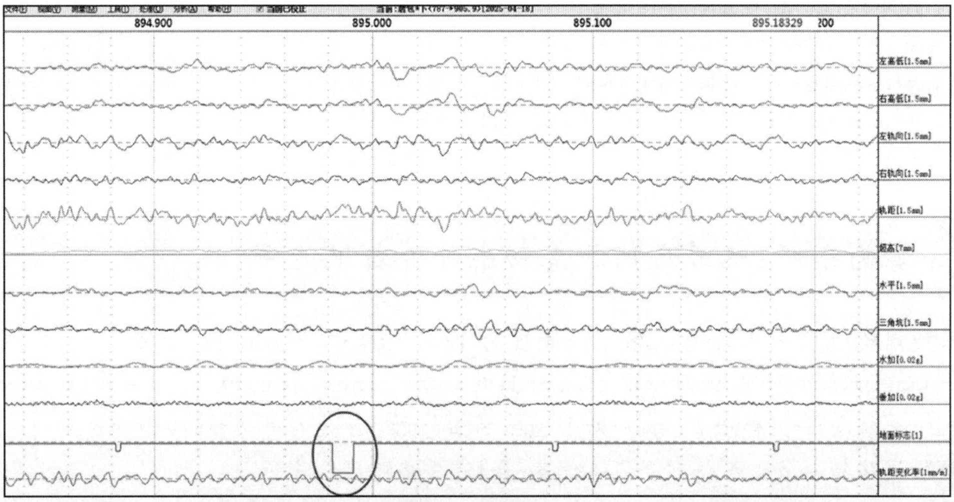

图 3-22　公里标

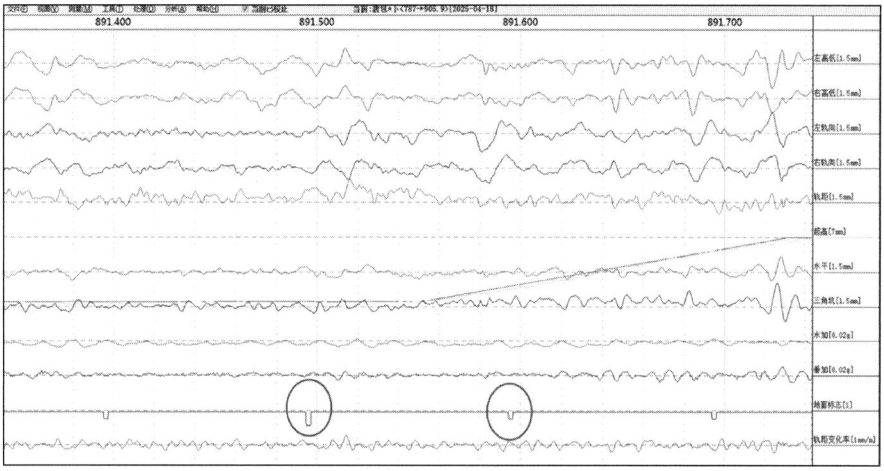

图 3-23　半公里标、百米标

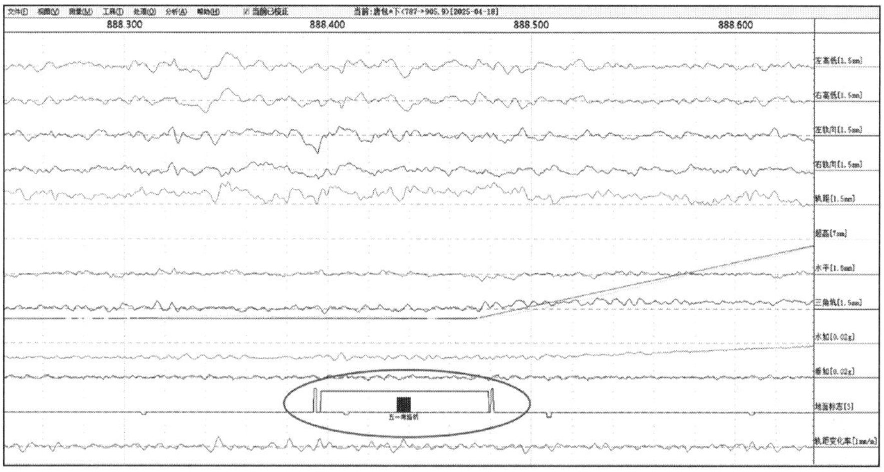

图 3-24　桥梁护轨

二、轨向、轨距及轨距变化率

轨向、轨距、轨距变化率这三者之间的检测原理相同，轨向是检测的根本，轨距与变化率由它计算所得，一脉相承，相互关联。

（一）轨向

轨向是指在钢轨工作边下 16 mm 处，轨道中线沿轨道纵向水平位置的变化，顺轨检车方向，向左为正，向右为负。

轨向不平顺主要引起车辆的侧摆、左右晃动，连续的轨向不平顺将引起车辆的蛇行运动。严重的轨向不平顺将引起很大的侧向力，尤其引起轨枕、扣件不良地段的钢轨倾斜或轨排横移，造成列车脱轨颠覆。

轨向形成的原因：钢轨存在硬弯、碎弯，轨距连续扩大或缩小，轨距变化率大于 2‰，接头支嘴等。对曲线来说，曲线正矢不良、超高设置不合理也会引起轨向不良。

（二）轨距

轨距是指两股钢轨工作边钢轨顶面下 16 mm 范围内的最小距离，当实际轨距大于标准轨距时，偏差为正，反之为负。

轨距偏差过大会导致车轮掉道或卡轨，因此，即使轨距还未扩大到会使车轮掉道的程度，也应避免车轮锥形踏面的大坡度段(1∶10)进入轨顶内侧圆弧以内，这是因为斜度较大的车轮踏面会使轨道受到额外增加的水平推力。短距离内轨距变化剧烈，表明存在严重的轨向不平顺，影响行车安全。

轨距不平顺分为大轨距和小轨距两种。

1. 轨距扩大的主要原因

(1)轨枕连续失效，道钉磨耗、浮起、离缝，混凝土扣件失效，扣板爬上轨底，用错轨距挡板等。

(2)钢轨硬弯，接头错口或焊接钢轨时轨头位置没有对正，严重时一端轨距过大，一端轨距过小。

(3)线路一侧有暗坑，没有及时整治，列车长期通过时会加大钢轨横向压力，造成轨距扩大。

(4)曲线半径小，轨道加强设备不足，特别是在超高设置不当、正矢不良时钢轨受到列车车轮冲击横向压力时，轨距也容易扩大。另外，铺设木枕的小半径曲线的轨距也容易扩大。

2. 轨距缩小的主要原因

(1)轨顶磨耗、压溃等易产生小轨距。

(2)曲线外轨侧磨严重。在现场通过改道作业使钢轨轨头以下 16 mm 处的轨距等于 1 435 mm，但由于车辆的振动，光电头的光点可能会落在轨头 16 mm 以下处，而这里的轨距较标准轨距要小很多(视钢轨侧磨情况而定)。

(3)在山区小半径曲线地段，常定期对钢轨进行现场涂油，这些油脂常与列车上掉落的煤屑、污垢相混合，在轨头以下形成很厚的油垢层，激光无法穿透这些油垢，将油垢厚度误认为轨距减小。

(4)混凝土枕与木枕衔接处，轨底坡不一致，造成轨底倾斜，靠混凝土枕一侧轨道可导致轨距检测值偏小。

(三)轨距变化率

轨距变化率是指基长范围内的轨距之差。轨距变化率是几何尺寸检测项目中的一个舒适度指标，其主要影响高速列车运行时的舒适度，其变化的耦合度若与列车振动频率相同，则会使列车在运行的过程中出现抖动。

轨距变化率按位置分为两类：

(1)岔区，其中有以下三种：①岔区尖轨中部顶铁附近因温度升高等原因形成的尖轨 S 形弯曲而形成的轨距变化率，这种情况主要查看尖轨顶铁是否顶死。②尖轨尖端的轨距变化率，因目前线路上所用的 S330 和专线 4228 道岔在尖轨尖端位置对应的基本轨轨头中下部有一个向内剥切，所以一要检查尖轨尖端是否密贴；二要看尖轨是否产生微量窜动，与剥切位置不对应；三要看曲基本轨与尖轨接触的位置前后 1 m 范围内是否存在轨向。③辙叉心有害空间位置出现的轨距变化率，对这种先看辙叉心的磨耗情况，再看与其对应的护轨位置是否有小轨向。

(2)区间段轨距变化率，主要是由 5 m 范围内轨距由＋5 mm、－5 mm 之间变化形成，这和夏季温度升高，钢轨产生微量伸展有关，额外的冗余量会使钢轨产生微形弯曲。区间段轨矩变化率需注意以下几种情况：①扣件有离缝等同时出现时，则会形成轨距变化率。②曲线地段轨距不良形成的轨距变化率，夏季更要注意其变化，拉杆不足时，要补齐拉杆，且使道床饱满，保持道床的横向阻力和稳定性。③插入短轨接头处形成的轨距变化率，要注意复紧接头螺栓，处理接头内侧错牙，整治接头空吊。

三、高低、水平及扭曲（三角坑）

高低之差是水平，水平之差是三角坑，高低、水平、三角坑一脉相承，高低是根本，水平、三角坑由其引出。在确定了水平的病害峰值和地点后，要分析其产生的原因。在左右股钢轨同一截面处的水平峰值处向左右高低的基线垂直线，找出左右股钢轨高低的峰值，分析其产生的原因，采取针对性措施，解决高低、水平病害。

三角坑是通过线路的两股钢轨的水平值，经计算机选择基长后，计算出来的结果。三角坑与水平的逻辑关系是：三角坑值＝前点水平值－后点水平值，其比较范畴是 2.4 m。由于水平值与高低值有逻辑关系。因此，要消灭三角坑，就必须控制水平，而要控制水平就必须消灭高低。也就是说，要消灭三角坑，最终要落到高低问题的解决上。在这几项病害的整治上一定要遵循“抓住高低，控制水平，消灭三角坑”的规律。

（一）高低

高低是指钢轨顶面纵向起伏变化。轨检车采用惯性基准原理测量轨道变化的实际波形，得到高低变化的空间曲线。

(1)病害的危害：高低不平顺会增加列车通过时的冲击动力，加速轨道结构和道床的变形，对车辆设备、列车行车安全构成危害，其危害大小与高低的幅值、变化率成正比，与高低波长成反比。对列车影响较大的高低有三种。

①波长在 2 m 以内的高低，其特征幅值较小、波长较短，但变化率较大，对车轮的作用力也较大，如列车速度为 60～110 km/h 时，高低引起的激振频率接近客车转向架的自振频率，将产生很大的轴箱垂向振动加速度。引起这种类型高低的因素主要为低接头、大轨缝及钢轨低塌、掉块、鞍形磨耗等。

②波长在 10 m 左右的高低，现场较常见。其特征幅值较大、波长较长，能使车体产生沉浮和点头振动。如列车速度为 60～110 km/h 时，高低引起的激振频率接近客车车体自振频率，将产生较大的车体垂向振动。这种类型的高低易产生在桥头、道口、隧道、涵洞、道床翻浆地段软硬接合部。

③波长在 20 m 左右的高低，其特征是幅值较大、波长较长，能使车体产生点头振动，当车体振幅方向与高低振幅方向相同时，将使车体产生较大振动。这种高低较少出现，现场工作人员容易忽视。因此，现场检查高低所用的弦绳应携带 20 m，在检查时用任意弦测量。

严重的高低不平顺将引起列车剧烈点头和浮沉振动，会使车轮大幅度减载甚至悬浮。在曲线上或轨向不良区段运行时，高低不平顺引起的车轮悬浮可能导致脱轨，如果严重减载的车轮上同时又有很大的侧向力作用也很可能脱轨。此外，高低不平顺的幅值过大（超过约25 mm 时）会使道床阻力显著下降，轮载引起的钢轨垂向负挠度也将增大，造成更多的轨枕悬空，高低不平顺引起的振动又使道床的阻力进一步减小，因此易引起无缝线路发生动态胀轨跑道，导致列车倾覆。

人工测量高低一般是采用 10 m 弦进行测量，而惯性基准轨道不平顺检测装置采用惯性基准法来测量轨道高低偏差时,检测出来的高低偏差波长是不定的。因此,要求在现场检查时一定要充分利用轨检车检测的资料,准确找到高低病害的起点、终点,然后用等波长弦线测量,同时要认真调查该地段是否有暗坑、空吊板,并对各种情况进行综合研究,才能准确地在现场测量出病害的实际超限峰值。

(2)造成高低病害的主要原因:

①路基沉陷,道床捣固不良,扣件不紧,木枕腐朽,钢轨磨耗,加之存在暗坑、吊板等原因,均会造成路基产生不均匀下沉,进而造成轨面高低不平顺。

②道口、道岔、桥头、桥尾等经常会出现下沉或严重空吊的地方是轨道高低出现大病害的主要位置,要求工务段在养护维修工作中要予以高度重视。

③软硬不均的地段,是高低偏差容易出现的位置,如桥梁、涵渠的两端,路堤、路堑接合处,成段更换钢轨后钢轨接头部位等。

④道床脏污、排水不良,在雨季翻浆冒泥,也是造成轨面高低不良的原因,可以根据道床脏污情况安排清筛。

⑤高接头和低接头是造成轨道短波高低的主要原因,会增加机车车辆对轨道的冲击力,对线路的破坏性很大。

(二)水平

水平为轨道同一横断面内钢轨顶面的高差,曲线地段有设置超高。

水平病害的危害:水平不平顺将使列车产生侧滚振动,导致一侧车轮增载,一侧减载。曲线上严重的水平不平顺往往是引起列车脱轨的重要原因。若轨道轨向、水平两种不平顺同时存在且逆相位复合时,引起脱轨的危险性更大。

水平病害的成因:水平病害不仅表现为静态水平偏差,更多地表现为因轨道存在暗坑、吊板而造成的动态水平偏差。目前,暗坑、吊板只有在轨检车动态下才能准确测得,所以应充分利用检测资料进行整治。

(三)扭曲(三角坑)

扭曲(三角坑)反映了钢轨顶面的平面性。扭曲会使车轮抬高面悬空,使列车产生三点支撑一点悬空,极易造成脱轨掉道。

如前所述,水平已经测出,所以只要按规定使基长取两断面水平差即可计算出扭曲值。扭曲基长一般设定为 2.5 m(一组转向架之间的轴中心距)。

病害的危害及成因分析:扭曲是引起轮轨作用力变化、影响行车平稳性的主要原因扭曲将使转向架出现三点支承,高点会使车辆出现侧滚,产生垂加,低点会使车轮减载,当车轮减载量与荷载量之比大于 0.8 时,还有脱轨的危险。刚度较大的货车在缓和曲线段发生脱轨事故大多与轨道的扭曲不平顺有关。无论曲线和直线上,严重的局部扭曲不平顺都有可能引起车辆剧烈的侧滚和侧摆振动,进而导致脱轨系数过大而脱轨,所以要高度重视扭曲病害的整治与预防。

检查扭曲就是检测一定距离的水平相差程度,整治扭曲病害实质上就是整治水平不良的延伸。

四、曲率及曲率变化率

曲率为一定弦长曲线轨道对应的圆心角,角度大、曲率大、半径小,反之角度小、曲率小、半径大。顺轨检车正向，右向曲线曲率为正，左向曲线曲率为负。

曲率实质上是轨向的一种表现，它可以衡量直线是否顺直、曲线是否圆顺，其危害基本与轨向一致。

而曲率变化率是指基长范围内的曲率差，测量时要求基长为 18 m，选择 18 m 的主要原因是控制舒适度标准。

五、复合不平顺

复合不平顺是由轨向、水平、高低等多种因素复合而成的不平顺，即在同一位置存在多种病害。当存在复合不平顺时，对行车安全的危害比单项病害更加严重。

复合不平顺的原因及控制：复合不平顺是多种病害叠加的原因，对行车影响较大的主要有轨向与轨向、轨向与水平、轨向与轨距、水平与轨距相结合的复合不平顺，当然，三种病害重叠的复合不平顺对行车影响更大，检查时需结合轨检车波形图，逐个将单项病害全部进行整治。

六、横向振动加速度和垂向振动加速度

(一)检测原理

车体振动加速度是机车车辆对轨道几何偏差的动力响应，也是对机车车辆运行平稳的测量，它不完全反映线路单项病害的大小，而是几种病害互相影响、互相叠加的结果，是反映轨道综合质量和列车运行平稳性的一个重要指标。车体振动加速度分为车体水平加速度(横向)和车体垂向加速度。

(二)横向振动加速度成因分析

列车在曲线上运行，因方向的不断改变会产生横向振动，包括导向横向振动、摩擦横向振动、轨道几何偏差引起的横向振动、未被平衡的横向振动。轨检车测量的水加就是由这些横向振动引起的综合横向振动(含直线区段由于复合不平顺引起的横向振动加速度)，它的大小和作用方向与轨道几何状态(曲线超高、加宽、轨底坡、轨向、复合不平顺等)、车辆转向架内接形式、轮轨接触状态(冲击角、轮缘角、法向轮缘力、轮轨摩擦系数等)及列车行驶速度等因素有关。

(三)垂向振动加速度的主要因素

随着无缝线路的大量铺设，钢轨接头数量大大减少，钢轨接头病害也相对减少，轨检车检测的垂向振动加速度分数也很少。

影响车体垂向振动加速度的主要因素有短波长的大高低、小高低的谐振波形、小水平的谐振波形等。

1. 短波长的大高低

道口、桥涵头尾、岔心、接头等部位容易发生这种波长较短、峰值较大的高低病害，在列车高速通过时，会引起车体在垂直方向上振动加剧。出现垂向振动加速度超限时，可以在波形图上对应的点观察高低的波形，如果发现高低的波形波长较短、峰值较大，那么导致垂向振动加速度的主要原因就是这种短波长的大高低，只有彻底消除它，才能消灭车体垂向振动加速度超限。

2. 小高低的谐振波形

谐振波形是指峰值相近、波长相近、连续三波或多波的波形小高低的谐振波形是指峰值大

于 14 mm 的高低谐振波形，尽管高低超限并未很大，但由于列车通过时容易发生垂直向上的共振，导致车体垂向振动加速度超限。高低谐振波形的判断按照上述谐振波形的三个特征，如果全部符合就可以判定为高低谐振波形，然后应根据谐振波形的特点安排作业，避免出现新的谐振波形。

3. 小水平的谐振波形

小水平的谐振波形容易引起列车的侧滚振动，从而间接影响垂向振动加速度，水平峰值在 12 mm 以上的波形是明令禁止的。

单元六　轨检车检测报表

一、区段总结报告表(SECSUMMARY)

区段总结表涵盖的信息有：

各个检测项目的Ⅳ、Ⅲ、Ⅱ、Ⅰ级超限个数，各个检测项目超限个数的“总计”、“个数/公里”和“百分比”三个指标的情况，各个检测项目扣分“总计”、“扣分/公里”和“百分比”三个指标的情况，TQI 分为“平均指数”、“超标段数”和“超标百分比”三个指标。及对整个检测区段简洁明了的概括，具体见表 3-8，具体格式为：

累计检测：××公里；

每公里平均扣分：××分；

优良公里：××公里，优良率：××%；

合格公里：××公里，合格率：××%；

失格公里：××公里，失格率：××%；

每公里平均 T 值：××；

平均 TQI：××；

均衡公里：××公里，均衡率：××%；

计划公里：××公里，计划率：××%；

优先公里：××公里，优先率××%。

表 3-8　区段总结报告

0～57 公里范围内超限个数/分数/TQI 汇总																			
项目	四级	三级	二级	一级	个数			扣分			TQI								
					总计	个数/公里	百分比	总计	扣分/公里	百分比	平均指数			超标段数			超标百分比		
											左	总	右	左	总	右	左	总	右
高低	0	0	1	12	13	0.23	68.4	17	0.3	62.96	1.32	2.71	1.39	1	0	2	0.35	0.00	0.7
轨向	0	0	0	0	0	0	0	0	0	0	0.87	1.76	0.88	0	0	0	0.00	0.00	0.0
轨距	0	0	0	0	0	0	0	0	0	0	0	0.73	0	0	1	0	0.00	0.18	0.0

续上表

0～57公里范围内超限个数/分数/TQI汇总

项目	四级	三级	二级	一级	个数			扣分			TQI								
											平均指数			超标段数			超标百分比		
					总计	个数/公里	百分比	总计	扣分/公里	百分比	左	总	右	左	总	右	左	总	右
水平	0	0	0	0	0	0	0	0	0	0	0	1.01	0	0	3	0	0.00	0.53	0.0
三角坑	0	0	1	3	4	0.07	21.05	8	0.14	29.63	0	1.07	0	0	19	0	0.00	3.35	0.0
垂向加速度	0	0	0	1	1	0.02	5.26	1	0.02	3.7	0	0	0	0	0	0	0.00	0.00	0.0
横向加速度	0	0	0	0	0	0	0	0	0	0	0	0	0	0	0	0	0.00	0.00	0.0
带通横加	0	0	0	0	0	0	0	0	0	0	0	0	0	0	0	0	0.00	0.00	0.0
长波长高低	0	0	0	0	0	0	0	0	0	0	0	0	0	0	0	0	0.00	0.00	0.0
长波长轨向	0	0	0	0	0	0	0	0	0	0	0	0	0	0	0	0	0.00	0.00	0.0
曲率变化率	0	0	0	0	0	0	0	0	0	0	0	0	0	0	0	0	0.00	0.00	0.0
轨距变化率	0	0	0	1	1	0.02	5.26	1	0.02	3.7	0	0	0	0	0	0	0.00	0.00	0.0
横加变化率	0	0	0	0	0	0	0	0	0	0	0	0	0	0	0	0	0.00	0.00	0.0
复合不平顺	0	0	0	0	0	0	0	0	0	0	0	0	0	0	0	0	0.00	0.00	0.0
总和	0	0	2	17	19	0.34	99.97	27	0.48	99.99		7.28							

累计检测：　57　公里
每公里平均扣分：　0.47分
优良公里：　57　公里　优良率：100%
合格公里：　0　公里　合格率：0%
失格公里：　0　公里　失格率：0%

每公里平均T值：　0
每公里平均TQI：　7.28
均衡公里：　57　公里　均衡率：100%
计划公里：　0　公里　计划率：0%
优先公里：　0　公里　优先率：0%

二、超限报表

CLASS1、CLASS2、CLASS3_4 是对 SECSUMMARY 的超限处所的详细描述,CLASS3_4 为Ⅲ、Ⅳ级超限明细表,CLASS2 和 CLASS1 别为Ⅱ级和Ⅰ级超限明细表见表 3-9。

表 3-9 超限报表

位置		超限类型	峰值/mm	长度/m	超限等级	线型(直/缓/曲)	速度/(km/h)
公里	米						
0	331	三角坑	−10.45	1	2	圆	39
1	457	右高低	−14.81	1	2	圆	52
2	834	右高低	−12.39	1	2	圆	52
3	999	左轨向	10.42	5	2	圆	53
5	869	右轨向	−10.74	1	2	直	53
5	869	轨距变化率	2.97	1	2	直	53
7	153	左轨向	−10.06	3	2	缓	49
7	240	三角坑	−12.56	2	2	圆	48
7	242	水平	−13.55	3	2	圆	48
8	178	左轨向	−10.18	3	2	直	48
9	746	三角坑	−11.26	1	2	缓	45
10	516	左轨向	−10.02	1	2	缓	48
14	184	轨距变化率	3.59	2	2	圆	38
15	144	右轨向	10.27	3	2	直	28
17	886	三角坑	−10.76	1	2	直	53
18	6	轨距变化率	2.69	1	2	缓	53
18	105	三角坑	−11.01	1	2	圆	53
18	107	轨距变化率	3.02	1	2	圆	53
18	129	轨距变化率	2.90	1	2	圆	53
20	540	轨距变化率	2.71	1	2	缓	52

三、公里小结表

KMSUMMARY 为公里小结表,该表提供了所检测区段每公里各个项目分级别的超限个数、该公里总扣分及通过该公里的最高检测速度等信息,具体见表 3-10。

表 3-10　公里小结

公里	检测长度	高低				轨向				轨距				水平				三角坑				垂向加速度				横向加速度				长波长高低				长波长轨向				轨距变化率		复合不平顺		公里扣分	通过速度
		4	3	2	1	4	3	2	1	4	3	2	1	4	3	2	1	4	3	2	1	4	3	2	1	4	3	2	1	4	3	2	1	4	3	2	1	2	1	2	1		
362	1 000	0	0	0	0	0	0	0	0	0	0	0	0	0	0	0	0	0	0	0	0	0	0	0	0	0	0	0	0	0	0	0	0	0	0	0	0	0	0	0	0	0	202
363	1 000	0	0	0	0	0	0	0	0	0	0	0	0	0	0	0	0	0	0	0	0	0	0	0	0	0	0	0	0	0	0	0	0	0	0	0	0	0	0	0	0	0	221
364	1 000	0	0	0	0	0	0	0	0	0	0	0	0	0	0	0	0	0	0	0	0	0	0	0	0	0	0	0	0	0	0	0	0	0	0	0	0	0	0	0	0	0	236
365	1 000	0	0	0	0	0	0	0	0	0	0	0	0	0	0	0	0	0	0	0	0	0	0	0	0	0	0	0	0	0	0	0	0	0	0	0	0	0	0	0	0	0	241
366	1 000	0	0	0	0	0	0	0	0	0	0	0	0	0	0	0	0	0	0	0	0	0	0	0	0	0	0	0	0	0	0	0	0	0	0	0	0	0	0	0	0	0	245
367	1 000	0	0	0	0	0	0	0	0	0	0	0	0	0	0	0	0	0	0	0	0	0	0	0	0	0	0	0	0	0	0	0	0	0	0	0	0	1	0	0	0	0	245
368	1 000	0	0	0	0	0	0	0	0	0	0	0	0	0	0	0	0	0	0	0	0	0	0	0	0	0	0	0	0	0	0	0	0	0	0	0	0	0	0	0	0	0	245
369	1 000	0	0	0	0	0	0	0	0	0	0	0	0	0	0	0	0	0	0	0	0	0	0	0	0	0	0	0	0	0	0	0	0	0	0	0	0	0	0	0	0	0	245
370	1 000	0	0	0	0	0	0	0	0	0	0	0	0	0	0	0	0	0	0	0	0	0	0	0	0	0	0	0	3	0	0	0	0	0	0	0	0	0	0	0	0	0	245
371	1 000	0	0	0	0	0	0	0	0	0	0	0	0	0	0	0	0	0	0	0	0	0	0	0	0	0	0	0	0	0	0	0	0	0	0	0	0	0	0	0	0	0	245
372	1 000	0	0	0	0	0	0	0	0	0	0	0	0	0	0	0	3	0	0	0	0	0	0	0	0	0	0	0	0	0	0	0	0	0	0	0	0	0	0	0	0	0	245
373	1 000	0	0	0	0	0	0	0	0	0	0	0	0	0	0	0	0	0	0	0	0	0	0	0	0	0	0	0	0	0	0	0	0	0	0	0	0	0	0	0	0	0	245
374	1 000	0	0	0	0	0	0	0	0	0	0	0	0	0	0	0	0	0	0	0	0	0	0	0	0	0	0	0	0	0	0	0	0	0	0	0	0	0	0	0	0	0	242
375	1 000	0	0	0	0	0	0	0	0	0	0	0	0	0	0	0	0	0	0	0	0	0	0	0	0	0	0	0	0	0	0	0	0	0	0	0	0	0	0	0	0	0	239
376	1 000	0	0	0	0	0	0	0	0	0	0	0	0	0	0	0	0	0	0	0	0	0	0	0	0	0	0	0	0	0	0	0	0	0	0	0	0	0	0	0	0	0	239
377	1 000	0	0	0	0	0	0	0	0	0	0	0	0	0	0	0	0	0	0	0	0	0	0	0	0	0	0	0	0	0	0	0	0	0	0	0	0	0	0	0	0	0	245
378	1 000	0	0	0	0	0	0	0	0	0	0	0	0	0	0	0	0	0	0	0	0	0	0	0	0	0	0	0	1	0	0	0	0	0	0	0	0	0	0	0	0	0	245
379	1 000	0	0	0	0	0	0	0	0	0	0	0	0	0	0	0	0	0	0	0	0	0	0	0	0	0	0	0	0	0	0	0	0	0	0	0	0	0	0	0	0	0	244
380	1 000	0	0	0	0	0	0	0	0	0	0	0	0	0	0	0	0	0	0	0	0	0	0	0	0	0	0	0	0	0	0	0	0	0	0	0	0	0	0	0	0	0	245

四、TQI 明细表

TQI 明细表中详细描述了所检测的 200 m 区段是否有超限、各单项 TQI 值、区段 TQI 值及其是否超过管理值、检测速度及检测标准等信息 TQI 总值的计算规则是将左轨向、右轨向、左高低、右高低、水平、轨距和扭曲 7 个分量相加，TQI 明细表(表 3-11)中数值一般是符合这种计算规则的。

表 3-11 TQI 明细表 单位：mm

里程	超限(单项)	轨向		高低		水平	轨距	三角坑	TQI		速度	标准	备注
		左	右	左	右				数值	超标			
362.8	无	0.2	0.3	0.3	0.3	0.2	0.3	0.3	1.9	未超过	245	[200,250]	
363	无	0.2	0.2	0.2	0.2	0.2	0.3	0.3	1.6	未超过	245	[200,250]	
363.2	无	0.2	0.2	0.3	0.2	0.2	0.2	0.3	1.6	未超过	245	[200,250]	
365.4	无	0.2	0.2	0.2	0.2	0.2	0.3	0.2	1.5	未超过	245	[200,250]	
363.6	无	0.2	0.3	0.2	0.2	0.2	0.3	0.3	1.7	未超过	245	[200,250]	
363.8	无	0.2	0.3	0.2	0.2	0.2	0.3	0.3	1.7	未超过	245	[200,250]	
364	无	0.3	0.3	0.2	0.3	0.2	0.3	0.3	1.9	未超过	245	[200,250]	
364.2	无	0.2	0.2	0.3	0.3	0.3	0.3	0.4	2.0	未超过	245	[200,250]	
364.4	无	0.2	0.2	0.2	0.3	0.2	0.3	0.3	1.7	未超过	245	[200,250]	
364.6	无	0.2	0.3	0.3	0.2	0.3	0.3	0.4	2.0	未超过	245	[200,250]	
364.8	无	0.2	0.3	0.2	0.3	0.2	0.3	0.3	1.8	未超过	245	[200,250]	
365	无	0.2	0.2	0.2	0.2	0.3	0.2	0.6	1.9	未超过	245	[200,250]	
365.2	无	0.2	0.3	0.2	0.2	0.2	0.4	0.3	1.8	未超过	245	[200,250]	
365.4	无	0.2	0.2	0.3	0.3	0.2	0.3	0.2	1.7	未超过	245	[200,250]	
365.6	无	0.2	0.2	0.2	0.2	0.2	0.3	0.2	1.5	未超过	245	[200,250]	
365.8	无	0.2	0.2	0.2	0.2	0.2	0.3	0.2	1.5	未超过	245	[200,250]	
366	无	0.3	0.3	0.3	0.2	0.2	0.2	0.3	1.8	未超过	245	[200,250]	
366.2	无	0.4	0.4	0.4	0.4	0.3	0.3	0.3	2.5	未超过	245	[200,250]	
366.4	无	0.5	0.6	0.7	0.6	0.5	0.4	0.6	3.9	未超过	245	[200,250]	
366.6	无	0.4	0.4	0.5	0.7	0.4	0.2	0.6	3.2	未超过	245	[200,250]	
366.8	无	0.3	0.4	0.4	0.5	0.4	0.5	0.5	3.0	未超过	245	[200.250]	
367	无	0.3	0.4	0.3	0.5	0.4	0.4	0.5	2.8	未超过	245	[200.250]	
367.2	无	0.4	0.4	0.5	0.6	0.4	0.2	0.6	3.1	未超过	245	[200,250]	
367.4	无	0.3	0.5	0.5	0.6	0.4	0.4	0.6	3.3	朱超过	245	[200,250]	
367.6	无	0.3	0.4	0.5	0.5	0.4	0.2	0.5	2.8	未超过	245	[200,250]	
367.8	无	0.4	0.4	0.5	0.6	0.4	0.4	0.6	3.3	未超过	245	[200,250]	
368	无	0.4	0.5	0.6	0.7	0.6	0.4	0.7	3.9	未超过	245	[200,250]	

五、公里 *T* 值明细表

TVALUE 为公里 T 值明细表，该表将 200 m 区段 TQI 超过管理值的大小作为扣分值。

根据 T 值的大小评价每公里轨道状态质量，每公里线路区段均值评定标准划分为：均衡——代表线路质量均衡，不需要维修；计划——代表应列入维修计划，适时进行修理；优先——代表应优先列入维修计划，尽快安排修理，公里 T 值明细表见表 3-12。

表 3-12　公里 *T* 值明细表

公里	标准	段数				*T* 值	评价
		未超标	超标	超标 10	超标 20		
0	(100,120]	2	0	2	1	161	优先
1	(100,120]	4	1	0	0	40	计划
2	(100,120]	3	2	0	0	80	计划
3	(100,120]	4	1	0	0	40	计划
4	(100,120]	2	3	0	0	120	优先
5	(100,120]	5	0	0	0	0	均衡
6	(100,120]	3	1	0	1	101	优先
7	(100,120]	1	3	0	1	181	优先
8	(100,120]	1	2	2	0	180	优先
9	(100,120]	2	1	0	2	162	优先
10	(100,120]	1	2	0	2	202	优先
11	(100,120]	5	0	0	0	0	均衡
12	(100,120]	3	1	1	0	90	计划
13	(100,120]	3	1	0	1	101	优先
14	(100,120]	1	0	2	2	222	优先
15	(100,120]	3	1	1	0	90	计划
16	(100,120]	2	1	2	0	140	优先
17	(100,120]	4	1	0	0	40	计划
18	(100,120]	2	2	0	1	141	优先
19	(100,120]	3	1	0	1	101	优先
20	(100,120]	1	4	0	0	160	优先
21	(100,120]	2	2		0	130	优先
22	(100,120]	1	2	1	1	191	优先

单元七　轨检车波形图识别

一、波形图各通道含义

轨检车波形图主要显示通道有高低(左、右)、轨向(左、右)、轨距、水平、超高、扭曲、横向振动加速度、垂向振动加速度、轨距变化率、曲率、曲率变化率、长波高低(左、右)、长波轨向(左、右)、复合不平顺(左、右)以及线路位置标志 ALD 等,如图 3-25 所示。波形软件能实现任意通道的增减,通道的顺序排列以及纵向间隔可实现任意调整。

视频
超限分析轨检车数据介绍

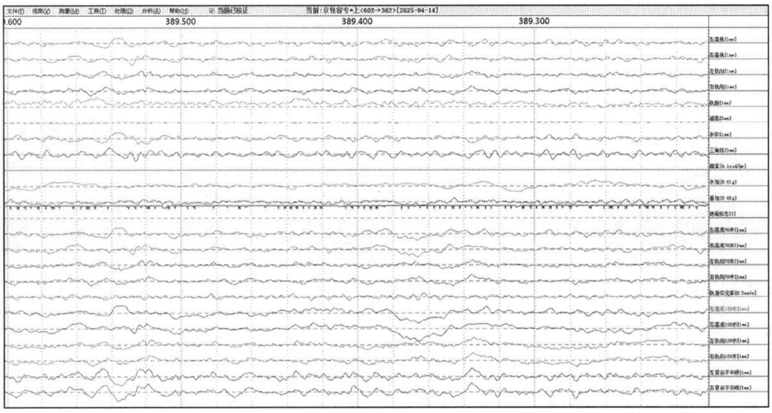

图 3-25　轨检车波形软件显示通道

二、轨检车检测数据"正负"含义介绍

轨检车正向:检测梁位于轨检车二位端,定义二位端至一位端方向为轨检车正向,轨检车行驶方向与轨检车正向一致时为正向检测,反之为反向检测。

轨距(偏差)正负:测量轨距幅值大于标准轨距 1 435 mm 的偏差定义为正,图谱显示上方,反之为负。

高低正负:高低图谱显示上方为正,反之为负。

轨向正负:沿轨检车正向运行方向,图谱显示上方为正,现场表示轨向向左,反之为负。

水平正负:沿轨检车正向运行方向,图谱显示上方为正,现场表示左股高且钢轨向上隆起,反之为负。

曲率正负:沿轨检车正向运行方向,图谱显示上方为正,现场表示为右转曲线,反之为左转曲线。

横向振动加速度:平行车体地板,垂直于轨道方向,顺轨检车正向,向左为正,反之为负。

垂向振动加速度:垂直于车体地板,向上为正,反之为负。

三、波形通道显示比例和单位

波形通道显示比例可以调整,几何项目的单位为 mm,车体加速度的单位为 g,曲率单位为 rad/km。

四、偏差等级和长度

检测项目幅值评价偏差等级和长度的确定方法:偏差等级是由检测波形超过Ⅰ级管理值

的极值与管理值间的大小关系决定。偏差长度是指某偏差处所检测波形从Ⅰ级管理值开始回到Ⅰ级管理值为止的距离。

五、波形图识别

（一）区间波形图识读原理

1. 检测项目所跟随的基线在车体上，无论高低还是轨向都是以基线为基准。高低跟随的是车体的垂向振动加速度，轨向跟随的是车体的横向振动加速度，车体前进运行的直线（曲线）型基线。轨检车知识中规定出分的长度是越出本级出分线到回落到本级出分线的长度，例如Ⅰ级分就是从跃出Ⅰ级分开始到回落至Ⅰ级分，Ⅲ级分亦是同理，但现场作业中的终极目的是要完全消除这一超限病害，而不是简单地将Ⅲ级超限整修为Ⅱ级超限，将Ⅱ级超限整修为Ⅰ级超限，所以就需要对超限的峰值、长度、顺率有清晰的了解。轨检车的惯性基准原理决定了轨检车波形线型不会是完全按照现场波形的走向，而是包含了惯性基准的部分。

2. 区间波形图的准确识读，尤其是连续多波波形的识读也是轨检车波形识读中的难点。下面就区间线路波形图的识读原理和常见的几种波形进行精细的分析。图 3-26～图 3-34 为区间线路常见的几种波形图的精细分析。

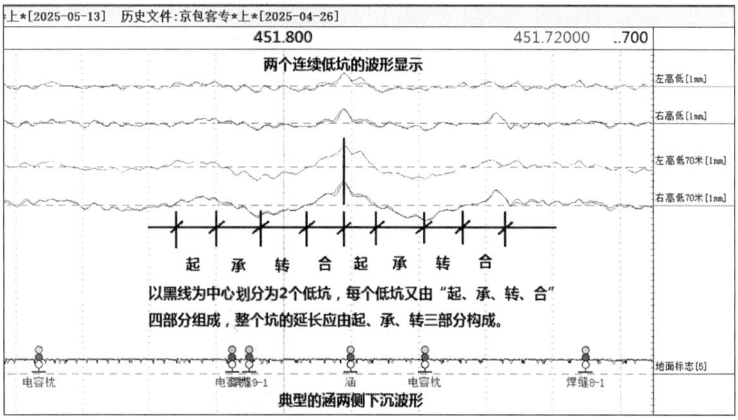

图 3-26　连续低坑波形

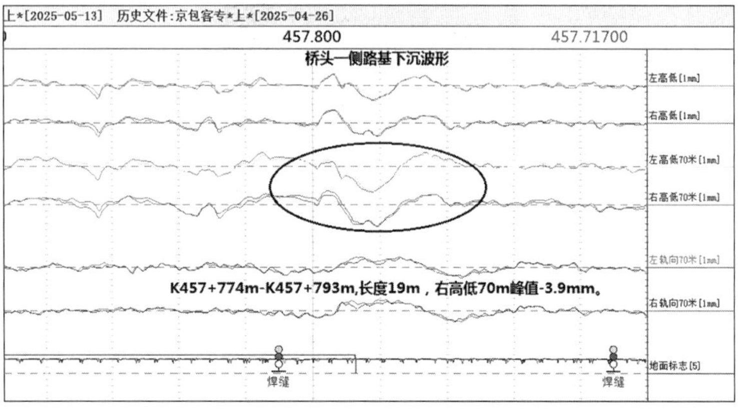

图 3-27　涵、桥两侧下沉波形

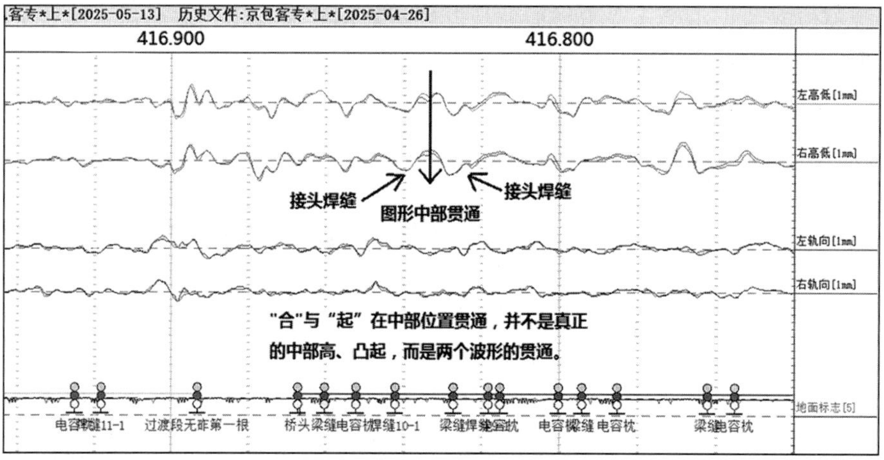

图 3-28　插入短轨(接头)波形

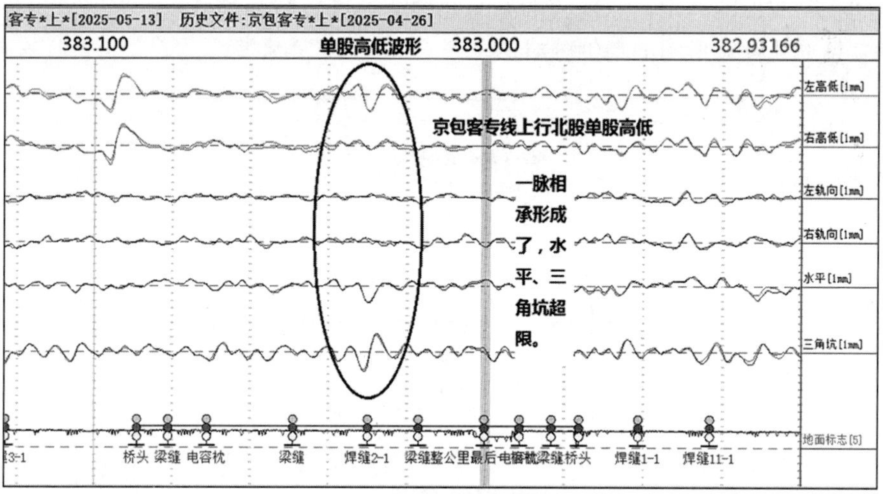

图 3-29　单股高低波形

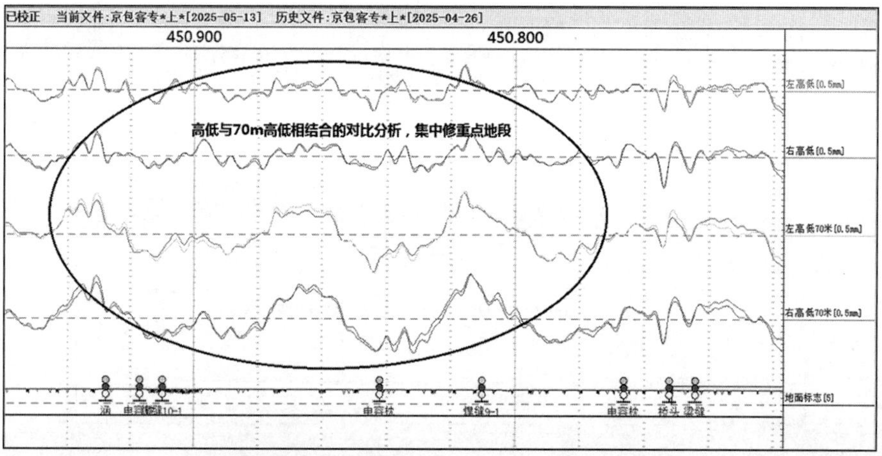

图 3-30　连续漫坑波形(70 m 高低)

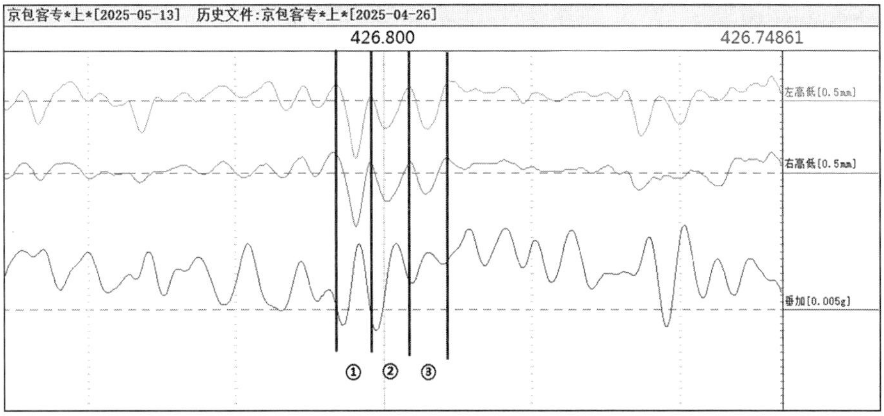

图 3-31　高低多波连续不平顺波形

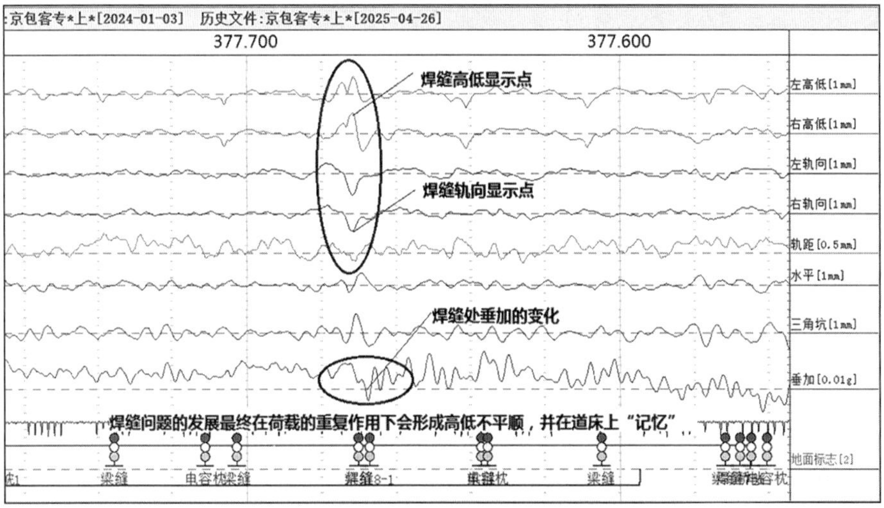

图 3-32　焊缝不平顺波形

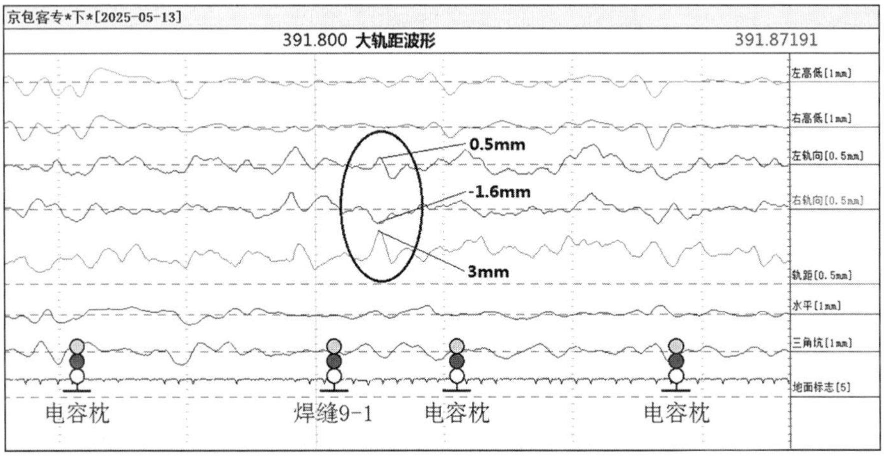

图 3-33　大轨距波形

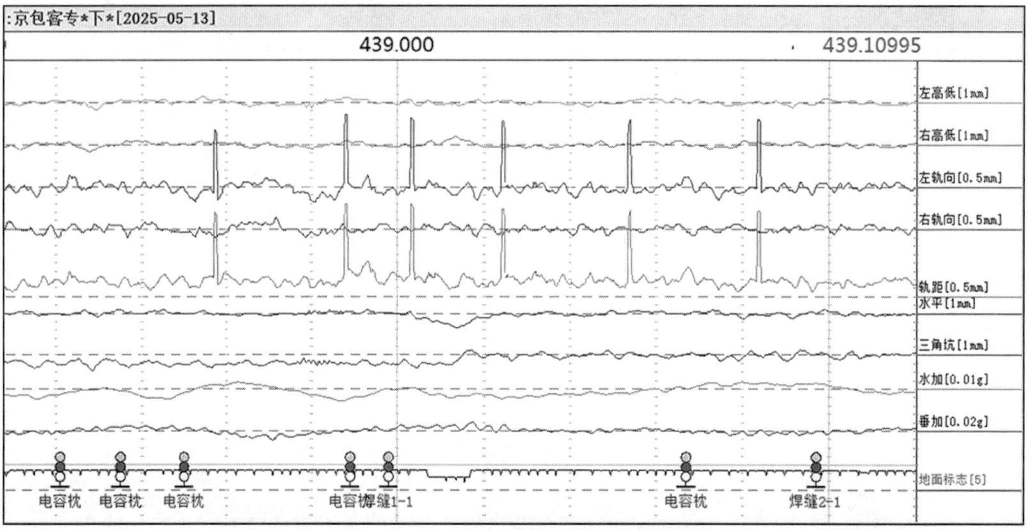

图 3-34　虚假波形判断

(二)道岔波形图识读原

六个特征点来判断图形与现场道岔位置的对应位置,六个特征点分别是:

(1)尖轨前顺坡终点(高低对称小尖点);

(2)尖轨尖端(轨向和轨距有小幅的尖形突变);

(3)导曲股中部(地面标志突起点);

(4)尖轨跟端(对称接头,高低对称尖形点);

(5)辙叉心有害空间(轨距和单侧轨向突变点,在图形上是大幅的尖形突起);

(6)辙叉根部(对称接头,高低波形上的对称形尖点)。

图 3-35 和图 3-36 为波形图与现场道岔位置的对应位置分析。

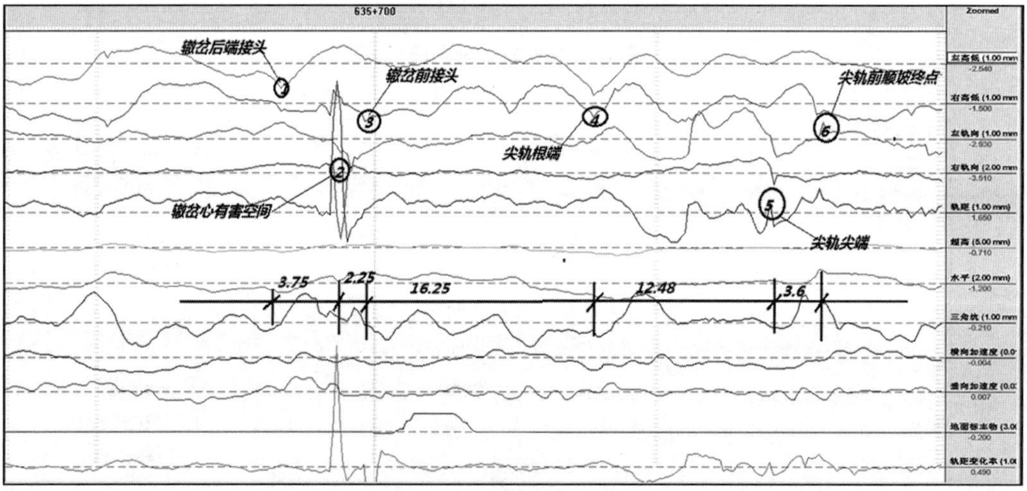

图 3-35　轨检车道岔识别

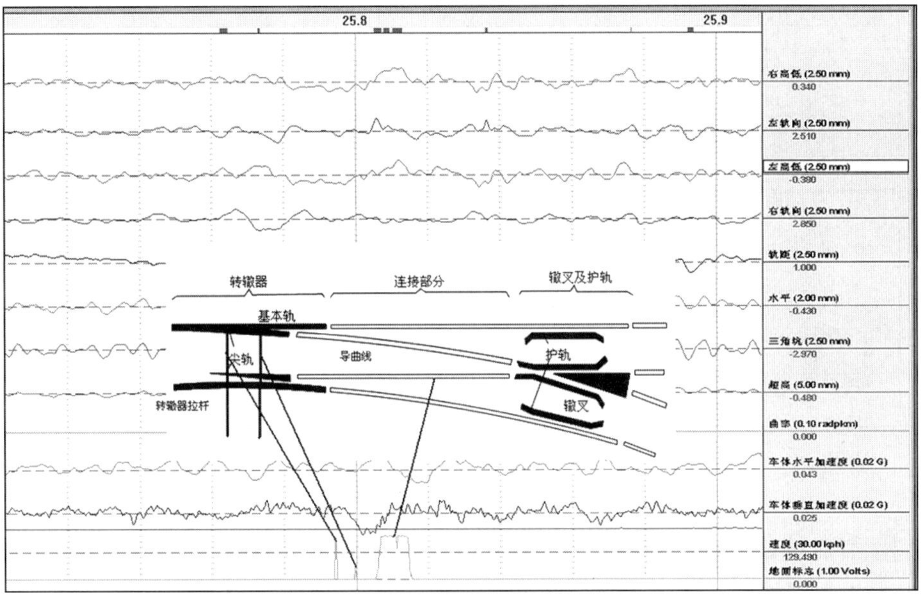

图 3-36　道岔 ALD(地面标志)标志识别示意

（三）超限病害的查找

(1)利用轨道状态波形图查找超限病害，根据所查线路检测标准，结合公里小结表，按病害超限三级、二级、一级的顺序在波形图上相应检测项目通道上点标记出来，并确定超限具体里程，根据线型和附近的地面标志查找到病害的准确位置。

(2)利用轨道状态波形图提供的公里标、道岔、道口、桥梁、超高、曲率、隧道过渡段(有砟无砟结合部)等特征，推算出与需复核超限病害的相对距离。在现场复核时，先找到上述特征点，再根据出分波形图的相对位置，确定病害所在的位置，进行超限病害查找复核。图 3-37 为距离隧道过渡段护轨梭头 67.5 m 处的高低病害。

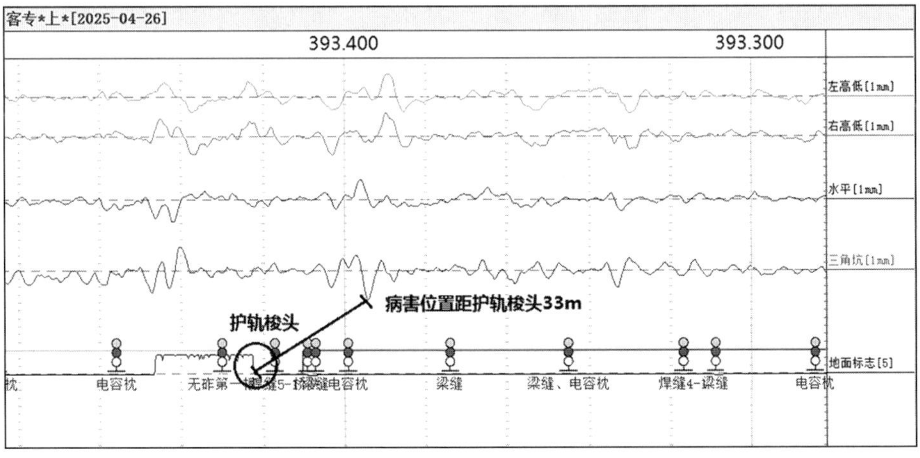

图 3-37　距离隧道过渡段护轨梭头 67.5 m 处的高低病害

另外，轨检车波形图上的每一点，都可以利用左上角[数据]测量功能，找出此处的位置、病害超限值，如图 3-38 所示。

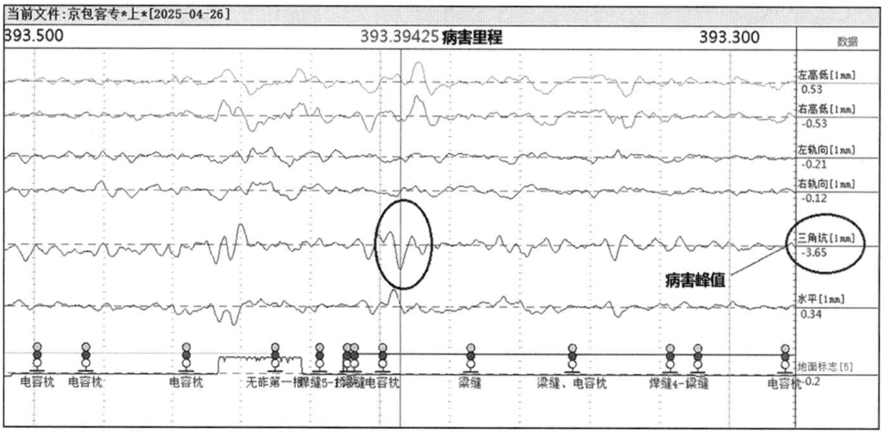

图 3-38　病害超限里程及峰值

六、检测资料的应用与管理

(一)轨检车图纸是轨检车检测的精髓

图纸是线路的“心电图”,是连续、立体的反映区段线路的动态变化情况,而Ⅰ、Ⅱ级只是反映的一个点,所以,必须加强图纸的识读。另外,报警不一定是线路的问题,也可能是行车的问题,看图可以确定问题的本质和原因,节约时间。

(二)根据线路变化幅度安排整修的轻重缓急

通过图纸和出分的对比,判断这一位置是新问题还是老问题,对于新出现的幅值较大问题应立即安排整修(因其在快速发展);对于旧的幅值没有变化的问题可以根据工作情况适当向后推迟维修,这也是“状态修”的精神所在。

(三)要致力于解决本质上的问题

岔区报警屡整不止,究其原因是没从道床、石砟层面解决。岔区六个接头,应先将这些位置捣固密实,石砟补满,再解决铁垫板螺栓松动、胶垫窜出、扣件螺栓松动等问题。

(四)轨检车数据与车间班组的检查记录的对比分析

将轨检车检测波形图中分析出来的问题和工区的检查记录做比较,看波形图中看出来的问题在检查记录中是否检查到。

(五)轨检车数据与月度验收任务的结合分析

从轨检车数据和图纸中分析出线路质量较差的公里作为月度维修验收公里,道岔亦是如此。

(六)通过“四核”加强轨检车检测数据的分析和应用

(1)每次检查的图纸与上一次图纸核对,看设备变化趋势,看作业效果。

(2)与机车报警核对,进一步明确病害点。

(3)与便携式添乘仪报警或人体感觉晃车处所核对,找准晃车原因。

(4)图纸上的病害与现场进行复核,切实分析病害发展成因的规律。

(七)深化轨检车数图运用,实现“三精”目标

(1)通过读图识图和多方数据核对,精确分析病害成因。

(2)在图纸上划定整治范围,计划工作量,制定精细的整修方案。

(3)将图纸上“划撬”准确复制到现场,安排工区进行整治,提高设备整治的精准度,实现精检细修的目标。

案例分析

轨检车数据的合理利用，可以大大减少现场检查用工，提高设备病害定位的准确性，当轨检车检查后，利用波形图查找病害的方式如下。

(1)某线路每月使用轨检车对管内正线检测一遍，2024 年 9 月 29 日，GJ-6 型轨检车对某线路进行检测，检测图纸如图 3-39 所示，线路维修专业及时对此范围内超限病害进行查找分析(表 3-13)，并给出整治措施。

(2)某线路 2024 年 10 月 9 日轨检车检测正线至 K35＋208 处，出现三角坑二级超限(表 3-14和图 3-40)，2024 年 11 月 7 日轨检车检测正线至 K35＋198 处又出现三角坑二级超限(表 3-15 和图 3-41)，且将两次检测数据对比分析发现(图 3-42)，此处三角坑二级超限为相同处所，说明此管辖里程的线路工区未对 2024 年 10 月 9 日轨检车检测的三角坑二级超限进行分析病害并及时整治，导致 11 月 7 日出现重复二级超限。

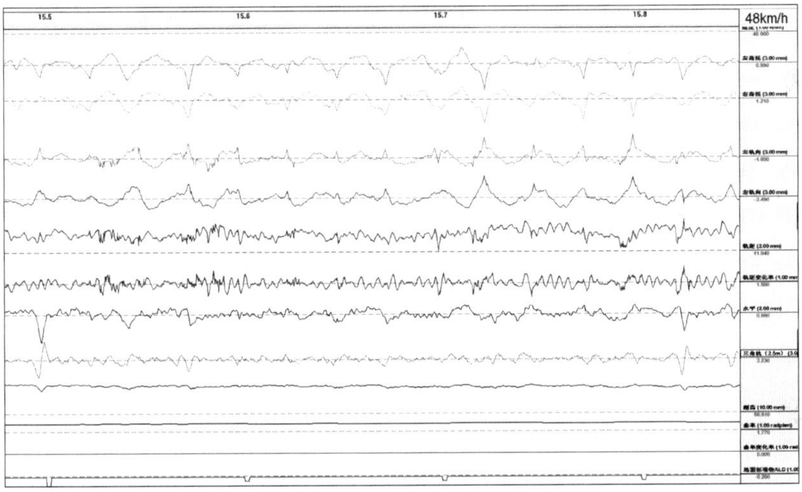

图 3-39　2024 年 9 月 29 日轨检车波形

表 3-13　超限病害查找分析(轨检车图纸分析)

图纸里程	长度、峰值及偏差等级	病害原因	整治措施	备注
高低 K15＋720	6 m、18 mm、Ⅱ级	K15＋30 号铁低接头＋空吊板	整治低接头、处理空吊板	
轨向 K15＋796	4 m、16 mm、Ⅲ级	曲线地段接头支嘴、曲线正矢超限	整治接头支嘴、调整曲线正矢	
轨距 K15＋822	2 m、15 mm、Ⅱ级	普遍大轨距、曲线钢轨压溃或肥边严重	改道、打磨肥边、成段更换钢轨	
水平 K15＋498	4 m、13 mm、Ⅱ级	结合高低病害，此处左股空吊板	处理空吊板，可以捣固、垫板	
三角坑 K15＋499	3 m、13 mm、Ⅱ级	水平导致	结合水平病害、整治三角坑	
在图上找出各项目(轨距、水平、高低、轨向、三角坑)的一处最大值，并做出分析。($v \leqslant 80$ km/h)				

表 3-14　K35＋209 三角坑二级超限 11.19 mm 情况

位置		超限类型	峰值/mm	长度/m	超限等级
公里	米				
35	209	三角坑	11.19	1	2
39	17	三角坑	−10.98	1	2
43	427	三角坑	11.50	1	2
48	592	右高低	−12.38	1	2
61	266	轨距变化率	2.66	1	2
65	803	轨距变化率	3.36	2	2

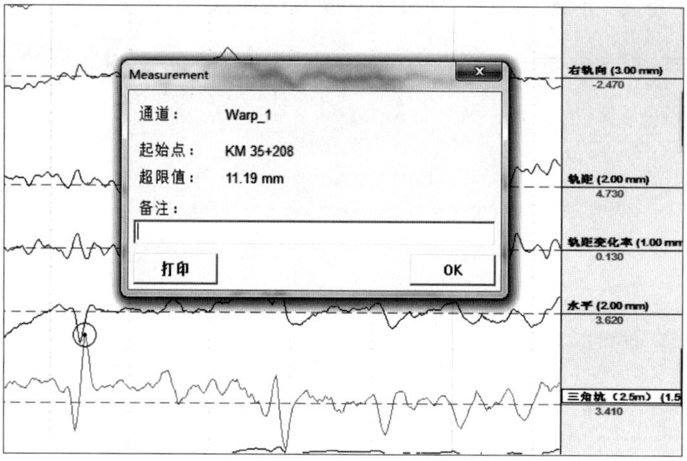

图 3-40　K35＋208 三角坑二级超限 11.19 mm

表 3-15　K35＋198 三角坑二级超限 10.95 mm 情况

位置		超限类型	峰值/mm	长度/mm	超限等级
公里	米				
14	600	三角坑	−10.98	1	2
15	777	三角坑	−11.01	1	2
35	198	三角坑	10.95	1	2
35	233	右轨向	10.48	2	2
35	685	三角坑	−10.42	1	2
65	621	三角坑	−10.57	1	2
66	290	三角坑	10.98	1	2

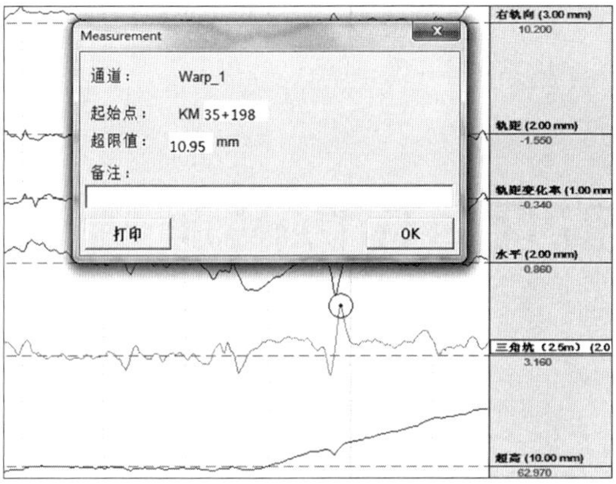

图 3-41　K35+197 三角坑二级超限 10.82 mm

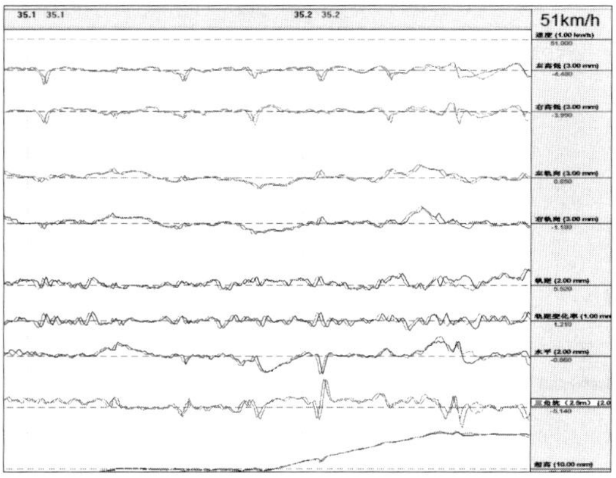

图 3-42　10 月与 11 月波形图对比

课程思政

有的同学一直好奇，铁路线路好坏为什么不能直接测量？为什么轨道在做静态检查的同时还要做动态检查呢？这是因为在列车车轮荷载作用下轨道不平顺才会完全显现对行车安全、轮轨作用力、车辆振动产生实际影响。所以同学们切勿被表象所迷惑，一些事情可能并不如你所见的那样。明白并追究表象背后所隐藏的东西，勿让自己的双眼拘泥于表象。

复习思考题

1. 轨道动态质量评定偏差等级划分的意义及扣分标准是什么？
2. 每千米线路动态评定标准是什么？
3. 80 km/h$<v_{max}\leqslant$120 km/h 轨道动态质量容许偏差管理值各为多少？
4. 根据 T 值的大小每公里线路区段均值评定标准划分为什么？
5. 轨检车检测项目有哪些？
6. 轨向不平顺会造成哪些影响？
7. 轨距扩大的主要原因是什么？
8. 轨检车检测报表有哪些？
9. 超限报表主要包括哪些内容？

模块四　钢轨状态检查与探伤检查

引子

钢轨是铁路轨道系统的核心组成部分，其作用贯穿于列车运行的全过程，为机车车辆的车轮提供连续、平顺的滚动路径，引导与支撑列车车轮沿固定方向行驶。在电气化铁路或自动闭塞区段，钢轨兼作轨道电路的导体，用于信号传输和列车位置监测。钢轨在使用中由于轮轨接触产生作用力，会造成钢轨磨耗、变形、掉块和裂纹等危害性伤损。这些钢轨伤损不仅会影响列车的运行平稳性，还会对轨道结构造成额外的压力，缩短其使用寿命。严重的钢轨伤损可能导致钢轨断裂，造成列车脱轨、颠覆等严重事故，威胁乘客和货物运输的安全。

所以，钢轨状态的检查很重要，如图 4-1 所示，随着新时代铁路线路设备的不断更新、高速重载列车的用量增加和运输繁重，加快了钢轨伤损的形成和发展，为了保证钢轨的良好状态和质量，防止因伤损造成断轨事故的发生，确保行车稳定及安全性，必须对钢轨及道岔轨件的表面状态和内部质量进行周期性的检查与探伤。

图 4-1　钢轨探伤检测

岗位要求

工务技术员或线路工要做好钢轨状态检查和钢轨探伤工作。学习和运用无损检测新技术，掌握钢轨伤损类型和形成原因，积极研究探伤新工艺，采用仪器和手工检查相结合的方法，对钢轨、道岔进行全面细致的检查，及早发现不良状态钢轨并按规定处理。提高钢轨探伤作业质量，把线路上的钢轨伤损隐患查早查小，不留一丝危险隐患。并要做到不漏检、不漏探、不误判。

学习目标

【知识】

1. 掌握钢轨受力状态、各类钢轨伤损及形成原因，有利于对伤损识别和判定；

2. 掌握无损检测的基本知识，钢轨手工检查方法；

3. 掌握探伤仪器设备的功能、用途，超声波钢轨探伤仪的操作使用及探伤原理，重点掌握数字式探伤仪的使用。

【技能】

1. 要学好应用好无损检测技术，这是从事相关行业的技术人员必备技能；

2. 能通过手工检查的几种方法，发现钢轨不良状态和伤损，根据标准判定伤损严重程度；

3. 能熟练掌握探伤仪器的操作和使用方法，进行钢轨探伤，准确识别伤损和裂纹，并能确定伤损在钢轨上的位置和基本大小。

【素质】

1. 树立安全责任与工匠精神；

2. 培养创新思维与技术应用；

3. 培养团队协作与应急应变；

4. 精检细探、精益求精的岗位责任感。

单元一　钢轨状态检查

钢轨伤损是铁路轨道中一个比较突出的问题，它与行车安全、运输成本、钢材选用和设计制造都有密切的关系。我国铁路大力发展高速、重载。超期服役的钢轨数量很大，线路上的钢轨在承担繁重的运输任务过程中，钢轨的使用条件十分复杂，所处环境非常苛刻，不可避免地会出现各种损伤。造成钢轨伤损的原因很多，既有钢轨在冶炼过程中出现的缺陷，又有在运输、使用过程中出现的损伤，其中钢轨在使用中所受各种荷载作用与钢轨的伤损有密切关系，因此分析钢轨的受力对减轻钢轨的伤损，延长钢轨的使用寿命均有帮助。

一、钢轨、钢轨受力状态和伤损产生原因

在《普速铁路线路修理规则》中，增加了钢轨外观及表面伤损检查的要求。普速铁路工务检测将会更加重视钢轨外观及表面伤损检查。

(一)钢轨

首先，要了解钢轨的形状和尺寸，才能对钢轨外轮廓做好状态检查，对发现的钢轨伤损进行识别判断和准确定位定量。

简单来了解一下钢轨的截面尺寸，钢轨断面为左右对称的工字形，如图 4-2 所示，从上往下分为轨头、轨腰和轨底三部分。不同型号的钢轨，其截面尺寸和螺孔位置各不相同(表 4-1)。

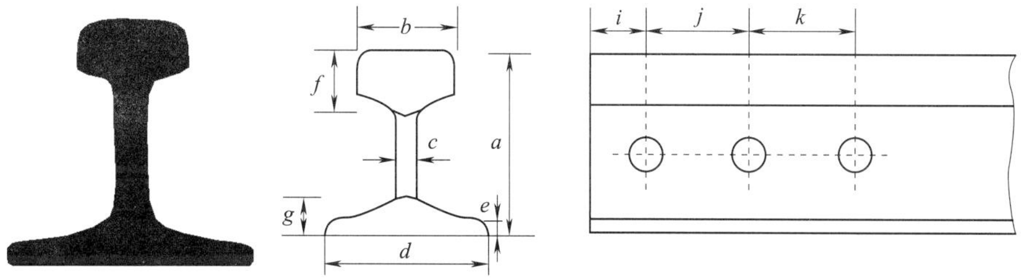

图 4-2　钢轨截面、侧面示意

表 4-1　部分钢轨外形几何尺寸　单位:mm

项目		钢轨类型					
		38/(kg/m)	43/(kg/m)	45/(kg/m)	50/(kg/m)	60/(kg/m)	75/(kg/m)
a	钢轨高度	134	140	145	152	176	192
b	轨头宽度	68	70	67	70	73	75
c	轨腰厚度	13	14.5	14.5	15.5	16.5	20
d	轨底宽度	114	114	126	132	150	150
e	轨底边缘厚度	9	11	10	10.5	12	13.5
f	轨头内高	39	42	44	42	48.5	55.3
g	轨底内高	24	27	26	27	30.5	32.3
h	螺栓孔直径	29	29	29	31	31	31
i	轨端至1孔中心距	56	56	76	66	76	96
j	1孔至2孔中心距	110	110	140	150	140	220
k	2孔至3孔中心距	160	160	140	140	140	130

(二)钢轨受力状态和伤损产生原因

钢轨由于与车轮的相互作用、钢轨本身的温度变化及其他原因,而产生三个方向上的力:垂直作用于轨面的竖向力,侧向垂直于钢轨的横向水平力,沿钢轨轴向的纵向水平力。其中竖向力是主体,计算轨道的强度和变形时,一般以竖向力为主,其对钢轨伤损的影响也最大。侧向垂直于钢轨的横向水平力及沿钢轨轴内的纵向水平力,在某些特定的条件下,经过荷载叠加后也能达到一个非常大的值,对钢轨也有较大的伤损。

由于钢轨受力的复杂性,完全依靠严格的力学方法去计算钢轨的破坏与伤损,其计算过程烦琐,计算结果也未必与实际情况相符,这里只是对受力与伤损作简单的定性分析。

1.竖向力

(1)竖向力的产生

竖向力由静轮载和静轮载动力附加值组成,如图 4-3 所示。静止在轨道上的机车车辆,其车轮施加于轨道上的力称为静轮载。行驶中的车辆,其车轮作用于轨道上的力称为动轮载。动轮载比静轮载大的部分称为静轮载的动力附加值,产生动轮载动力附加值的原因有:

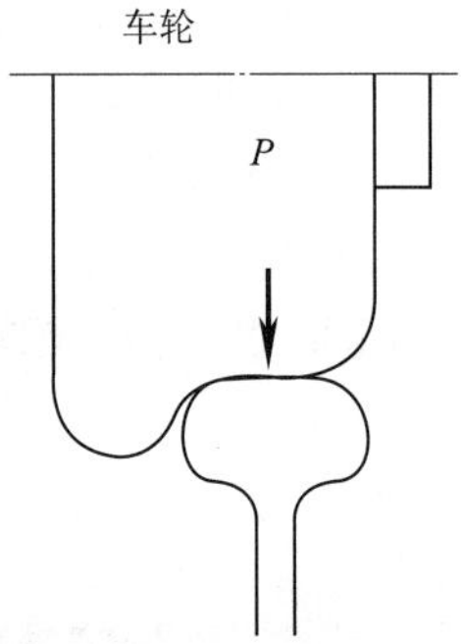

图 4-3　钢轨受竖向力作用示意

①蒸汽机车蒸汽机工作时的蒸汽压力(活塞、摇杆和曲拐等)运动时的惯性力,以及过量平衡锤的离心力,这些力对电力机车和内燃机车来说,是不存在的。

②车轮踏面上因制动或其他原因被擦伤而形成扁瘢。有扁瘢的车轮每转动一周要撞击钢轨一次,产生具有冲击性质的轮载,使动力附加值增加。

③车轮轮箍和轮心因圆周不同心而形成偏心。有偏心的车轮在行驶过程中对钢轨施加冲击力,犹似蒸汽机车的过量平衡锤那样,使动力附加值增加。

④机车车辆通过曲线轨道时,因未被平衡的外轨超高而产生的轮载偏载,使一股钢轨上的轮载增加,另一股钢轨上的轮载减小。

⑤机车车辆通过钢轨接头时,由于轨缝、错牙和折角的影响而产生的冲击附加力。

⑥机车车辆通过钢轨顶面有类似擦伤的短波不平顺时,产生与扁瘢车轮完全相同的冲击

性轮载，使动力附加值增加。

⑦机车车辆通过不平顺轨道时，由于簧上结构（轮对弹簧装置以上部分）和簧下部分（轮对弹簧装置以下部分）做复杂的空间振动，使作用于轨道上的动轮载有所增加。

⑧机车车辆在平直轨道上因蛇行运动使同一轮对上左右两滚动圆半径不同而引起的轮载偏载。

⑨机车车辆通过曲线轨道时，作用于转向架上的横向力，使同一轮对上左右两车轮的轮载偏载。

（2）竖向力的大小

静轮载的值可由各种型号的机车车辆构造性能表中查取有关数据，动轮载附加值随机车车辆和轨道的构造及其状态以及运动形态的改变而变动，规律十分复杂。当圆顺的车轮在平顺的轨道上行驶时，轮载的动力附加值一般不超过 20%；但在钢轨接头、轨道单独不平顺处和车轮有扁瘢、偏心等冲击作用的情况下，有时可达数倍之多。

（3）竖向力与钢轨的伤损

钢轨受竖向力作用时，会在接触面产生很大的接触应力。一般认为，由接触应力引起的轨面下的剪应力是竖向力造成钢轨伤损的主要原因。由于轮轨的互相作用，轨顶面反复出现接触应力，使轨面出现塑性变形，疲劳磨耗及疲劳裂纹等情况。

①轨头塑性变形和磨耗

钢轨塑性变形与接触应力成正比，与钢轨硬度成反比。当接触压应力接近钢轨的剪切屈服极限时，接触面开始塑性变形，当接触应力达到 4 倍剪切屈服极限时，接触面出现连续积累的塑性变形，使轨头压宽或辗边，出现压溃，甚至造成严重的压溃和磨耗，如图 4-4 所示。同时，使轨顶表面金属加工硬化，硬度提高，在表面出现疲劳裂纹，导致薄片状剥离，这也是接触应力作用的表面疲劳磨耗。

图 4-4 轨头塑性变形和磨耗

②轨面剥离掉块

受接触应力引起的接触剪应力作用时，塑性流动变形层较深，表面疲劳裂纹沿流变方向倾斜向下发展，当疲劳裂纹扩展速率大于磨耗时，在接触应力较大的轨顶内侧小圆弧处出现鱼鳞状剥离裂纹，剥离裂纹深度与塑性变形对应，在小半径曲线外轨处，一般可达 2 mm 以上，直至造成掉块，如图 4-5 所示。在曲线外轨轮轨的粘着蠕滑作用下，促进了裂纹发展，前后鱼鳞裂纹贯通而出现掉块，由于轨道不平顺，增加了轮轨冲击力，加速了裂纹发展，如果钢中有非金属夹杂物，更加快裂纹的萌生和发展。

③钢轨的核伤

核伤是起源于轨头踏面下 5～15 mm 范围内的内部疲劳裂纹，这个范围是接触剪应力最大的分布区域,如果在这个范围内存在氧化物夹杂物,就会形成条状疲劳裂纹,如图 4-6 所示。横向疲劳裂纹发展到较大尺寸后,在车轮动荷载作用下有可能横向断裂。

图 4-5 轨面剥离掉块

④钢轨波磨

钢轨波磨是指在钢轨踏面上出现周期性高低不平的波状变形,如图 4-7 所示。形成波磨的原因很多,一般认为:当车轮行驶在曲线上时,有"摩擦自激振动"作用,使一侧车轮产生重复粘着与滑动,在滑动过程中使钢轨表面有塑性变形和磨耗,形成波谷,粘着过程处出现波峰。波谷处接触应力急剧增加,金属塑性流动性变形增大,加剧了波磨发展。

图 4-6 轨头核伤

图 4-7 钢轨波磨

2. 横向水平力

(1)横向水平力的产生

在轮轨接触点上,除作用有垂直于轨面的竖向力外,还存在车轮轮缘作用于轨头侧面上的横向水平力,如图 4-8 所示。产生横向水平力的原因有:

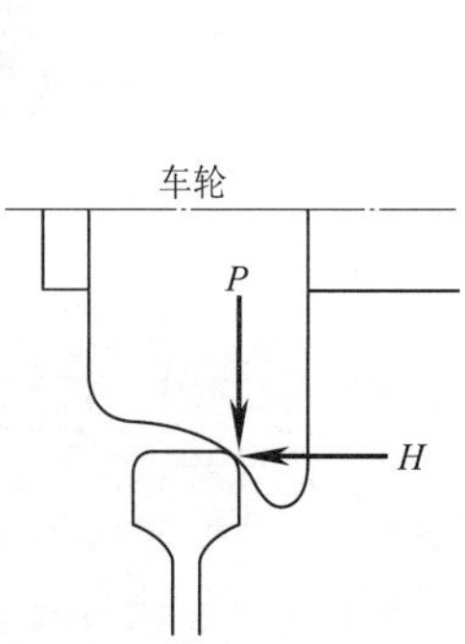

图 4-8 钢轨受横向力作用示意

①机车车辆在直线轨道上运行时,因机车车辆蛇行运动使车轮轮缘时而接触钢轨,时而离开钢轨,由此而产生往复周期性的横向水平力。

②机车车辆在有轨向不平顺的轨道上运行时(轨向错乱、接头死弯、道岔上尖轨、辙叉翼轨和护轨等处所),因车轮轮缘或车轮内侧面冲击钢轨而引起的横向水平力。

③机车车辆通过有未被平衡外轨超高的曲线轨道时,因离心力与向心力不能相互抵消而引起的横向水平力。

④机车车辆通过曲线轨道时，因车架或转向架转向，使车轮轮缘作用于钢轨侧面上的横向水平力。

(2)横向水平力的大小

分析水平横向力时，因不确定因素很多，理论分析比较复杂，常用经验公式或借助实测资料进行估算。在直线地段，横向水平力一般为静轮载的10%～15%；在曲线地段，横向力一般为静轮载的50%以下，在特殊情况下最大可达80%左右。

(3)横向水平力与钢轨的伤损

钢轨受横向水平力作用时，由于轮轨间的摩擦作用，会造成钢轨的侧面磨耗，并使轨腰受弯矩作用，此外，当不利因素重叠组合时，可能使列车脱轨，严重影响行车安全。其对钢轨伤损主要有：

①轨头侧磨

轮轨作用时，如果钢轨受横向水平力作用，轮轨的接触点位于圆角附近，车轮滚动时，轮缘与钢轨侧面发生相对滑动，导致轮缘研磨钢轨侧面，使钢轨发生侧磨，如图4-9所示。

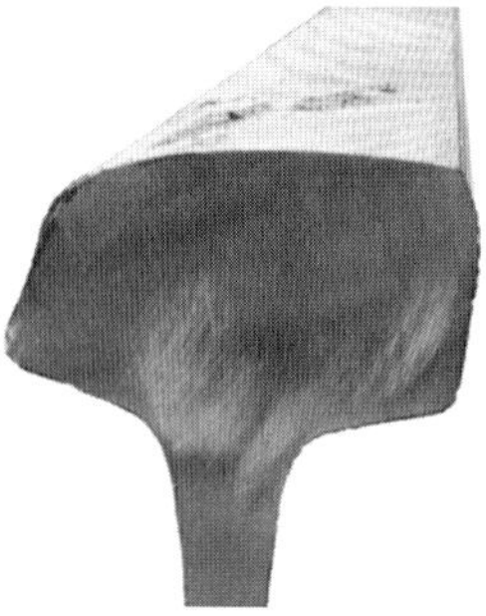

图4-9　轨头侧磨

②加重轨腰的伤损

由于钢轨轧制时的材质原因、钢轨热处理遗留的缺陷或使用中由外力冲击造成的裂纹，在横向冲击力作用下，轨腰部承受巨大的弯矩，加速轨腰缺陷的发展，造成轨腰的伤损。

3.纵向水平力

(1)纵向水平力的产生

在机车车辆作用下和环境条件影响下，轨道上产生纵向水平力，其中主要有：

①爬行力。轨道爬行主要是因为钢轨在动荷载作用下的波浪挠曲。为防止轨道爬行，通常需要在每股钢轨上安装一定数量的防爬器。这样虽然轨道的爬行能有效地防止，但钢轨内部将不可避免地会出现相当于这个爬行力的纵向水平力。

②纵向分力。列车运行至坡道地段，由列车重力形成的纵向分力，其值随坡度的大小而定。

③制动力。行驶列车停车或减速时，因操纵制动闸瓦对车轮施加强大的压力而在轮轨接触点上产生制止列车前进的力称制动力。制动时，钢轨的纵向应力可达9.8 MPa。

④纵向摩擦力。列车通过曲线轨道时，因转向架转向使车轮踏面作用于钢轨顶面上的摩擦力的纵向分力，其值可用计算方法求取。

⑤温度力。钢轨受阻力约束，不能随轨温变化而自由伸缩，故在钢轨内产生温度力，其值随温差的大小而变化。

(2)纵向水平力与钢轨的伤损

一般认为纵向水平力对钢轨伤损的影响较竖向力及横向水平力要小，但在某些情况下，纵向水平力会使钢轨爬行，严重时会造成轨道的变形，影响行车安全。其对钢轨的伤损有：

①加大钢轨夹板螺栓孔裂纹

形成钢轨夹板螺栓孔裂纹的原因很多，如竖向力、横向水平力的作用，当纵向水平力过大时，加之钻孔质量不良，会形成或扩大夹板螺栓孔的裂纹，造成钢轨伤损。

②钢轨横向折断

无缝线路在低温时，钢轨中形成巨大温度应力，如果钢轨的低温性能不良，或钢轨轧制中存在质量缺陷，温度应力及其他纵向水平力叠加组合后形成过大的拉应力，造成钢轨的横向折断。

无缝线路锁定轨温过高时,在低温季节钢轨承受着巨大的温度拉力,再加之列车的冲击力,会加速钢轨的疲劳伤损,易造成钢轨折断。

二、钢轨内部伤损

钢轨内部伤损从超声波钢轨探伤专业上可分为钢轨核伤、钢轨接头伤损、钢轨纵向水平和垂直裂纹、钢轨轨底裂纹和钢轨焊缝缺陷五大类。现将各类伤损的特征及形成原因如下。

(一)钢轨核伤

钢轨核伤从超声波探伤专业上称为轨头横向裂纹,如图 4-10 所示。钢轨核伤产生的原因:由于钢轨冶炼和轧制过程中材质不良或使用过程中的缺陷,在列车重复荷载作用下形成应力集中,疲劳源不断扩展,逐渐发展而形成。核伤主要产生的部位在钢轨头部内侧,随着核伤直径增大,钢轨承载能力急剧下降,在高速重载的使用环境下极易发生钢轨折断,因此,它是钢轨伤损中危害最大者之一。

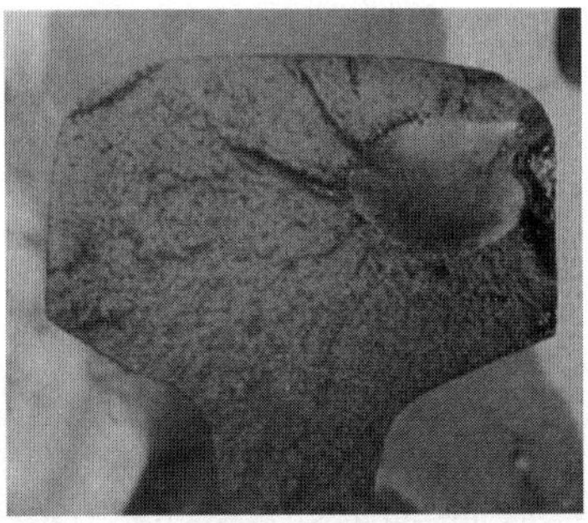

图 4-10　核伤

1. 材质缺陷形成的核伤

钢轨在制造过程中,由于冶金缺陷和钢锭切除不够,钢锭内部存在白点、气泡、非金属夹杂物、偏析和缩孔残余等缺陷,经辊轧后成片状存在于轨头中,在列车载荷的重复作用下,这些缺陷生产的疲劳源逐步扩展,形成有危害的核伤。这类核伤断面具有平坦光亮的表面,通常为白核,当白核发展到轨面与空气接触氧化后成黑核。如果疲劳源系白点引起,则同一炉罐号的钢轨都可能有白点存在。有多处白点的钢轨在使用过程中极易形成多处横向疲劳裂纹,致使钢轨突然折断为几段甚至几十段,每段钢轨断口横向裂纹的形貌基本一致,只是裂纹面积大小不同,对行车安全危害极大。图 4-11 是由白点形成的核伤形貌,图 4-12 是由缩孔形成的核伤形貌。

图 4-11　白点形成的核伤形貌

图 4-12　缩孔形成的核伤形貌

2. 接触疲劳形成的核伤

大运量重载区段,由于车轮与钢轨间接触应力过大,在列车荷载多次作用下,先产生轨头顶面剥离或其他表面伤损,然后发展成核伤。一般核源位于轨头内侧上角距顶面和侧面 5～15 mm 的范围内,如图 4-13 所示。

3. 侧磨严重形成的核伤

目前部分客车与货车运行速度相差较大,曲线地段超高设置无法满足各种车速的要求,因此,造成钢轨偏载现象,使钢轨承载量上升。曲线上股钢轨侧磨严重,轮缘对轨颏的挤压,以及水平推力与挠曲应力的复合作用,使下颏尖端产生微裂纹,成为疲劳源,在列车往复作用下,裂纹扩展形成核伤,如图 4-14 所示。

图 4-13　表面接触疲劳形成的核伤

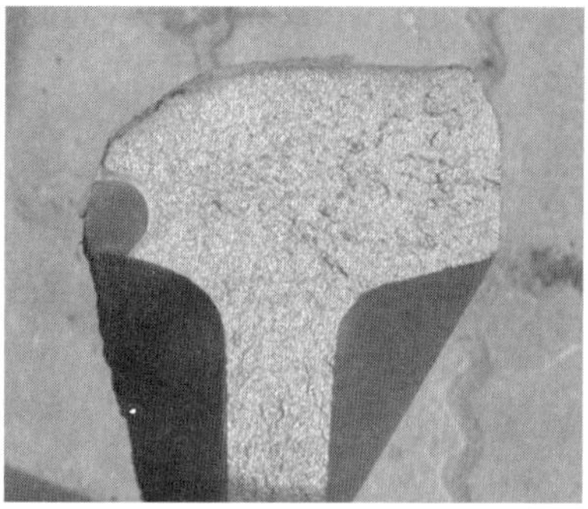

图 4-14　侧磨严重下颏尖端微裂边形成的核伤

4. 鱼鳞破损形成的核伤

车流密度高，行车速度快的重载区段。由于列车在复线中单向运行，小半径曲线上股轨头内侧表面经常发生鱼鳞状破损，如图 4-15 所示。它不同于一般的轨头金属碎裂和剥离，常以裂纹尖端为疲劳源，逐步形成核伤，其特点是发展快，且呈多面核，如图 4-16 所示。疲劳周期从 1.7×10^{8} t 至 5.6×10^{8} t 不等，一般为 3×10^{8} t 左右。

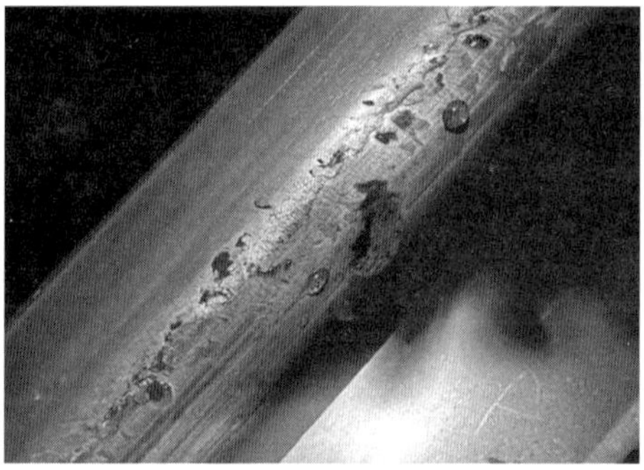

图 4-15　鱼鳞破损小掉块

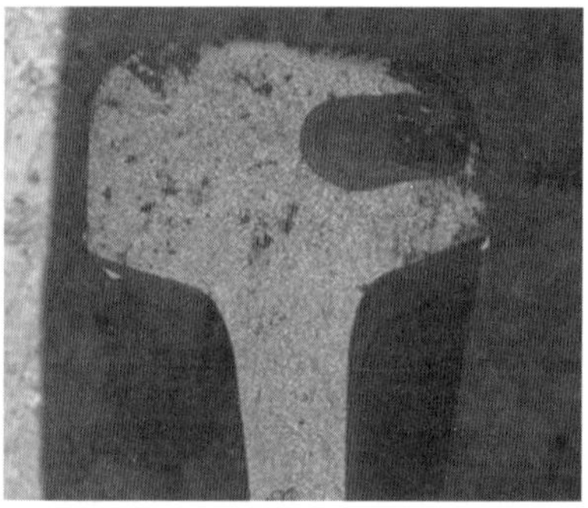

图 4-16　鱼鳞破损形成的核伤

5. 擦伤（焊补）形成的核伤

机车起动或爬坡时车轮空转，以及机车制动滑行时车轮与钢轨间剧烈摩擦产生高温，使轨顶面金属组织变硬、变脆，在列车荷载作用下，形成网状裂纹，并向下发展成为核伤。当焊补轨面擦伤和掉块时，因焊面未打磨干净，留有微裂纹或焊补工艺不良产生缺陷，这些缺陷在机车荷载作用下，极有可能在焊补层下形成核伤，如图 4-17 所示。

6. 焊缝疲劳伤损

钢轨铝热焊缝边缘在轨头下颚轨腰表面与溢流飞边的交界根部出现的伤损，是一种十分危险的伤损，如图 4-18 所示。这类伤损的存在已导致多次发生断轨事故的发生。这种缺陷可以用直射的 70°探头发现。

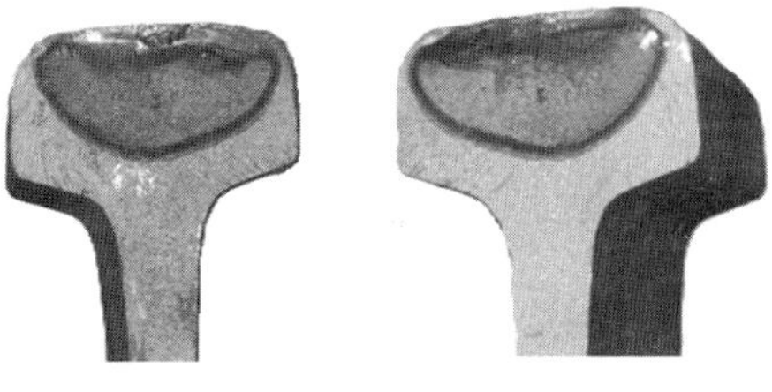

图 4-17　焊补不良形成的核伤

图 4-18　铝热焊缝轨腰与轨颚连接圆弧处伤损

除上述原因外，轨腰纵向裂纹向轨头延伸、钢轨淬火工艺不良导致轨头碎裂和钢轨制造时产生的重皮等缺陷，在机车荷载作用下，裂纹端部都是疲劳源，很容易形成核伤。钢轨核伤的产生和发展不仅与材质有关，而且与钢轨所处的使用环境有关，凡受冲击力大，轨面状态不良地段的钢轨。如曲线上股、大坡道地段、钢轨小腰和道岔基本轨等，最容易产生疲劳核伤，这些地段在钢轨探伤中应引起重视。

(二)钢轨接头伤损

钢轨接头是线路的薄弱环节，车轮作用在钢轨接头上的最大惯性力要比其他部位大60%左右。钢轨接头的主要伤损是螺孔裂纹，其次是轨头下颏裂纹和马鞍型磨耗等。

1.螺孔裂纹产生原因

螺孔裂纹产生的主要原因是钻孔不当、接头冲击过大、线路养护不良等。

(1)钻孔不当。钢轨轨腰在钻螺栓孔后，强度被削弱，螺孔周边产生较高的局部应力；其次螺孔钻制不良，螺孔周边有毛边缺口或钢轨锈蚀，螺孔周边有锈蚀缺口；螺孔钻制位置不对，有高度误差。这些缺陷都会使螺孔周边产生应力集中，进而形成螺孔裂纹。

(2)接头冲击力过大。在有缝线路中，机车车轮跃过钢轨轨缝时，对轨端产生较大的冲击力，从钢轨接头受力状态，如图4-19所示，由图4-19(b)中可看出P_1、P_2大于静轮载P_3，因此，接头区钢轨本已因钻螺孔强度被削弱，又承受更大的冲击荷载力，致使裂纹发生率上升。

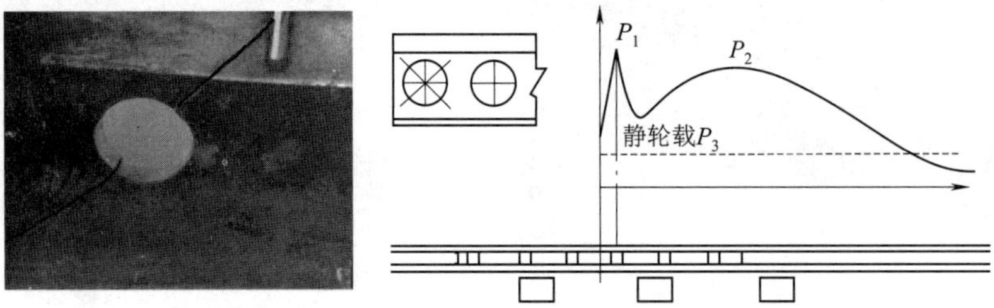

(a) 钢轨螺孔裂纹　　(b) 钢轨接头受力状态

图4-19　钢轨螺孔裂纹和钢轨接头受力状态

(3)线路养护不良。由于钢轨接头养护工作不到位，造成道床板结、低接头、轨枕空吊、高低错牙，接头螺栓扭力不够或线路爬行，产生大轨缝等，这些不良的接头状态都会增加机车对接头的冲击力，从表4-2各种条件下螺孔拉应力增量中，充分说明养护不良使螺孔承载力加大，螺孔裂纹产生率升高。

表4-2　各种条件下螺孔拉应力增量

螺孔位置	接头状态					
	高低错牙 1 mm	低接头 >2 mm	鞍形磨耗 0.75 mm	鞍形磨耗 1 mm	道床板结	钢筋混凝土枕与木枕(板结状态)
第一孔	40%	30%	—	—	81.5%	102%
第二孔	—	—	4.3%	17.1%	—	—

图4-19(b)表示接头应力分布情况，第一螺孔的荷载力处于最高值区域，裂纹的生产与受力成正比关系，因此，第一螺孔的裂纹，比其他螺孔产生裂纹的比例更高。从统计资料上显示，第一螺孔裂纹占螺孔裂纹的78%，尤其是岔后引轨、复线区段迎着列车运行方向轨端第一螺

孔裂纹的发生频率更高，而且在第一螺孔上不同象限螺孔裂纹的发生率相差很大，Ⅰ、Ⅲ象限螺孔裂纹发生率最高，如图 4-20 所示，占总数的 60.1%，这些是钢轨检查中应重视之处。

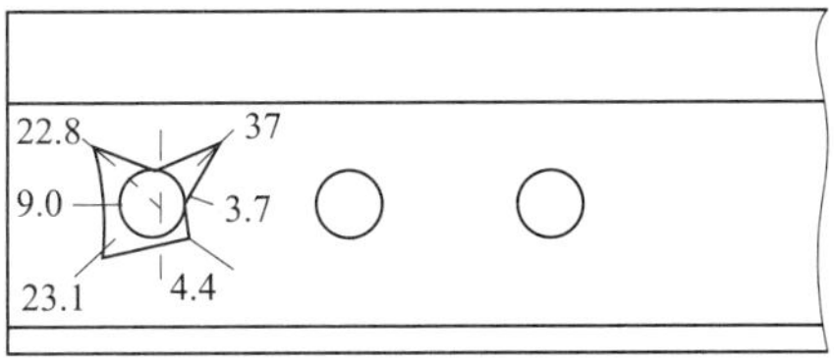

图 4-20　第一螺孔各象限产生螺孔裂纹概率(单位:%)

2. 轨头下颏裂纹的产生原因

钢轨下颏裂纹的形成，主要是长期受到过大的偏载，水平推力以及轨头挠曲应力的复合作用；其次是钢轨接头采用斜坡支承夹板，使轨颏承受向上拉力，如图 4-21(a)所示；再加上养护作业不良，以及机车车辆的蛇形运动产生的横向作用力等多方面因素同时作用的结果。由于外侧应力大于内侧，因此，下颏裂纹往往具有从外向内逐步扩展的特点，如图 4-21(b)所示。

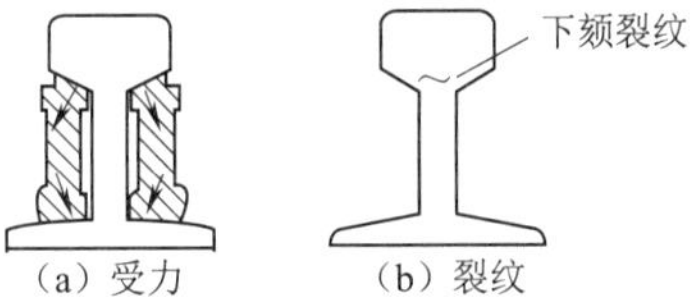

图 4-21　钢轨轨颚受力与裂纹

3. 马鞍型磨耗的特征

钢轨轨端接头淬火工艺不良，淬火区与非淬火区之间硬度过渡不均匀，在列车荷载多次作用下，该部分产生压陷，形成钢轨接头区两侧凸，中间凹下的马鞍形，如图 4-22 所示。

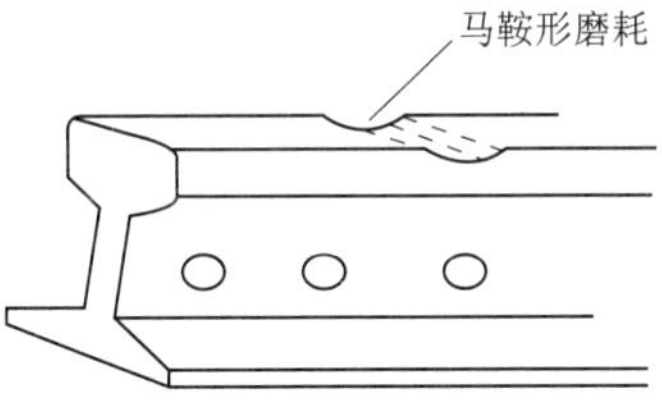

图 4-22　马鞍形磨耗轨外貌

事故案例：某年 3 月 23 日 17 时 28 分，××线双桥上行场红光带，检查发现 175 号道岔岔前绝缘夹板双折，其中里口夹板存在 90 mm 裂纹，外口夹板存在 10×7 mm 核伤。

原因分析：一是胶接绝缘制作标准低，该处绝缘为处理伤损轨后胶接，新旧轨存在高差，也未进行打磨处理，轨面不平顺造成应力集中；二是养护维修不到位，现场检查绝缘接头轨面不平顺4 mm，肥边 2 mm，胶垫压溃；三是日常检查不到位，未及时发现里口夹板裂纹，导致夹板双折。

(三)钢轨纵向水平和垂直裂纹

由于钢轨制造工艺不良，没有切除钢锭中带有严重偏析、缩孔、夹杂等缺陷，在钢锭轧制成钢轨后，缺陷成片状残留在轨头、轨腰、轨底中，与钢轨纵向平行，呈水平或垂直状态出现，如

图 4-23所示。纵向垂直的裂纹经机车长时荷载作用后,会向外膨起成为膨泡裂纹。无缝线路区段,曲线地段钢轨长期受到过大的偏载,在钢轨颚部或轨腰上会产生水平裂纹和不规则斜向裂纹,如图 4-24 所示。

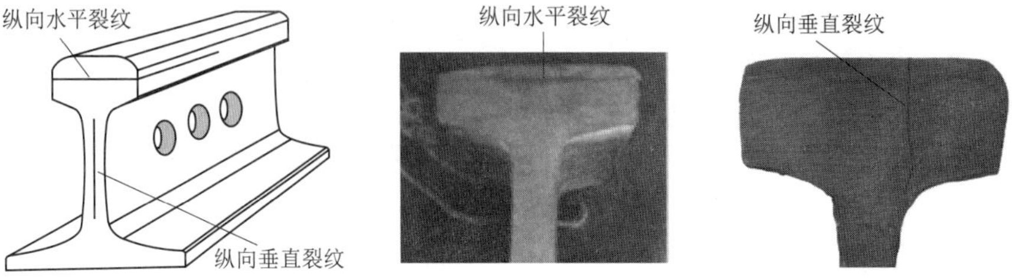

图 4-23　钢轨纵向水平、纵向垂直裂纹

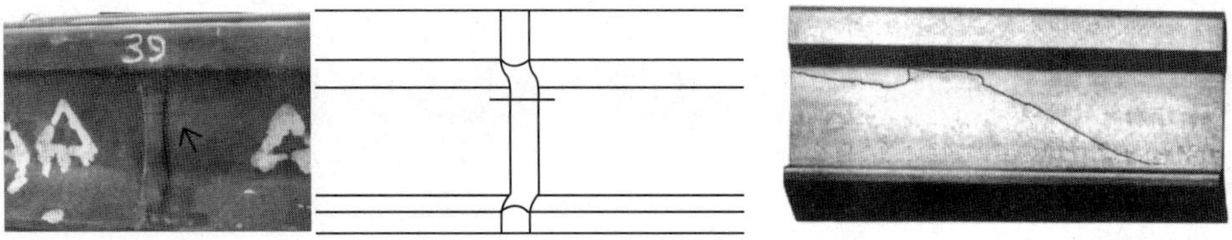

图 4-24　轨头下颚水平裂纹和轨腰裂纹

(四)钢轨轨底裂纹

轨底裂纹的形成原因有以下几种:

(1)轨腰垂直纵向裂纹向下发展成轨底裂纹,如图 4-25(a)所示。

(2)轨底锈坑或划痕发展形成的轨底横向裂纹,如图 4-25(b)所示。

(3)在制造钢轨时,轨底存在轧制缺陷或因轨底与垫板轨枕间不密贴,使用中轨底局部产生过大的应力,造成轨底横向裂纹或破裂。

(4)焊接工艺不良,产生过烧、未焊透、气泡、夹杂,以及光斑或灰斑等内部缺陷,造成轨底横向裂纹,如图 4-25(b)所示。

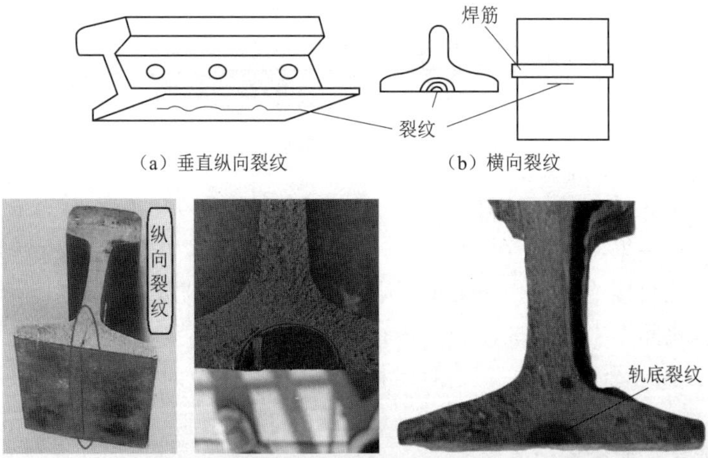

图 4-25　钢轨轨底裂纹

（五）钢轨焊缝缺陷

因焊接设备、焊接材料、气温条件和操作工艺等因素都会影响焊接质量，在焊缝内部或表面可能会产生焊接缺陷。如：光斑、灰斑、未焊合、气孔、夹渣、夹砂、疏松和裂纹等缺陷，如图 4-26 所示。

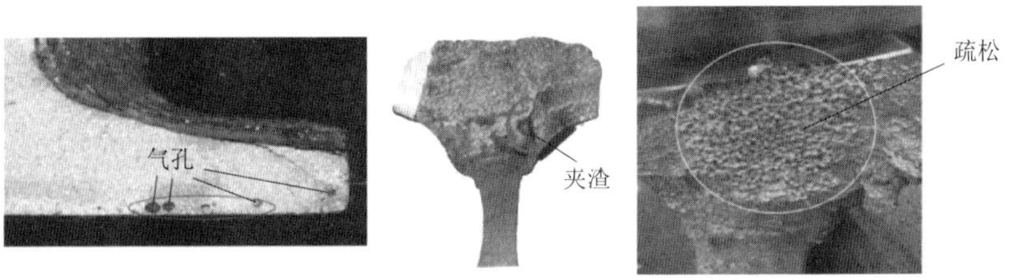

图 4-26　铝热焊缝轨底气孔、夹渣、疏松

（六）道岔的辙叉裂纹

列车过道岔冲击力过大，轮轨接触磨耗和冲击荷载力，致使辙叉趾端、跟端，心轨和翼轨部位产生磨耗、掉块和裂纹等伤损，甚至折断。图 4-27 为高锰钢整铸辙叉常见伤损裂纹。

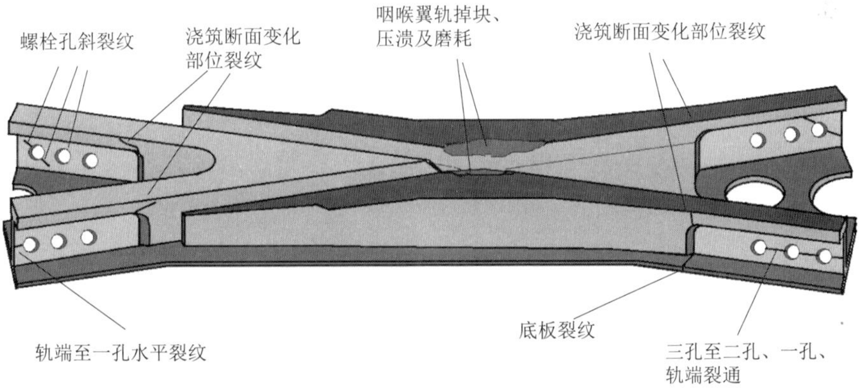

图 4-27　高锰钢整铸辙叉常见伤损和裂纹

单元二　手工检查的一般方法

钢轨手工检查是工务线路维修和保养作业中一项必不可少的工作内容，及时对钢轨状态进行了解，尤其是冬季温度低、温差大，钢轨伤损发展速度快，运用手工检查手段不仅能缩短检测周期，还能堵漏防断。所以，在发挥仪器探伤作用的同时，辅以手工探伤是工务部门过硬冬、防“三折”（钢轨折断、夹板折断、螺栓折断）的关键，能更全面的提高钢轨检测质量。

手工检查钢轨一般按“一看、二敲、三照、四卸”的过程进行。目视检查全面观察钢轨表面状态，注意发现伤损钢轨所具有的特征，根据这些特征，综合判断钢轨有无伤损。超声波钢轨探伤主要用仪器检查钢轨，但也不能忽视手工检查，手工检查有利于分析和鉴别仪器检查中发现的可疑波形，弥补仪器不能检查的部位和处所（包括道岔部位的辙叉）。因此在钢轨探伤中必须坚持仪器和手工检查相结合的作业要求。

一、基本要求

设计简易巡回图并确定检查周期,制定月检查计划,对管内的钢轨、道岔、夹板等设备进行检查。实行记名责任制,明确检查组、检查人、负责人、检查区段,手工检查组对已经检查的设备承担责任,手工检查人员重点检查地段为不适合探伤小车行走的地带。手工检查钢轨的常用工具及材料有:

1. 检查锤

检查锤用来敲打钢轨、辙叉作用面,通过手感及小锤在作用面的跳动次数,敲打后回声的清晰程度来判断钢轨和辙叉是否有伤,如图 4-28 所示。

图 4-28　弹簧检查小锤

2. 检查镜

检查镜(图 4-29)可以自行制作,利用光线反射原理来观察轨端、轨颚、轨底、螺栓孔等不易看见或较黑暗的部位。在遇有阴天和隧道内应使用手电进行光反射检查。

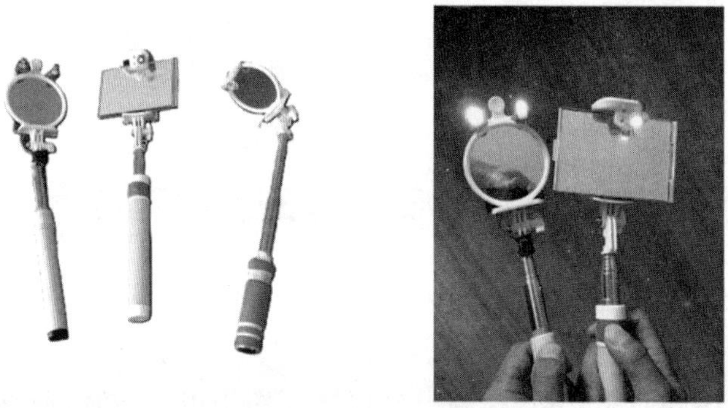

图 4-29　检查镜

3. 探伤钩

探伤钩是根据裂纹对钩尖的阻挠作用判断螺栓孔轨腹、轨端等看不到的部位有无裂纹存在。其材质为钢钩,一端做成 2～4 mm 的直角锋利钩,直径为 1～1.5 mm,长 200～250 mm,如图 4-30 所示。

4. 扳手

扳手是用来卸立螺栓、水平螺栓或拆下夹板,以便观察接头部位轨腹、螺栓孔有无裂纹或其他伤损,如图 4-31 所示。

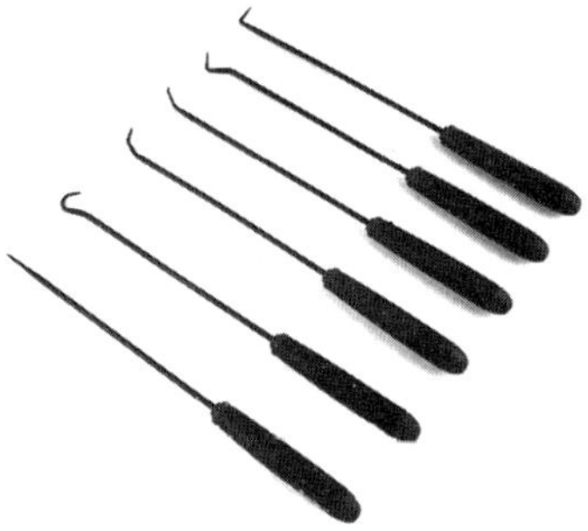

图 4-30　探伤钩

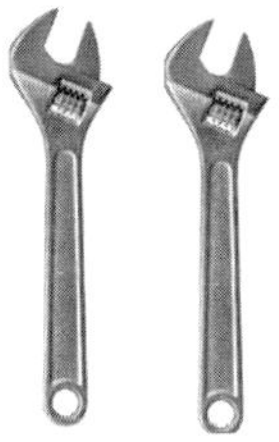

(a) 活口扳手

(b) 呆扳手

图 4-31　扳手

5.钢丝刷

遇有轨头侧面、轨头下颚、轨底角和轨底面锈蚀较严重时,利用钢丝刷对疑似部位进行除锈,以确认伤损情况,如图 4-32 所示。

图 4-32　钢丝刷

6.酒精

当遇有螺栓孔和轨端裂纹,轨头和轨腰部位裂纹未透锈时,肉眼很难辨别,可以用酒精对可疑部位进行渗透。由于酒精挥发较快,当表面的酒精挥发后,渗入裂纹内部的酒精还留有痕迹,这样可以帮助辨别伤损钢轨。

二、钢轨手工检查程序

(一)看(目视检查)

全面观察钢轨表面状态,注意发现伤损钢轨所具有的特征,根据这些特征,综合判断钢轨有无伤损。

(1)观看钢轨顶面光带,背向阳光,跨着钢轨或站在钢轨两侧向前看 10～30 mm 范围内钢轨轨面(根据个人视力可远可近),看白面(白光)与黑面相交的地方是否成直线,白面中有否黑线或扩大,轨头是否肥大,轨面有无塌陷等,如图 4-33 所示。

图 4-33　目视检查

(2)观看轨头颏部有否下垂、铁渣剥落和透锈,轨底有无向上翘起。如有轨头扩大或下垂表明有纵向裂纹存在,有铁渣剥落、锈痕或轨底上翘,应仔细看有无裂纹。

(3)利用自然条件检查钢轨伤损,霜雪天气,裂纹处沾着的霜雪往往较其他部分少,而且溶化较慢,并有残留霜雪痕迹。雨后裂纹处留有明显的水痕和流锈现象,干后尚有红锈痕迹存在。如图 4-34 所示,雨后检查发现轨腰水平裂纹。

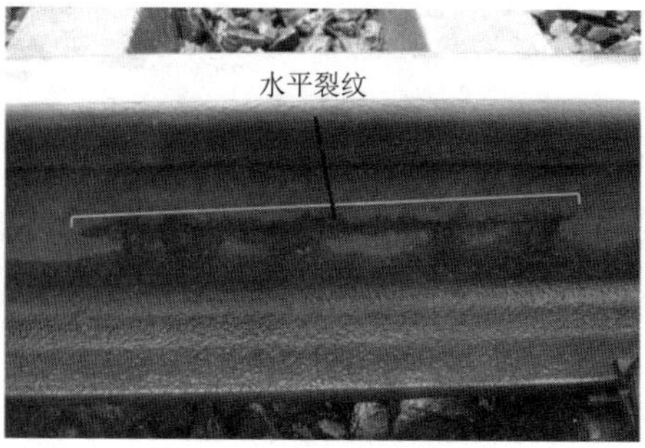

图 4-34　钢轨轨腰水平裂纹

(二)敲(小锤检查)

用小锤敲击看所发现的可疑处所或不良接头、道岔部位。小锤的质量应根据轨型而定。43 kg/m 以下钢轨用 0.5 kg 小锤,50 kg/m 轨用 0.7 kg,60 kg/m 及其以上用 1.0 kg 小锤,如图 4-35 所示。

图 4-35　小锤检查接头

(1)敲击时蹲在钢轨外侧(在桥上蹲在内侧),手握锤柄,轻松自如,使锤头高出轨面 30～50 mm,让小锤自由落下,平敲轨面,做到眼看跳动,耳听声音,手感振动,如钢轨良好,小锤将连续跳动 3～5 次,声音清脆。如钢轨有伤,小锤落下后,跳动次数明显减少,跳动的高度也很小,甚至不起跳,发出的声音破浊不清,锤把振动无力。

(2)如小锤敲后,不能准确判断伤损时,可将小石子或硬币放在轨面上,再用小锤敲击,看小石子或硬币是否随着小锤的敲击而跳动,如果跳动,证明钢轨有伤,或用二指分别触摸接头端部两轨底,感受小锤敲击的振动,一般好钢轨感觉良好,差钢轨感觉相反。

(3)用小锤敲击接头时应注意以下事项:

①应将夹板范围内全部敲到,最好从轨缝一侧轨端向夹板端部敲,然后折回至另一端,按序敲回至轨缝,如图 4-36 所示。

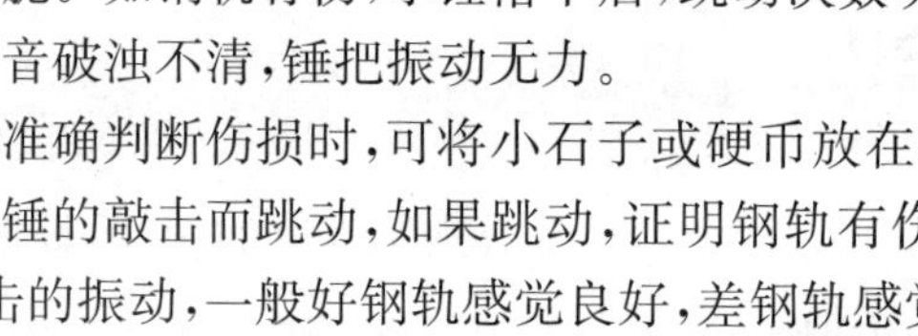

图 4-36　钢轨接头小锤敲击落点轨迹

②遇夹板、铁垫板与钢轨不密贴，螺栓松动，轨头肥边，枕木吊板以及雨后敲击时小锤跳动与发声都有变化应注意鉴别。

③小锤敲击有疑问，可用铁丝（或钢片）伸入钢轨接缝内，沿钢轨断面或钢轨腰部缓慢滑动，是否有挂钩的感觉。

（三）照（检查镜和电筒检查）

（1）照轨头侧面，下颏及轨腰，从检查镜中观看裂纹、锈线或其他伤损特征。

（2）将电筒灯光置于轨端断缝处正上方，仔细观察轨端裂纹，或将小镜子伸入轨底，从轨缝处向上反光或从上面反射光线射入轨缝内（阴天、隧道内可用手电），查看轨端裂纹。

（3）卸下一个螺栓，用双面小镜或袖珍手电筒插入螺栓孔内，查看螺栓孔裂纹。

（4）将小镜子伸入轨底，通过查看轨底，辨别轨底划痕或是裂纹，如图 4-37 所示。

图 4-37　用小镜检查轨底

（四）卸（拆卸螺栓或夹板）

用看、敲、照等方法检查后，发现有疑问而不能确定时，应卸下螺栓或夹板进行检查。卸夹板时，应按更换夹板作业设好防护，钢轨探伤中需要拆检，应通知养路工区进行，如图 4-38 所示。

图 4-38　线路工区拆检检查

三、钢轨的手工检查范围及具体方法

当仪器无法检查或探伤薄弱处所，正常探伤灵敏度条件下回波显示和报警不正常或正常回波不显示处所，此时应考虑手工检查。

(一)检查范围

(1)事故案例:某年 3 月 23 日 17 时 28 分,××线双桥上行场红光带,检查发现 175 号道岔岔前绝缘夹板双折,其中里口夹板存在 90 mm 裂纹,外口夹板存在 10 mm×7 mm 核伤。

原因分析:一是胶接绝缘制作标准低,该处绝缘为处理伤损轨后胶接,新旧轨存在高差,也未进行打磨处理,轨面不平顺造成应力集中;二是养护维修不到位,现场检查绝缘接头轨面不平顺 4 mm,肥边 2 mm,胶垫压溃;三是日常检查不到位,未及时发现里口夹板裂纹,导致夹板双折。

(2)各种养护不良或容易产生伤损的钢轨接头(包括异型、绝缘、高低、错牙、压塌、擦伤、掉块、焊补和岔后引轨接头)。图 4-39 为钢轨接头轨头压塌,内部有暗裂。图 4-40 为钢轨接头掉块。

图 4-39 压塌

图 4-40 掉块

(3)道岔范围内的钢轨接头和轨尖。图 4-41 为可动心轨叉跟轨掉块。

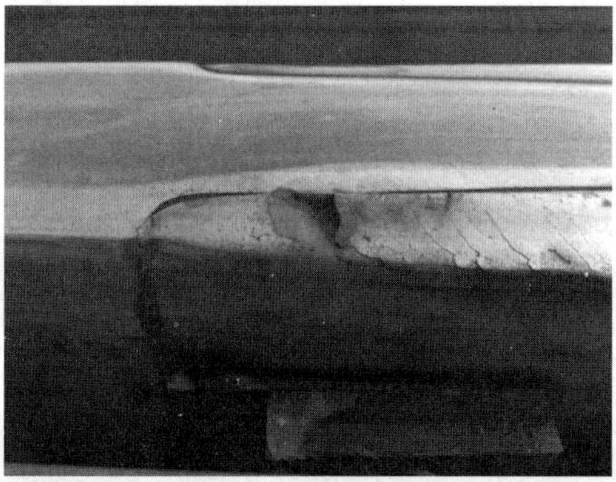

图 4-41 可动心轨叉跟轨掉块

(4)隧道、道口、灰坑、水沟处所和小半径曲线严重磨耗轨区段的钢轨和接头。

(5)老杂轨区段的钢轨。

(二)检查方法

(1)应坚持"一看、二敲、三照、四卸"的作业要领。凡不良接头基本上都应小锤敲打,以免因接头高低、压陷、掉块、擦伤等因素导致探头耦合不良,长大伤损漏检。必要时应拆卸螺栓,用镜子或小手电筒查照孔壁四周或在轨端利用轨缝间隙,照看端面有否裂纹存在。

(2)曲线(尤其小半径曲线)检查中,应注意曲线上股夹板两端轨头下颚的卡损,以及由卡损引起的横向裂纹。需擦除夹板端部内侧轨头的油污,仔细观察有无微细裂纹存在。对于运量较大,曲线上股磨耗严重地段要除去油污,观察垂直磨耗、侧面磨耗和总磨耗是否达到重伤标准。碎弯地段,要仔细注意掉块大小是否达到重伤标准,有些掉块已经发展很大,被油污覆盖,需要清除后观察大小,有些掉块会向钢轨内部深处发展,需仔细鉴别是否影响行车安全,再进行妥当处置。对曲线下股,应注意轨头压溃、压宽、变形、擦伤、掉块部位的检查,随时调节探头位置。

(3)隧道、道口、灰坑、水沟等处所,多数因轨腰、轨底严重锈蚀导致探测不正常,应采用电筒或镜子照、小锤敲的方法加强检查。

(4)老杂轨区段,尤其站专线、货场,煤场等,因钢轨使用年限长,维修养护条件差或泥砂、油污的覆盖、腐蚀等,使钢轨状态不良,必要时挖去积土、污泥,用锤敲、镜照、目视等多种方式仔细检查。

四、道岔范围的手工检查

道岔范围(包括道岔部位和岔后引轨)结构复杂,如图 4-42 所示,是探伤的难点和重点,必须重视手工检查。

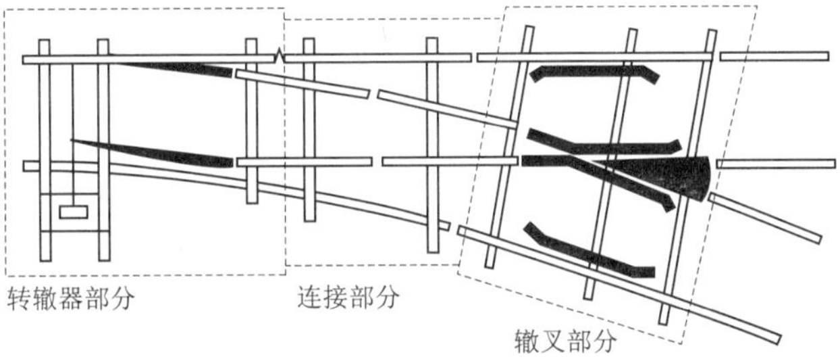

图 4-42　道岔结构

(一)转辙部分

(1)尖轨除观察“尖轨”磨耗情况外,应注意轨头有无轧伤,竖切部位有无裂纹。对轨头宽度 50 mm 以上部位应观察有无因吹氧、加热整治后残留的微细裂纹。

(2)基本轨要注意观察与尖轨密贴部位的轨面有无肥大或异样的压力光带呈现;要用目视和镜照的方法检查与尖轨尖端紧靠部位的轨头下颚和轨底有无卡损存在。受力不均匀光带偏向内侧,产生碾压肥边掉块,如图 4-43 所示。

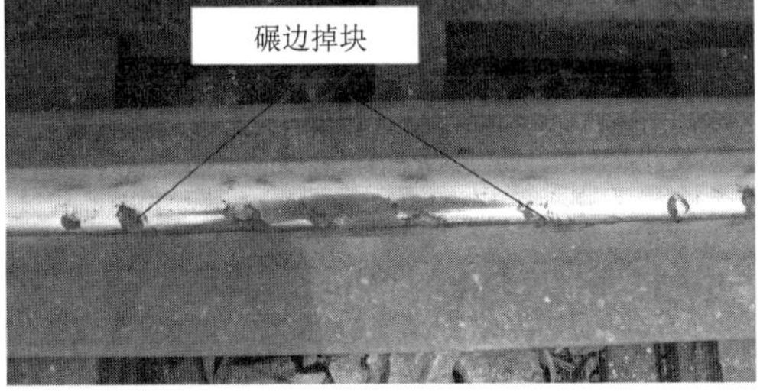

图 4-43　碾边掉块

(二)连接部分

连接部分(又称导轨)属正常钢轨检查范围,由于它与尖轨、基本轨及岔趾相连,需注意对这些接头的手工检查。

(三)辙叉部分

在役的辙叉绝大部分属高锰钢整铸辙叉,如图 4-44 所示,晶粒粗,衰减大,现有钢轨探伤仪无法检测,必须用手工检查。检查部位和方法如下:

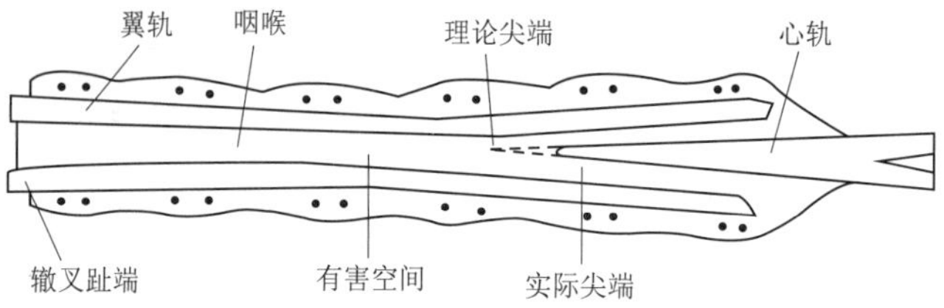

图 4-44 辙叉结构

(1)远离数米外观察辙叉轨面全貌,是否存在压塌,发黑,一般踏面压宽,多数存在水平裂纹,可结合锤敲、镜照确认其长度和深度。如果轨面状态正常,应进一步检查夹板范围的轨头两侧或轨端,有无裂纹存在,这一部位因浇铸工艺因素,颚部(或腰部)产生的水平裂纹较多。

(2)趾端(或跟端)的断面变化处,由于设计结构的变化,常有水平或带斜直裂至轨端,形成横向裂纹或向下斜裂纹,如图 4-45 所示。岔趾分腿一、二孔间的加强铁跟部也会产生裂纹。主要用镜子、目视检查。

(3)岔心部位,因磨耗或焊补次数多,常有压塌变化、水平裂纹和产生掉块,如图 4-46 所示,在其两侧还会发生垂直裂纹及轨面横向裂纹,主要用目视检查和镜子照看。

图 4-45 垂直裂纹

图 4-46 掉块

(4)翼轨部位,因磨耗、压陷造成内侧水平裂纹、掉块等,个别处所的轨头外侧同时产生水平裂纹,这时轨面有明显压宽、压塌的特征,可作为鉴别依据。翼轨与心轨交接部位由于受力问题影响,出现中央核伤概率较大,应采用仪器与手工相结合的方式仔细探测。

(5)轮缘槽底部有纵向裂纹,轨底板部位也时有裂纹产生均可目视发现。

(四)引轨部分

由于道岔与引轨间的受力不一、承受运行冲击力大、引轨端部未淬火、钻孔未倒棱、孔位高差大、养护作业难等因素,岔后引轨接头螺孔裂纹发生率很高,因此是道岔范围检查的重点。目视接头状况,有无塌砟、吊空等不良状态,坚持用锤敲打,尤其对新换辙叉后的引轨,更应注意突发性裂纹的发生。

五、高锰钢整铸辙叉判伤标准

(一)轻伤标准(含可动心轨辙叉中高锰钢整铸翼轨、叉跟座)

(1)辙叉心宽 40 mm 断面处,辙叉心垂直磨耗(不含翼轨加高部分),50 kg/m 及以下钢轨,在正线上超过 4 mm,到发线上超过 6 mm,其他站线上超过 8 mm;60 kg/m 及以上钢轨,在容许速度大于 120 km/h 的正线上超过 4 mm,其他正线上超过 6 mm,到发线上超过 8 mm,其他站线上超过 10 mm;可动心轨宽 40 mm 断面及可动心轨宽 20 mm 断面对应的翼轨垂直磨耗(不含翼轨加高部分)超过 4 mm。

(2)辙叉顶面和侧面的任何部位有裂纹。

(3)辙叉心、辙叉翼轨面剥落掉块,在容许速度大于 120 km/h 的线路上长度超过 15 mm,深度超过 1.5 mm;在其他线路上长度超过 15 mm,深度超过 3 mm。

(4)钢轨探伤人员或养路工长认为有伤损的辙叉。

(二)重伤标准(含可动心轨辙叉中高锰钢整铸翼轨、叉跟座)

(1)辙叉心宽 40 mm 断面处,辙叉心垂直磨耗(不含翼轨加高部分),50 kg/m 及以下钢轨,在正线上超过 6 mm,到发线上超过 8 mm,其他站线上超过 10 mm;60 kg/m 及以上钢轨,在容许速度大于 120 km/h 的正线上超过 6 mm,其他正线上超过 8 mm,到发线上超过 10 mm,其他站线上超过 11 mm;可动心轨宽 40 mm 断面及可动心轨宽 20 mm 断面对应的翼轨垂直磨耗(不含翼轨加高部分)超过 6 mm(33 kg/m 及其以下钢轨由铁路局集团公司规定)。

(2)垂直裂纹长度超过表 4-3 所列限度者、纵向水平裂纹长度(含轨面部分裂纹长度)超过表 4-4 所列限度者。

表 4-3　垂直裂纹　　单位:mm

项　目	辙叉心		辙叉翼
	宽 0~50 mm	宽 50 mm 以后	
一条裂纹长度	50	50	40
两条裂纹相加	60	80	60

表 4-4　纵向水平裂纹　　单位:mm

项　目	辙叉心	辙叉翼	轮缘槽
一侧裂纹长度	100	80	200
一侧裂纹发展至轨面(含轨面部分裂纹长度)	60	60	—
两侧裂纹贯通(指贯通长度)	50	—	—
两侧裂纹相对部分长度	—	—	100

(3)叉趾、叉跟轨头及下颏部位裂纹超过 30 mm。

(4)叉趾、叉跟浇铸断面变化部位斜向或水平裂纹,长度超过 120 mm,或虽未超过 120 mm,但裂纹垂直高度超过 40 mm。

(5)底板裂纹向内裂至轨腰,并超过轨腰与圆弧的连接点。

(6)螺栓孔裂纹延伸至轨端、轨头下颏或轨底,两相邻螺栓孔裂通。

(7)辙叉心、辙叉翼轨面剥落掉块,长度超过 30 mm,深度超过 6 mm。

(8)钢轨探伤人员或养路工长认为有影响行车安全的其他缺陷。

单元三　无损检测的基础知识

无损检测(NDT)是一门综合性的应用科学技术,它是在不破坏材料或结构的前提下,及时发现内部缺陷(如裂纹、腐蚀等),从而延长设备使用寿命,降低维修成本,提升经济效益,防止事故的发生造成严重后果,确保设备安全运行等。不同检测方法(如超声、磁粉、X射线等)各有优缺点,可合理选择或组合多种方法,提高检测精度和效率。进行钢轨内部的探伤对于保证铁路的正常运行具有举足轻重的作用。钢轨探伤检查工作必须贯彻全面检查与重点检查相结合、定期检查与不定期检查相结合、仪器检查与手工检查相结合的原则,以便及时发现线路上的伤损钢轨。学习掌握无损检测基础知识在现代工业和技术领域具有重要意义。

一、无损检测的概念

无损检测(non destructive testing,NDT 或 NDE;non-destructive examination,NDE),也叫无损探伤。它是在不改变或不影响被检对象使用性能的前提下,利用材料内部结构异常或缺陷存在引起的热、声、光、电、磁等反应的变化,以物理或化学方法为手段进行宏观与微观缺陷检测,对其使用性能作出评价的一门学科。主要采用检测技术和设备器材,对试件内部及表面的结构、性质、状态及缺陷的类型、性质、数量、形状、位置、尺寸、分布及其变化进行检查和测试,对其进行几何特性度量、化学成分、组织结构和力学性能变化的评定。日常生活中无损检测方法常被使用,如买西瓜用手轻轻拍打西瓜外皮,听声响或凭手感,猜一下西瓜的生熟,这是人们常有的习惯,这种并不损坏西瓜而知西瓜生熟的检测方式就是生活中的“无损检测”。不过,需要指出的是,类似“拍皮猜瓜”这些古老而简单的无损检测方法尽管至今仍在沿用,但因它们对缺陷的位置和大小做不出“基本相符”的判断,而不被视为无损检测的技术方法。真正的技术方法必须确保无损检测结果的准确性和可重复性。

二、无损检测的作用

随着现代工业的发展,无损检测已经广泛深入到产品的设计、制造、使用等各个方面,它在产品质量控制中所起的不可取代的重要作用已为日益众多的科技人员和企业家认同。在设计阶段,设计单位要充分考虑无损检测的实际能力,以保证结构设计要求与无损检测的灵敏度、分辨率和可靠性相一致;在制造阶段,为确保产品质量达到设计要求,同样要运用无损检测技术,根据一定标准对原料的缺陷及非均质性进行鉴定和评价;在使用阶段,为保证使用的可靠性,使用部门必须根据设计部门规定的周期和方法及制造部门所提交的检测细则对指定零部件进行可靠的无损检测甚至实时监控。无损检测的作用主要有:

(1)无损探伤:对产品质量作出评价。无论是铸件、锻件、焊接件、钣金件或机加工件以及非金属结构都能应用无损检测技术探测其表面或内部缺陷,并进行定位定量分析。

(2)材料检测:用无损检测技术测定材料的物理性能和组织结构,能判断材料的品种和热处理状态,进行材料分选。

(3)几何度量:产品的几何尺寸、涂层和镀层厚度、表面腐蚀状态、硬化层深度和应力密度都能用无损检测技术测定,根据测定结果利用断裂理论确定是否进行修补和报废处理,对产品进行寿命评定。

(4)现场监视:对在役设备或生产中的产品进行现场或动态检测,将产品中的缺陷变化信息连续的提供给运行和生产部门实行监视。在高温、高压、高速或高负载的运行条件下尤其需要无损检测,例如压力容器和钢轨的探伤等。

三、无损检测的特点

无损检测的特点主要有：

(1)不破坏被检对象。

(2)可实现100%的检验。

(3)发现缺陷并作出评价，从而评定被检对象的质量。

(4)可对缺陷形成原因及发展规律作出判断，以促进有关部门改进生产工艺和产品质量。

(5)对关键部件和关键部位在运行中作定期检查，甚至长期监控以保证运行安全，防止事故发生。

四、无损检测方法

无损探伤是无损检测(包括探伤、测量、评价)的一个重要组成部分，它是对材料、工件或组件进行非破坏性检测和分析，以发现材料和构件中非连续性宏观缺陷(如裂纹、夹渣、气孔等)为主要目的的检验。无损探伤的方法较多，据美国国家宇航局调研分析，认为可分六大类约70余种，但在实际应用中较普遍的主要有射线检测(RT)、超声波检测(UT)、磁粉检测(MT)和渗透检测(PT)、涡流检测(ET)五种。除此之外，其他无损检测方法有声发射检测(AE)、热像/红外(TIR)、泄漏试验(LT)、交流场测量技术(ACFMT)、漏磁检验(MFL)、远场测试检测方法(RFT)、超声波衍射时差法(TOFD)、激光全息摄影、微波探伤、同位素射线示踪等检测方法。鉴于超声波探伤在目前占有举足轻重的地位，本书将在后面予以重点介绍，以下针对五种常规探伤简要介绍。

(一)渗透检测(PT)

渗透检测(penetrant testing，PT)，是指将溶有荧光染料(荧光探伤)或着色染料(着色探伤)的渗透液施加在试件表面，渗透液由于毛细作用能渗入到各种形状开口于表面的细小缺陷中，从而能够用肉眼检查出试件表面的开口缺陷。主要适用于检测金属和非金属材料表面开口的裂纹、折叠、疏松、针孔等缺陷，诸如裂纹、折叠、气孔、冷隔和疏松等。不适用于探测多孔性材料及材料内部缺陷。它不受材料组织结构和化学成分的限制。

渗透显示直观，容易判断，操作方法具有快速、简便的特点，通过操作即可检出任何方向的缺陷，但它也有一定的局限性，只能检出表面开口性缺陷，如图4-47所示。对被污染物堵塞或机械处理(抛光和研磨等)后开口被封闭的缺陷都不能有效地检出，它也不适用于检查多孔性疏松材料制成的工件和表面粗糙的工件，其显像剂最佳观察时间是8～10 min，有效保留时间是30～45 min。在一般情况下不能与磁粉检测同时使用，其磁粉施加的磁悬液会堵塞缺陷的开口。特殊要求情况下，可先做渗透探伤，后做磁粉探伤，但其检出率会很低，没有实际意义。

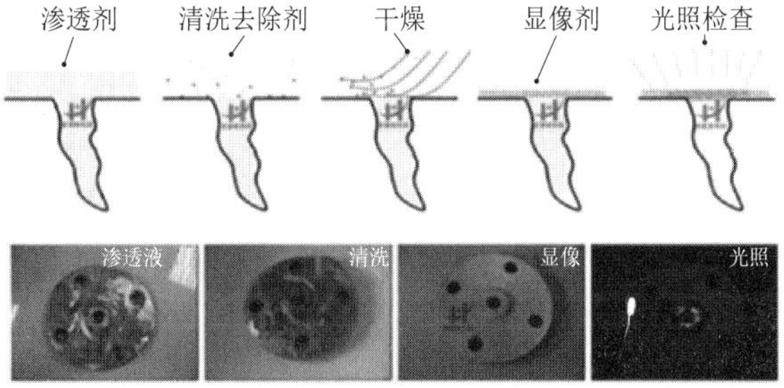

图4-47　渗透探伤检出表面开口性缺陷

(二)磁粉检测(MT)

磁粉检测(magneticparticle testing,MT),是指把钢铁等铁磁性材料磁化后,利用缺陷部位所发生的磁极吸附磁粉的特性,显示缺陷位置的方法,如图 4-48 所示。磁粉探伤能确定缺陷的位置、大小和形状,但对缺陷深度确定较难。主要用于碳钢、合金结构钢、沉淀硬化钢和电工钢等的表面和近表面的缺陷检测,由于不连续的磁痕堆积于被检工件的表面上,所以能直观地显示不连续的形状、位置和尺寸,并大致确定其性质,磁粉检测的灵敏度也较高,可检出缺陷宽度可达 0.1 μm,对于埋藏深达几毫米甚至十几毫米的某些不连续也可探测出来。

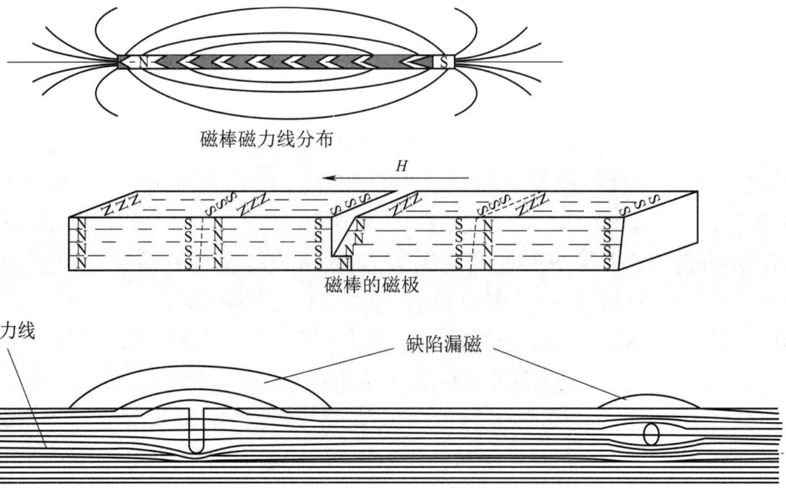

图 4-48　磁粉探伤原理

磁粉检测时,几乎不受被检测件的大小和形状限制,并采用各种磁化技术检验各个部位的缺陷,它的工艺相对简单而且检验速度快、成本低。但它不能检验非铁磁性的金属(如铝、镁、铜),也不能检查非金属材料(如橡胶、塑料、玻璃、陶瓷等),也不能检查奥氏体不锈钢。它主要用于船体焊缝、柴油机零部件、钢锻件、钢铸件的检测。

磁粉探伤只适用于铁磁性材料;只能检测表面与近表面缺陷;对裂纹有很强的检测能力。

(三)超声波检测(UT)

超声波检测(ultrasonic testing,UT)在工业上应用非常广泛,主要应用于各种尺寸的锻件、轧制件、焊缝、铸件等,适用于黑色金属、有色金属和非金属材料和零部件。超声波探伤基本探伤原理,如图 4-49 所示,是现阶段钢轨探伤采用的主要方法。

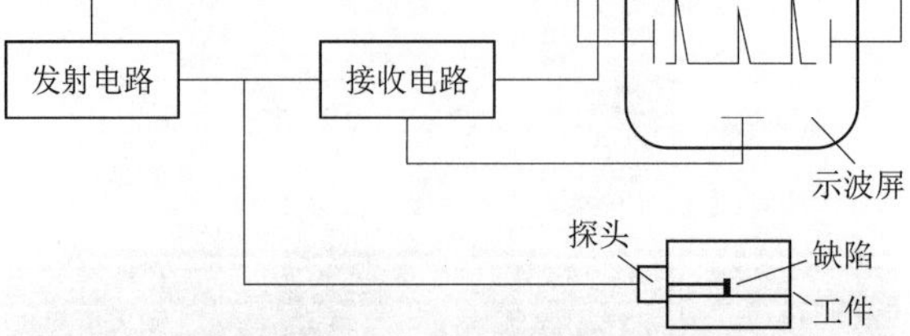

图 4-49　A 型超声波探伤仪基本原理

超声波适于检测平面状缺陷,如裂纹、折叠、夹层、未焊透、未融合等。只要超声波波束与裂纹平面垂直，就可以获得很高的缺陷回波。而对于气孔夹渣类球状缺陷不够灵敏较射线偏低。超声波检测的优点：(1)适用于金属、非金属和复合材料等的无损检测；(2)穿透能力强，可对较大厚度范围内的试件内部缺陷进行检测；(3)缺陷定位比较准确；(4)对面积型缺陷的检出率较高；(5)灵敏度高，可检测试件内部尺寸很小的缺陷；(6)检测成本低、速度快，设备轻便，对人体及环境无害，现场使用较方便。

超声波检测主要用于内部的缺陷的检测，对于面积型缺陷，如未融合、裂纹、分层有较高的检出率。但其定性/定量困难、复杂形状检测困难，需耦合剂和参考标准，且被检测的表面光洁度要求较高，在船舶上主要用于母材厚度为6～100 mm的铁素体钢全焊透焊缝的检测。利用焊缝探伤仪超声检测可动心轨辙叉部位，如图4-50所示。

图4-50　超声检测可动心轨辙叉部位

(四)射线检测(RT)

射线检测(radiographic testing，RT)，通常指X射线、γ射线、α射线、β射线和中子射线等，其中，X射线、γ射线和中子射线因易于穿透物质而在产品质量检测中获得了广泛应用。射线探伤适用于体积形缺陷探测，对片形缺陷较难。

X射线探伤是应用最早、最普遍的无损检测方法之一。它的原理是依据X射线穿透物体后其衰减程度不同因而在底片上产生不同黑度的影像来识别物体中的缺陷，缺陷影像直观，易于对缺陷定位、定性和定量，如图4-51所示。

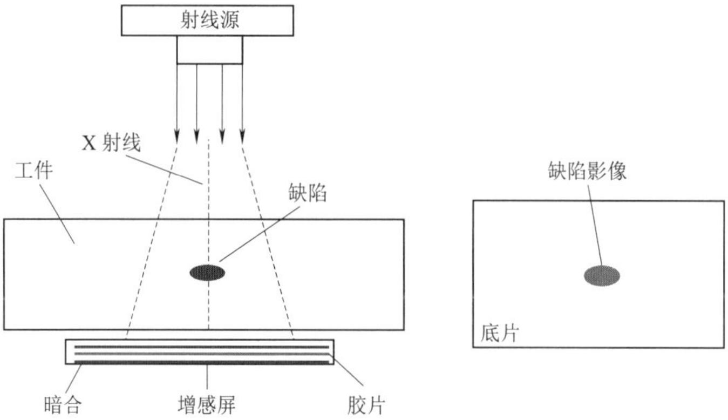

图4-51　射线探伤原理

射线探伤与超声波检测相比，两者均能检测材料或工件的内部缺陷，即工件成型后未经过压力加工变形，如铸件、焊缝、粉末冶金件等，广泛用于焊缝和铸件的检测，尤其是焊缝的检验。射线照相法用得最多，也最为有效。能有效检测出气孔、夹渣、疏松等缺陷，但对分层、裂纹又难以检测。且在射线方向上要存在厚度差或密度差。它能在底片上直观地观察到缺陷的性质、形状大小、位置等，便于对缺陷定位、定量、定性。可以长久地保存底片，作为检测结果记录的可靠依据。但它对面状缺陷检测能力较差，尤其对工件中最危险的缺陷——裂纹，如果缺陷的取向与射线方向相对角度不适当时，检出率会明显下降，乃至完全无法检出。此外，费用也较高，操作工序也较为复杂。射线检测必须采取相应的防护措施。

(五)涡流检测(ET)

涡流检测(eddy current testing,ET)是将通有交流电的激励线圈靠近某一导电试件,如图 4-52 所示,由于电磁感应作用,进入试件的交变磁场可在试件中感生出方向与激励磁场相垂直的、呈旋涡状流动的电流(涡流),此涡流产生磁场会影响原磁场的变化,从而引起线圈阻抗的变化,通过对线圈阻抗变化的测量,就可得知试件中产生的涡流状况,从而获悉与试件有关的一些参量。当试件内有缺陷时,涡流因流动途径的变化,使涡流磁场也相应变化,经试验线圈检出异常磁场的变化量,可获得缺陷的信息。

由于涡流是交流电,具有集肤效应,在导电试件的表面较多,随着涡流向试件内部的深入,电流按指数函数而减少,因此,涡流探伤主要适用于金属和石墨等导电材料的表面和近表面缺陷,通常能够确定缺陷的位置和相对尺寸,不适用于非导电材料的缺陷检测。利用涡流探伤仪检测表面裂纹,如图 4-53 所示。

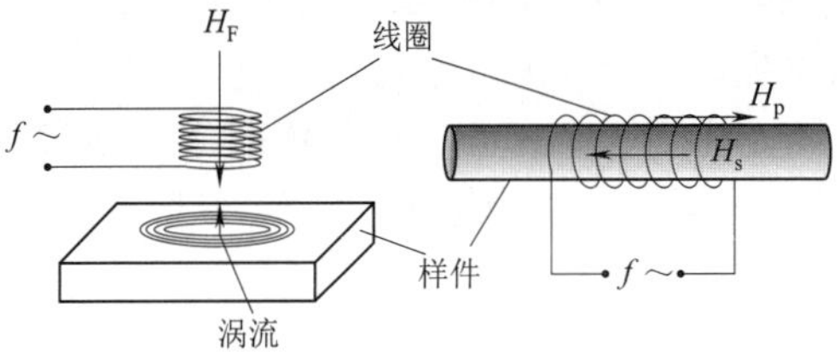

图 4-52　涡流检测

图 4-53　利用涡流探伤仪检测表面裂纹

以上介绍了五种常用探伤方法,在实际应用中,射线检测和超声波检测适用于内部缺陷探测,而磁粉、渗透、涡流检测则适用于表面缺陷探测,它们各有优越性,选择哪一种探伤方法进行无损检测,必须结合缺陷具体情况合理配合使用,才会收到更好的效果。

单元四　钢轨探伤设备

钢轨超声波探伤仪是根据超声波的传播特性和电声转换原理,利用电子技术而制造的。钢轨超声波探伤仪的种类很多,有模拟式和数字式,有通用式和专用式,有单轨式和双轨式,有固定式和便携式,有单通道和多通道等。

一、钢轨模拟式、数字式超声波探伤仪及探头

(一)模拟式超声波探伤仪

下面简介 A 型显示脉冲反射式模拟式超声波探伤仪的工作原理和主要性能定义。

1. 工作原理

A 型显示脉冲反射式模拟式超声波探伤仪的种类很多,功能不一,但基本电路和工作原理大致相同。它们一般都由同步、发射、扫描、接收、显示、电源、辅助单元(报警和深度补偿)和探头组成。图 4-54 为 A 型显示脉冲反射式超声波探伤仪电路方框。

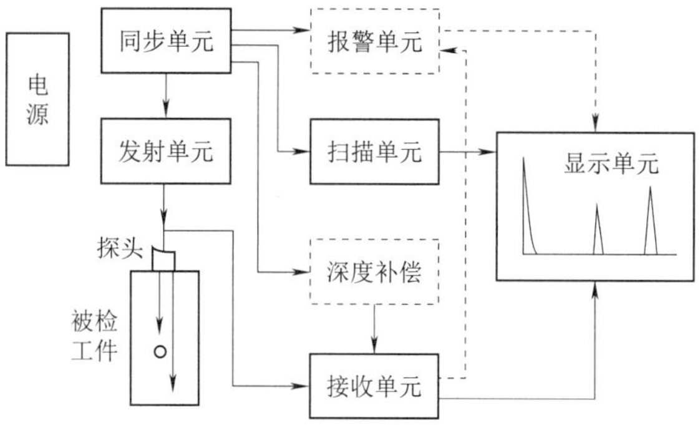

图 4-54　A 型显示脉冲反射式超声波探伤仪电路方框

在图 4-54 内同步单元是探伤仪的指挥中心，由它产生周期性的同步脉冲信号一路输入扫描单元产生线性良好的锯齿波，经示波管水平偏转板在荧光屏上产生一条水平扫描线(时基线)；同时另一路输入发射单元，产生一个持续时间很短的高频电脉冲输入到探头内的压电晶片上产生超声脉冲波；超声波透过耦合剂射入工件，如遇工件界面或缺陷即产生反射，由探头接收转换成电脉冲输入接收单元，经放大、检波和视频放大后加到示波管的垂直偏转板上。这时荧光屏上的亮点受水平偏转板和垂直偏转板上电压的同时作用，产生一幅与探头接收到的超声波传播时间和回波强度相对应的图形。此外，具有报警和深度补偿功能的仪器，也受同步脉冲的控制，产生报警和进行深度补偿。这就是 A 型脉冲反射式模拟式超声波探伤仪的工作原理。

2. 主要性能

①水平线性：探伤仪荧光屏时间或距离轴上显示的信号与输入接收信号呈正比关系的程度。

②垂直线性：探伤仪荧光屏上显示的信号幅度与输入接收器的信号幅度呈正比关系的程度。

③动态范围：在增益调节不变时，探伤仪荧光屏上能分辨的最大与最小反射面积波高之比，即反射波高从 100％到消失所需要的衰减量。

④灵敏度余量：超声探伤系统中，以一定电平表示的标准缺陷探测灵敏度与最大探测灵敏度之间的差值。其含义是仪器和探头组合检测最小缺陷的能力。

⑤分辨力：有效辨别两个紧密相邻不连续的能力。

⑥盲区：在一定探伤灵敏度下，从探测面到最近可探缺陷在被检工件中的深度。

⑦电噪声电平：荧光屏上电噪声平均幅度在垂直刻度上的百分比。

(二)数字式超声波探伤仪

数字式超声波探伤仪是计算机技术和超声探伤仪技术相结合的产物。它是在模拟式超声探伤仪的基础上，采用计算机技术实现仪器功能的精确和自动控制、信号获取和处理的数字化和自动化、检测结果的可记录性和可再现性。因此，它具有模拟式超声探伤仪的基本功能，同时又增加了数字化带来的数据测量、显示、存储与输出功能。近年来，数字式仪器发展很快，有逐步替代模拟式探伤仪的趋势。

所谓数字式超声探伤仪，主要是指发射、接收电路的参数控制和接收信号的处理、显示均采用数字式方式的仪器。不同的是制造商生产的数字式超声探伤仪，可能会采用不同的电路设置，保留的模拟电路部分也不相同。但最主要的一点是，探头接收的超声信号需经模—数转换、数字处理后显示出来。

1. 数字式与模拟式超声探伤仪的异同

典型A型脉冲反射式数字式超声探伤仪的电路框如图4-55所示。从它的基本构成来看，数字式仪器发射电路与模拟式仪器是相同的，接收放大电路的前半部分，包括衰减器和高频放大器等，与模拟式仪器也是相同的。但信号经放大到一定程度后，则由模—数转换器将模拟信号变为数字信号，由微处理器进行处理后，在显示器上显示出来。对于模拟式超声波探伤仪上的检波、滤波、抑制等功能，数字式超声波探伤仪可以通过对数字信号进行数字处理完成，也可在模—数转换前采用模拟电路完成。数字式超声波探伤仪的显示是二维点阵式的，与模拟式仪器的显示方式有很大的不同，不再像模拟式仪器由单行扫描线经幅度调节显示波形，而是由微处理器通过程序来控制显示器实现逐点扫描。发射电路和模数转换器的同步控制不再需要同步电路，而是由微处理器通过程序来协调各部分的工作。

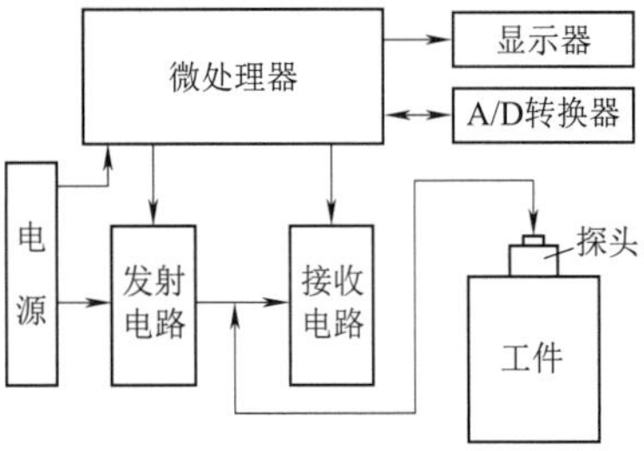

图4-55　数字式超声探伤仪电路框

2. 数字式超声波探伤仪的优势与问题

数字式超声波探伤仪与模拟式超声波探伤仪相比的优势在于：接收信号的数字化使超声信号的存储、记录、再现十分方便，改变了传统超声检测缺乏永久记录的缺点；同时，也方便了信号的分析与处理，从而可从接收的超声信号中得到更多的量化信息；显示器不需要传统的示波管，使得仪器可小型化；仪器参数的数字式控制使检测参数可以存储、检测过程的重现方便；还便于实现遥控等功能，为自动检测系统提供了更方便的条件。数字化使仪器功能可用软件不断扩展，可实现使一台仪器满足不同使用者的需求。

但是，数字式仪器也有一些不利因素，因其模—数转换器的采样频率、数据长度、显示器的分辨率、刷新速度等带来的信号失真，可能对检测信号的评价带来一定的影响。在使用数字式仪器时，必须对这些因素加以考虑，以免造成缺陷的漏检、误检等问题。

(三)超声波探头

超声波探头(图4-56)是进行超声波探伤不可缺少的器件之一，它承担发射或接收超声波的任务，实现声能与电能的相互转换，故又称换能器。

图4-56　超声波探头

1. 探头的分类

为适应各类工件和各种探测方式的需要，探头的种类很多，分类方式也各不相同，按其用途和结构可作以下分类：

- 超声波探头
  - 按波形分
    - 纵波探头
    - 横波探头
    - 表面波探头
    - 板波探头
  - 按频谱分
    - 宽频探头
    - 窄频探头
  - 按耦合方式分
    - 直接接触探头
    - 间接接触探头(液浸探头)
  - 按波束状态分
    - 聚焦探头
    - 非聚焦探头
  - 按晶片数分
    - 单晶探头
    - 双晶探头
    - 多晶探头
  - 按波的传播方向分
    - 直探头
    - 斜探头
    - 可变角探头

此外还有高温探头、微型探头等特殊用途的探头。下面介绍几种典型探头:

2.探头的作用和特点

(1)接触式探头

直接接触工件表面进行检测的探头称为接触式探头。该类探头种类较多,有纵波直探头、纵波斜探头、横波斜探头、表面波探头、兰姆波探头及可变角探头等。

①纵波直探头。探头发射垂直于探测面传播的纵波进行检测。主要用于检测与检测面平行或近似平行的缺陷,如板材、锻件检测等。纵波直探头的主要参数是频率和晶片尺寸。

钢轨探伤中主要用于探测焊缝缺陷(图 4-57)。除按频率和晶片尺寸划分系列外还按不同频率响应(频谱)分为宽频探头和窄频探头,前者灵敏度高,后者分辨率高。

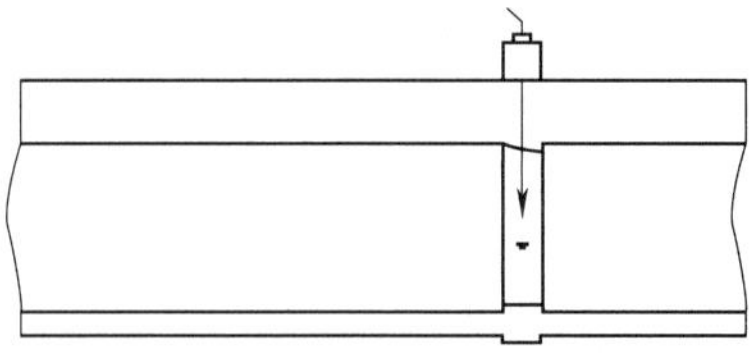

图 4-57　直探头探伤示意

②纵波斜探头。入射角为 $\alpha_L < \alpha_I$,利用小角度的纵波进行缺陷检测,或在横波衰减过大的情况下,利用纵波穿透能力强的特点进行纵波斜入射检测。使用时注意工件中同时存在的横波的干扰。

③横波斜探头。入射角为 $\alpha_L = \alpha_I \sim \alpha_{II}$,且折射波为纯横波,横波斜探头实际上是直探头加斜楔组成的。主要用于检测与检测面成一定角度的缺陷,如钢轨焊缝检测、汽轮机叶轮检测等。横波斜探头的标称方式有三种:一是纵波入射角 α_L 来标称,常用 $\alpha_L = 30°$、40°、45°、50°等;二是以横波折射角 β_S 来标称,常用 $\beta_S = 40°$、45°、50°、60°、70°等;三是以钢中折射角的正切值 $K = \tan\beta_S$ 来标称,常用 $K = 0.8$、1.0、1.5、2.0、2.5 等,在计算钢中缺陷位置时比较方便。目前国产横波斜探头大多采用 K 值标称系列。横波斜探头上的主要参数为工件频率、晶片尺寸和 K 值。

为与国际上的表达方式接轨,《钢轨超声波探伤仪》(TB/T 2340—2012)中的横波斜探头统一用折射角表示。常用斜探头的折射角、入射角和 K 值的关系见表 4-5。钢轨探伤中主要用于焊缝缺陷探测,目前常用折射角有 K0.8、K1、K1.5、K2、K2.5 和 K3。

表 4-5　常用斜探头的折射角、入射角和 K 值(有机玻璃/钢)

α	30.6°	36.7°	44.7°	49.1°	50°	51.7°	52.6°	53.3°
β	37°	45°	56.3°	63.4°	65°	68.2°	70°	71.6°
K 值	0.8	1.0	1.5	2.0	2.1	2.5	2.7	3.0

注：①β 为钢中横波折射角，α 为有机玻璃的纵波入射角。

②由于材质、温度及探头制作工艺等因素，实测值、标称值和理论计算值会有差异。

④表面波(瑞利波)探头。入射角需在产生瑞利波的临界角附近，通常比 α_{II} 略大。表面波探头用于对表面或近表面缺陷进行检测。表面波探头的结构与横波探头一样，唯一的区别是斜楔块角度不同。

⑤兰姆波探头。角度根据板厚、频率和所选定的兰姆波模式而定，主要用于薄板中缺陷的检测。

⑥可变角探头。入射角是可变的，其结构如图 4-58 所示。转动压电晶片可使入射角连续变化，一般变化范围为 0°～70°，可实现纵波、横波、表面波或兰姆波检测。

⑦双晶片探头。双晶片探头有两块压电晶片(图 4-59)，一块用于发射超声波，另一块用于接收超声波，中间夹有隔声层。根据入射角 α_L 不同，分为双晶纵波探头($\alpha_L<\alpha_{\mathrm{I}}$)和双晶横波探头($\alpha_L=\alpha_{\mathrm{I}}\sim\alpha_{\mathrm{II}}$)。双晶探头主要用于检测近表面缺陷和已知缺陷的定点测量。双晶探头的主要参数为频率、晶片尺寸和声束汇聚区的范围。

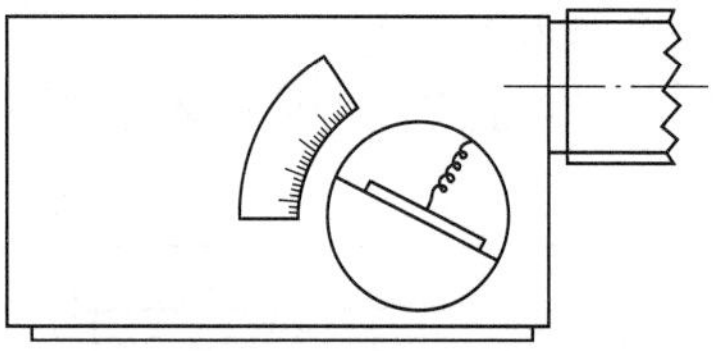

图 4-58　可变角探头结构示意

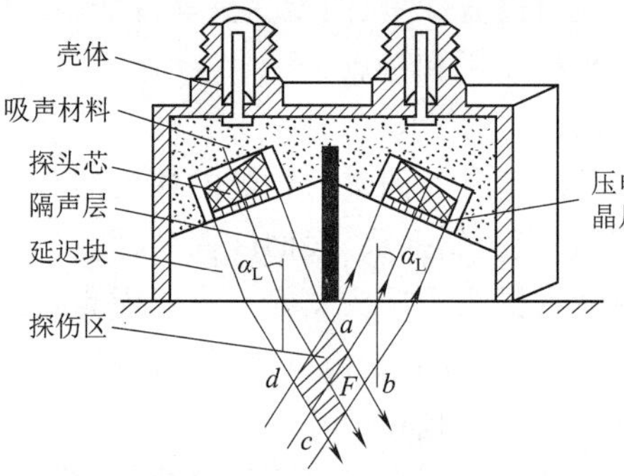

图 4-59　双晶探头结构

⑧双晶片探头。钢轨探伤用双晶探头钢轨探伤所用探头基本上都是双晶片探头，0°探头属双晶直探头，37°、70°和小角度(18°)探头属双晶斜探头，而 0°+37°组合探头是双晶直探头和双晶斜探头的组合。

⑨多晶片组合探头。多晶片组合探头是将多个晶片按一定的规律排列组合在一个探头中(图 4-60)。它可以提高探伤工作效率，实现一次对多个部位进行探伤的目的。目前钢轨焊缝探伤中已经采用，探伤时由手动或仪器自动切换接通其中一组探头，固定对焊缝某一区域进行探伤，主要检查垂直于探测面的缺陷。

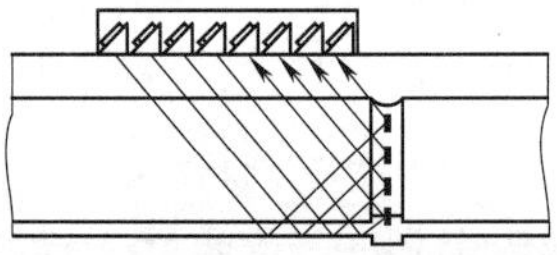

图 4-60　多晶片组合探头探伤示意

⑩轮式探头。随着制造技术发展，会使用到安装在钢轨探伤仪上的轮式探头，结构类式钢轨探伤车使用的轮探头。该探头与目前使用的探头作用相同，但定期保养工作会有所不同，不需要定期更换磨损的保护膜工作，取而待之的是不定期给泄漏耦合液的轮式探头充液或更换损坏的探头轮皮。

⑪聚焦探头。聚焦探头种类较多，根据焦点形状不同分为点聚焦和线聚焦。点聚焦的理想焦点为一点，其声透镜为球面；线聚焦的理想焦点为一条线，其声透镜为柱面。接触聚焦是

探头通过薄层耦合介质与工件接触。接触聚焦据聚焦方式不同又分为透镜式聚焦、反射式聚焦和曲面晶片式聚焦(图 4-61)。透镜式聚焦是平面晶片发射超声波通过声透镜和透声楔块来实现聚集,反射式聚焦是平面晶片发射超声波通过曲面楔块反射来实现聚焦,曲面晶片式聚集探头的晶片为曲面,通过曲面楔块实现聚焦,但曲面晶片很难制作,目前已很少采用。

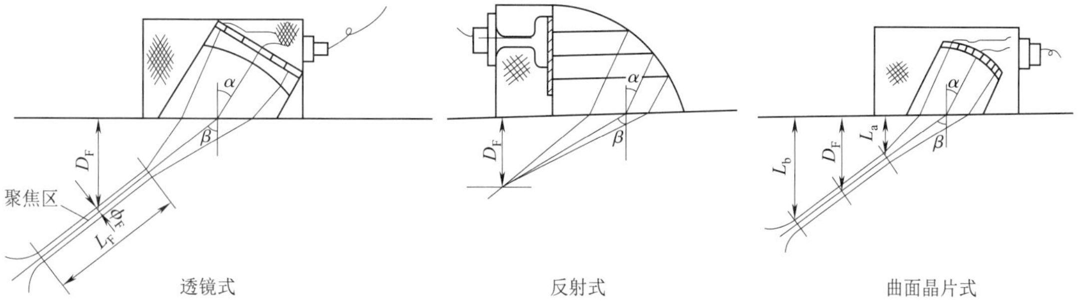

α—入射角;β—折射角;L_F—线聚焦长度;D_F—线聚焦中点到界面距离;ϕ_F—声束直径;D_F—聚焦点到界面距离(反射式);L_a—线聚焦起点到界面距离;L_b—线聚焦终点到界面距离。

图 4-61　聚焦探头

(2)水浸式探头

水浸式探头主要特点为检测时探头与工件不直接接触,且探头部分或全部浸入耦合液中。常见有水浸平探头和水浸聚焦探头两种。

①水浸平探头相当于可在水中使用的纵波直探头,当改变探头倾角使声束从水中倾斜入射至工件表面时,也可通过折射在工件中产生纯横波。

②水浸聚焦探头在水浸平探头前加上声透镜则可产生聚焦声束,常用于探测管材和板材。水浸聚焦探头的结构如图 4-62 所示,声透镜的作用就是实现声束聚焦。

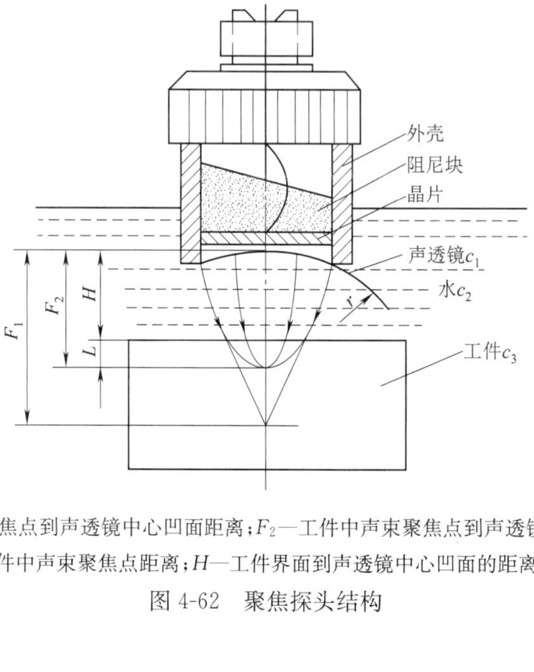

F_1—水中声束聚焦点到声透镜中心凹面距离;F_2—工件中声束聚焦点到声透镜中心凹面距离;L—工件界面到工件中声束聚焦点距离;H—工件界面到声透镜中心凹面的距离;c_1,c_2,c_3—声速。

图 4-62　聚焦探头结构

(3)高温探头

常规探头只能用于检测常温下的工件,然而实际生产中有时需要对高温工件进行检侧。

如原子反应堆中的某些部件,这时必须采用高温探头来进行检测,高温探头中的压电晶片需选用居里温度较高的铌酸锂(1 200 ℃)、石英(550 ℃)、钛酸铅(460 ℃)来制作,外壳与阻尼块为不锈钢,电缆为无机物绝缘体高温同轴电缆,前面壳体与晶片之间采用特殊钎焊,使之形成高温耦合层。这种探头可在 400～700 ℃高温下进行检测。

(4)电磁超声探头

电磁超声探头物理结构由高频线圈和磁铁两部分组成(图 4-63),高频线圈用于产生高频激发磁场;磁铁用来提供外加磁场,它可以是永久磁铁或直流电磁铁,也可以是交流电磁铁或脉冲电磁铁。当置于工件表面上的高频线圈通过高频电流时,它在工件的表层内产生涡流(或感应磁场,相当于电动机的转子),此涡流在外加磁场(相当于电机定子磁场)的作用下,也会像电动机那样受到机械力的作用,产生高频振动,于是在工件中形成了超声波波源。在接收超声波时,如同发电机的转子在定子的磁场中旋转,会在转子中产生感应电流一样,工件表面的振荡也会在外加磁场力的作用下,在高频线圈中感应出电压而被仪器接收。

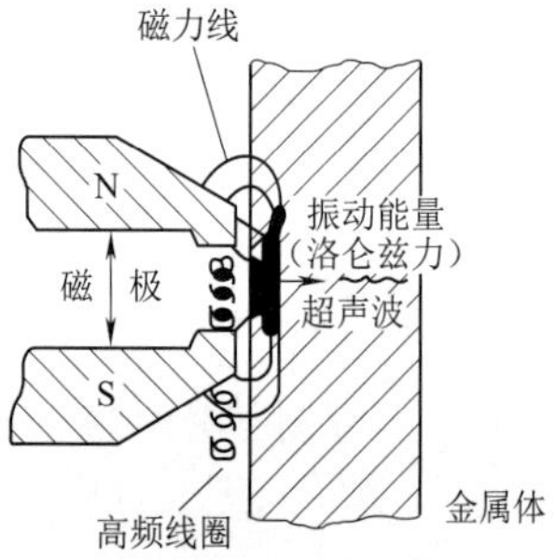

图 4-63　电磁超声探头

3. 探头的结构和部件作用

(1)探头的基本结构(图 4-64)。

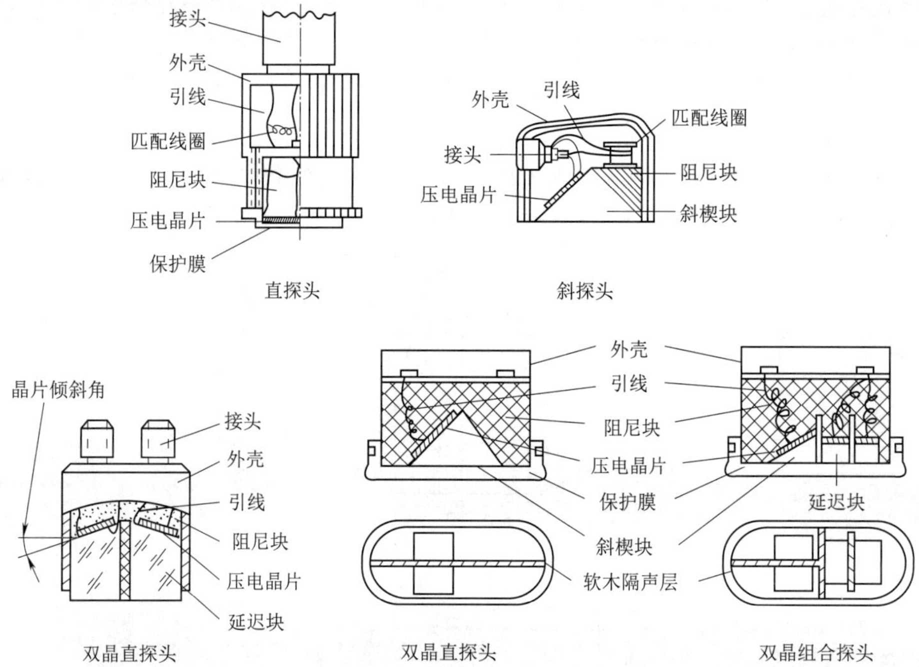

图 4-64　探头基本结构

(2)探头主要部件的作用

①压电晶片

压电晶片具有电能和声能相互转换的功能,将电能转变成声能(发射)是逆压电效应作用,将声能转变成电能(接收)是正压电效应作用。压电晶片的材料有石英、硫酸锂等单晶材料和钛酸钡,钛酸铝等压电陶瓷材料。用石英材料做晶片的探头其特点是:电性能和机械性能最稳定,因此标准探头均用石英晶片制作,其居里点高(570 ℃),能在高温下工作,但电声转换率差，灵敏度较低。钢轨探伤所用的探头晶片多数采用钛酸铅压电陶瓷材料制作而成。

②阻尼块

与晶片或楔块组合具有高阻尼效率的块状物体称为阻尼块。其作用是阻止晶片的惯性振动和吸收晶片背面辐射的声能，以减小脉冲宽度和杂信号干扰。通常用钨粉和环氧树脂或其他特种材料按一定比例配制而成。

③保护膜

为使探头与工件接触移动中不损坏晶片，常在晶片前面附一层保护膜。保护膜有硬质保护膜(如陶瓷、金属片等)和软质保护膜(如有机玻璃、聚氨酯薄膜、尼龙等)，硬质保护膜虽耐磨但耦合条件要求高，透声性能差。软质保护膜一般比硬质保护膜的透声性能高 3～5 倍，且具有较好的耦合条件，为此对探测面光洁度较差的工件多数使用软质保护膜。钢轨探伤使用的探头保护膜一般选用尼龙 1010 材料，其衰减系数为 5dB/cm 左右，具有良好的透声性。

④连接线

探头须用高频电缆与探伤仪连接，常用同轴电缆作高频电缆，其作用是为消除外来电波对探头内激励脉冲和回波脉冲的干扰，同时防止高频脉冲以电波形式向外辐射，但这种电缆比一般电缆脆弱，弯曲过大易损坏，使用时应多加注意。

⑤斜楔块

斜探头与直探头的不同就是多了一块透声的斜楔块。其作用是产生波形转换和改变声束传播方向，它可以将纵波转换成横波或表面波或板波，转换后的波形种类取决于斜楔块的倾角和组成界面(楔块和工件或耦合层)的两种介质声速。为降低斜楔内反回晶片的声能，常在斜楔块前端和上部制作成齿状的消声槽，以减少楔块内反射造成的杂波干扰。斜楔块常用材料是有机玻璃，它具有加工方便，衰减系数适宜的优点。

⑥延迟块

为使超声发射脉冲持续时间等影响落在延迟过程中，而附加在探头晶片前的透声材料称为延迟块。如双晶片直探头前的块状物体，常用有机玻璃制作，它加工方便，透声效果较好。还可以根据探测的需要将两块延迟块制成一定的倾角，使声束能量集中在需要重点探测的区域内。如钢轨探伤中 37°探头和 0°探头的声束交区一般在声程为 80～100 mm，这样有利于对螺孔裂纹的探测。

⑦隔声层

双晶片探头中为使接收晶片和发射晶片在声路上分割开来，在两片晶片之间夹一吸声性强的隔片，该隔片称为隔声层。常用软木制成，它具有价格便宜，隔声效果好的优点。如果隔声层不良会产生信号泄漏现象，超声信号穿过预设隔声层，进入接收放大电路，会产生异常回波显示，干扰对探伤回波的识别。

4. 探头的型号编制

(1)探头型号组成

型号的组成项目及其排列顺序规定如下：

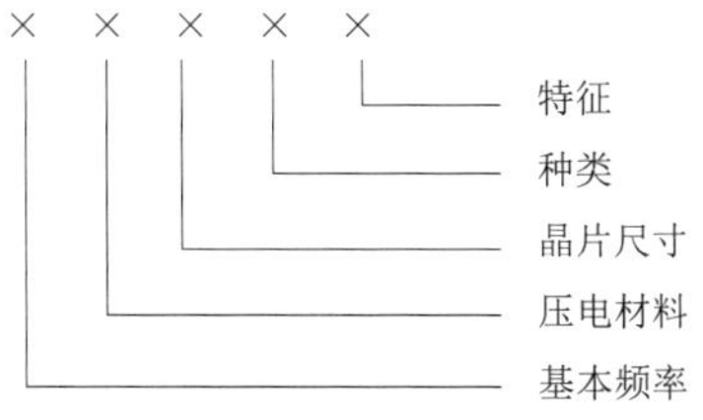

①基本频率:用阿拉伯数字表示,单位为 MHz。

②压电材料:用化学元素缩写符号表示(表 4-6)。

表 4-6　压电材料用化学元素缩写符号表示

压电材料	代号	压电材料	代号
锆钛酸铅陶瓷	P	铌酸锂单晶	L
钛酸钡陶瓷	B	典酸锂单晶	I
钛酸铅陶瓷	T	石英单晶	Q
其他压电材料	N		

③晶片尺寸:用阿拉伯数字表示,单位为 mm。其中圆形晶片用直径表示;方形晶片用长×宽表示;分割探头用分割前的晶片尺寸表示。

④种类:用一个或二个汉语拼音缩写字母表示(表 4-7),其中直探头可以不标出。

表 4-7　种类表示代号

种类	代号	种类	代号
直探头	Z	表面波探头	BM
斜探头(用 K 值表示的)	K	可变角探头	KB
斜探头(用折射角表示的)	X	水浸探头	SJ
分割探头	FG		

⑤特征:斜探头钢中折射角正切值(K 值)和折射角用阿拉伯数字表示,折射角单位为度(°);分割探头钢中声束交区深度用阿拉伯数字表示,单位 mm,分割直探头和分割斜探头分别用汉语拼音字母 Z 和 X 作为代号。

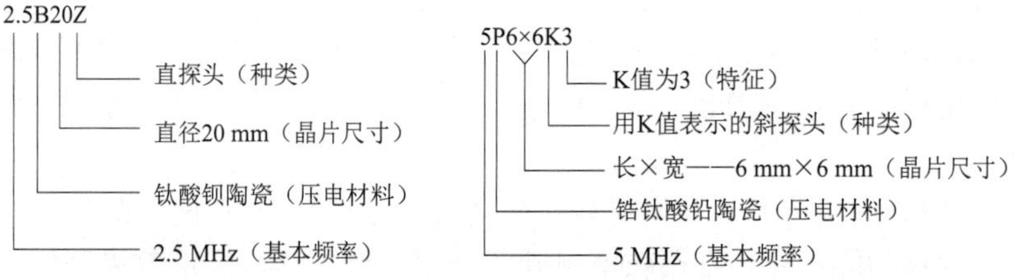

二、单轨探伤仪(以 GCT-8C 单轨探伤仪为例)

随着科学技术的不断发展完善,超声波探伤仪发展至今,种类已有许多,其工作原理基本大同小异,接下来就以现在铁路局集团公司使用的 GCT-8C 钢轨探伤仪(数字式)为例介绍单轨探伤仪的功能与使用。

(一)概述

GCT-8C 钢轨探伤仪是手推车式数字钢轨超声波探伤仪,执行《钢轨超声波探伤仪》(TB/T 2340—2012)。适于探测 43～75 kg/m 钢轨母材中存在的各种缺陷。

该仪器由主机、超声波探头、盛耦合剂的水箱 3 部分组成,然后将这 3 部分安装到探伤手推车。

(二)仪器特点

(1)包含 9 个探测通道:其中包括 0°通道一个,37°通道两个(前 37°、后 37°),70°通道六个(前 70°、后 70°、前内 70°、前外 70°、后内 70°、后外 70°)。

(2)包含两种显示方式,即 A 型脉冲显示和 B 型图像显示。

(3)包含全程自动记录探伤数据功能,包括作业信息、仪器参数、B 显图像等,可连续自动记录并保存 30 天的探伤数据,也可手动存储探伤数据。

(4)配套计算机回放软件,仪器记录的探伤数据可以通过回放软件进行播放和分析。

(5)具有 GPS 卫星定位功能。

(6)8.4 寸彩色高亮度显示屏,可以显示 2 m 以上的 B 型图像,可以在各种环境中清晰显示图像,各个通道的 A 型脉冲和 B 型图像用不同颜色分开,便于观察。

(7)该仪器配有 40 个按键,主要功能包括灵敏度调节、报警开关、轨型选择、导出文件、里程校对等,可一键操作,简便快捷。

(8)具有探头草状波积分值计算功能,通过此功能仪器可帮助无损检测员监测发生故障或耦合不良的探头,回放软件可帮助分析员考核现场设定的灵敏度是否合适。

(9)环境适应性好,可以在 −35～45 ℃温度环境下工作,全防水结构,可在雨中作业工作。

(三)仪器结构

仪器主要由手推车和机头两部分组成。

1. 手推车

手推车主要部分和零配件如图 4-65 所示。

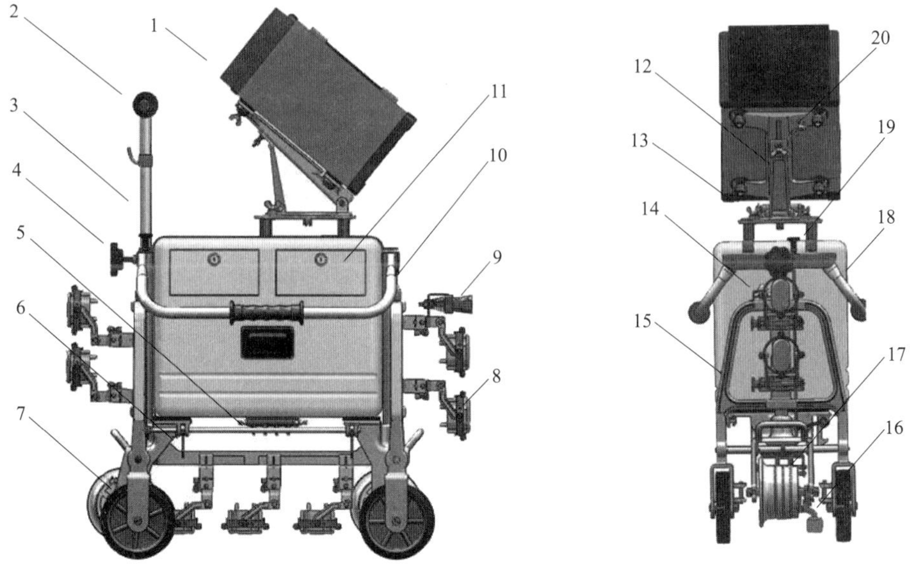

1—主机;2—标记键;3—车把;4—车把顶丝;5—水阀;6—翻板挂钩;7—橡胶轮;
8—探头及探头架;9—水刷;10—抬手;11—工具箱;12—俯仰紧固丝;
13—旋转紧固丝;14—翻板销;15—翻板;16—侧轮;17—尼龙轮;
18—抬手;19—翻板提升拉线;20—主机固定丝。

图 4-65　手推车结构

其中下方探头分布如图 4-66 所示。

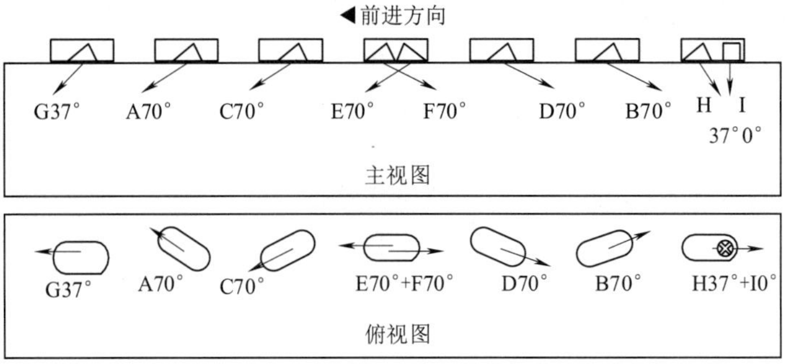

图 4-66　探头分布

2. 主机

仪器前置与后置面板如图 4-67 所示。

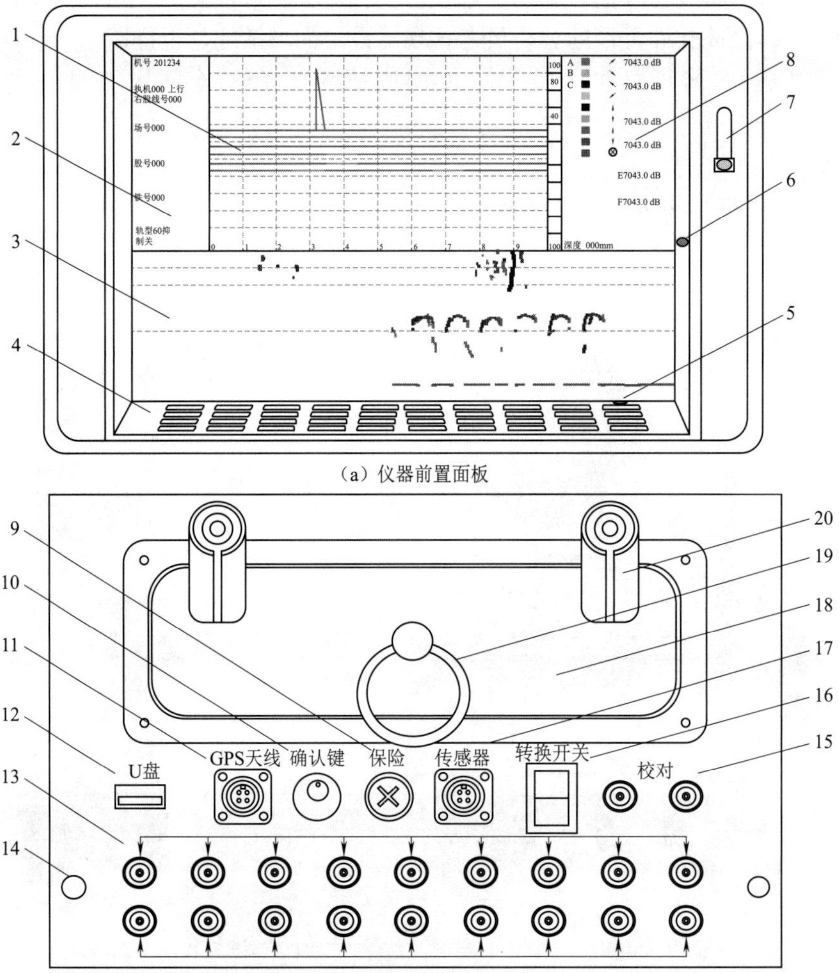

(a) 仪器前置面板

(b) 仪器后置面板

1—A 型显示区;2—作业参数区;3—B 型图像区;4—键盘;5—电源指示灯标;6—低温加热指示灯;7—Wi-Fi 天线;8—动态参数区;9—保险管;10—确认键插口;11—GPS 天线插口;12—USB 接口;13—接探头插座;14—固定螺栓孔;15—校对插座;16—转换开关;17—传感器接口;18—电池;19—电池拉环;20—电池挡板。

图 4-67　仪器面板

3. 显示

仪器主界面如图 4-68 所示。上方中部是 A 型脉冲显示区域，下方是 B 型图像显示区域。仪器行进过程中，A 显脉冲和 B 显图像会同步显示。因为 B 显图像区域可显示范围长达 2 m，所以当通过完整接头时，B 显可以全部显示实时(精确)和拼孔两种图像结果。

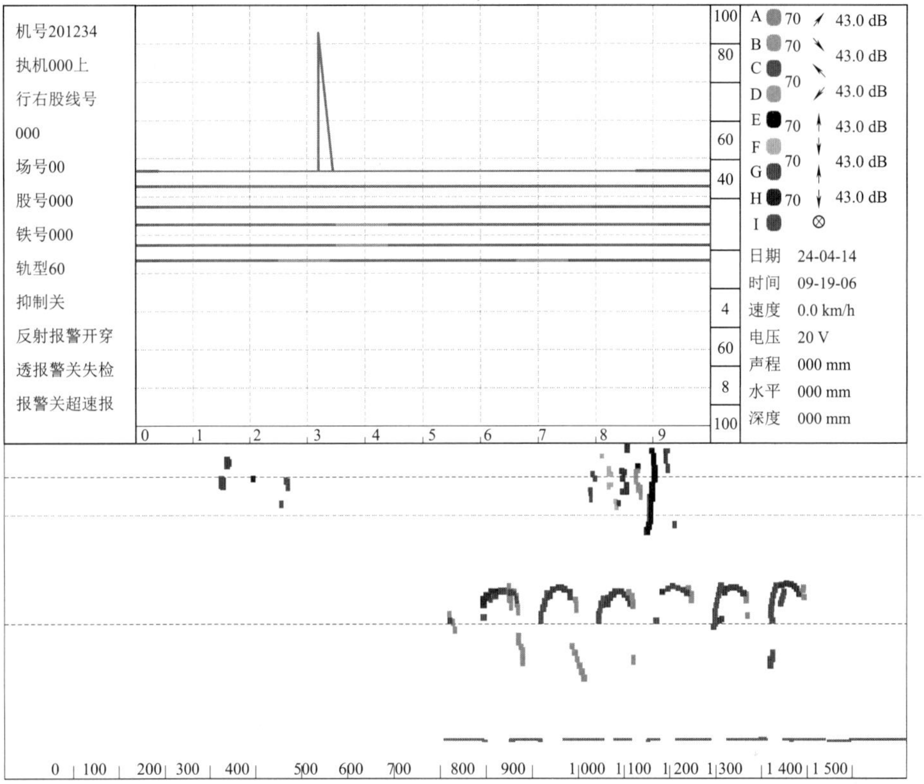

图 4-68　显示主界面

该仪器具有 9 个探测通道，为了使界面简洁，使用 6 条扫描线，70°探头每两个探头共用一条扫描线，扫描线从上到下分别对应通道为 1:AB;2:CD;3:EF;4:G;5:H;6:I，右侧的通道参数区域详细指示了各个通道配置及符号见表 4-8。

表 4-8　通道配置和符号

通道	A	B	C	D	E	F	G	H	I
配置	前外 70°	后外 70°	前内 70°	后内 70°	前直 70°	后直 70°	前 37°	后 37°	0°
符号	70↗	70↘	70↖	70↙	70↑	70↓	37↑	37↓	0

4. 键盘

本仪器键盘共有 40 个单键(图 4-69)。常用功能可一键完成操作，方便快捷。各个单键在不同菜单下可能有不同功能，如增益键在通道参数菜单下也可以调整闸门等其他参数。一旦进入特定菜单，屏幕上会有相应的提示，操作者可根据提示进行操作，不必专门记忆这些键的复合功能(表 4-9)。

图 4-69　键盘

为方便下方引用论述，表 4-9 列出按键名称和基本功能。

表 4-9　按键名称及主要功能

按键名称	主要功能
A+/A−键	主要用于调节 A 通道的探伤灵敏度或其他参数
B+/B−键	主要用于调节 B 通道的探伤灵敏度或其他参数
C+/C−键	主要用于调节 C 通道的探伤灵敏度或其他参数
D+/D−键	主要用于调节 D 通道的探伤灵敏度或其他参数
E+/E−键	主要用于调节 E 通道的探伤灵敏度或其他参数
F+/F−键	主要用于调节 F 通道的探伤灵敏度或其他参数
G+/G−键	主要用于调节 G 通道的探伤灵敏度或其他参数
H+/H−键	主要用于调节 H 通道的探伤灵敏度或其他参数
I+/I−键	主要用于调节 I 通道的探伤灵敏度或其他参数
GH 通道小门门位键	分别用于整体左移或右移 GH 通道小门
GH 通道小门门宽键	分别用于左移或右移 GH 通道小门后沿
I 通道小门门位键	用于整体左移或右移 I 通道小门
I 通道小门门宽键	用于左移或右移 I 通道小门后沿
抑制键	循环打开/关闭抑制功能
轨型键	循环切换轨型
反射报警键	循环打开/关闭反射报警声音
穿透报警键	循环打开/关闭穿透报警声音
开关机键	控制主机电源开关
后退键	返回到上一菜单或状态
F1 键/上键	主要用于显示常用标记
F2 键/下键	主要用于显示更多标记
A 键/左键	进入 A 型扫描单基线模式
B 键/右键	进入全屏 B 显模式或 B 显拼孔设置菜单
里程校对键	用于里程整公里校准
设置键	用于进入设置菜单
USB 键	向 U 盘导出当天的探伤数据
确认键	开始手动记录或执行多种功能

5. 仪器操作

(1)开关机

开启仪器:安装电池,按开关机键显示启动界面后自动进入探伤工作界面。关闭仪器:在开机状态下按开关机键后仪器关机。

关闭仪器:在开机状态下按开关机键后仪器关机。

自动关机:充满电的电池电压为 26 V,当电压低于 18 V 时仪器将自动关机。

(2)增益调整

在主界面或者 A 显单基线状态下,按键盘上的 A+/A-到 I+/I-按键可直接调整对应通道 A 到 I 的增益。

(3)小门

小门又称小闸门或者小方门,用于锁定螺栓孔和轨底固定位置的回波,G/H 通道扫描线各有一个锁螺孔闸门;I 通道有 2 个小闸门,左边的用于锁定螺孔回波,右边的锁定轨底回波。

探伤作业时应调整小闸门位置与宽度以精确地罩住螺孔波和轨底波。去掉锁螺孔闸门:在无缝线路作业时可将锁螺孔小闸门去掉,消除盲区。G/H 通道小闸门利用宽度按键调到最小。I 通道向右调整小闸门位移,当锁底波的小闸门被移到边缘时锁螺孔小闸门被压缩成一个点,再向左调整小闸门位移,使锁底波的小闸门罩住底波。恢复锁螺孔小闸门时向左调整小闸门位移,当锁底波闸门调节到 4 格左右时螺孔闸门自动恢复。

6. 轨型转换

探伤时需根据探测钢轨转换轨型。转换方法:按轨型键切换 4 种轨型相对应的参数,包括探伤灵敏度、大闸门和小闸门位置等,按动一次,轨型改变一次,循环顺序是 43→50→60→75→43→50……停止按动时仪器自动执行并记忆操作者的设定。

7. 报警开关设置及报警逻辑

探伤作业时应通过反射报警键和穿透报警键打开报警。如果某通道报警,右显示栏对应的通道号将显示红色背景。各种报警逻辑如下:

(1)进波报警

报警频率:70°通道 250 Hz(斜)、750 Hz(直),37°通道 500 Hz,0°通道 1 000 Hz。满足条件:大闸门范围内小闸门范围外出现 1 个或多个高于满幅度 50%的回波。

锁定螺孔的小闸门内同时出现 2 个回波,且波幅均不小于满幅度的 50%。

(2)失波报警

报警频率:0°通道 1 000 Hz,双 45°穿透式 1 000 Hz。

报警条件:0°通道扫描线上的两个小闸门内都没有回波或回波高度小于满幅度的 30%。

F 通道改用双 45°穿透式检测时,其小闸门内的钢轨底面回波小于满幅度的 30%。

(3)接头提醒

仪器复位模式 2,使用双 45°穿透式检测时,穿透式报警开关也将同步控制双 45°穿透式报警。

8. 里程校准

探伤作业到整公里路标时,仪器显示的公里数可能与实际公里数存在误差,通过按 KM 键,进行一键校准。校准最大允许范围为±50 m,超过该范围时,需进入设置菜单调节里程。

9. 常用标记

“F1”键用于探伤作业中做 5 种常用标记,包括非伤损*、轻伤△、重伤△△△等(本机在手推车推手上设计了一个快捷按键,功能完全等效于 F1)。不论是按下“F1”键还是车把标记键,都可以触发常用标记,在 A 显左侧作业信息区域最下一项可以看到,多次按下可以切换选择,选择完毕后,推动手推车,系统将确认标记,并在 B 型显示区的下方显示出来。

10. 线路标记

本机设置了 40 种线路标记,便于用户回放探伤记录时了解探伤现场钢轨线路的情况。按“F2”键进入线路标记录入菜单(图 4-70),按屏幕提示操作即可。道岔号录入,按“F2”键进入标记 1 菜单,再按“A+/A−”输入千位道岔号;按“B+/B−”输入百位道岔号;按“C+/C−”输入十位道岔号;按“D+/D−”输入个位道岔号。随探伤小车前行,在 B 型显示区的下方显示四位数字,表示操作完成。计算机回放时将在此位置显示道岔号标记。

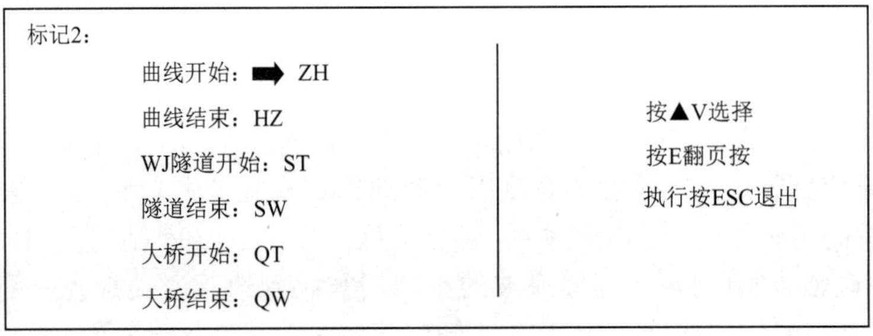

图 4-70　标记菜单

11. A 显单通道

在主界面按“A”键进入 A 显单通道界面,默认显示 A 通道,屏幕作业信息区“A 显通道”处显示“A”,(图 4-71)。这种方式可以单独观察某一通道的回波,并且激活显示屏动态参数区的 S(声程)、L(水平)和 H(深度)的参数值,数值表示反射点相对于探头入射点的位置。

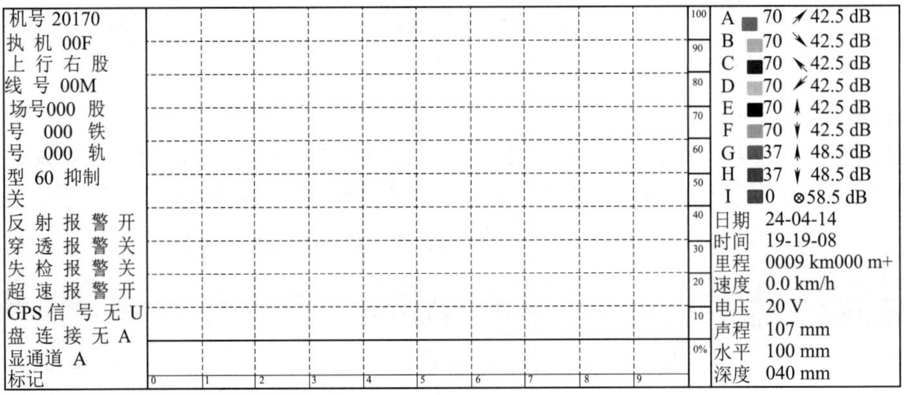

图 4-71　A 显单通道界面

进入单显示界面后,如果想选择某一通道,例如 B 通道,按一次“B+”键或“B−”键即可。选定 B 通道后再按“B+/B−”则是用来调节该通道的灵敏度值。

12. B 显拼孔操作

由于探头架安装位置改变,可导致 B 型图像相对位置错位,此时应进行拼孔(拼图)操作。在主界面按 B 键,显示屏 A 型显示区域显示拼孔值菜单,如图 4-72 所示。

一般情况下,是将小车推过一个完整接头,之后根据图像调整拼孔值。由于 70°通道有 6 个,过接头时,六个接头图像将重叠到一起,建议 ABCDEF 六个通道的图像拉开小的距离以便观察。

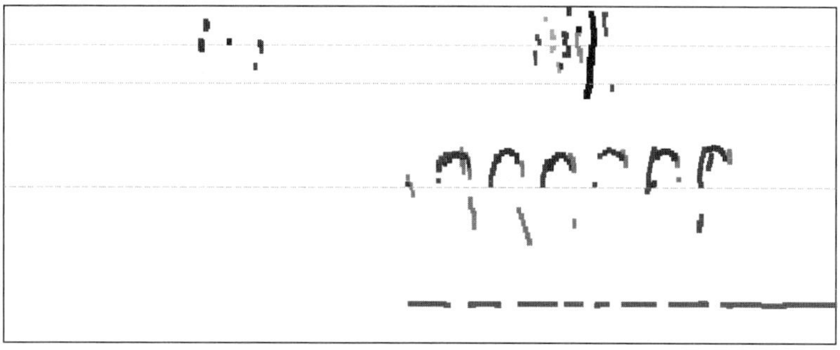

图 4-72　B 显拼孔界面

13. 手动记录操作

在主界面按“确认”键，显示屏提示“是否开始手动记录?”是按“确认”键，否按“退出”键。再按“确认”键，电源指示灯开始闪烁，仪器开始记录，完成记录内容后再按确认键，结束手动记录操作。记录的数据可在辅助功能菜单的手动记录列表中查看并回放。

14. B 显数据仪器播放

在主界面按“B”键再按“确认”键，进入 B 显全程记录播放菜单，通过左右键可进行小幅前进后退的精细连续播放，通过上下键可进行大幅前进后退的跳跃快速播放。仪器只能回放当天的 B 显作业数据，若当天没有探伤作业则无法进行回放操作(图 4-73)。

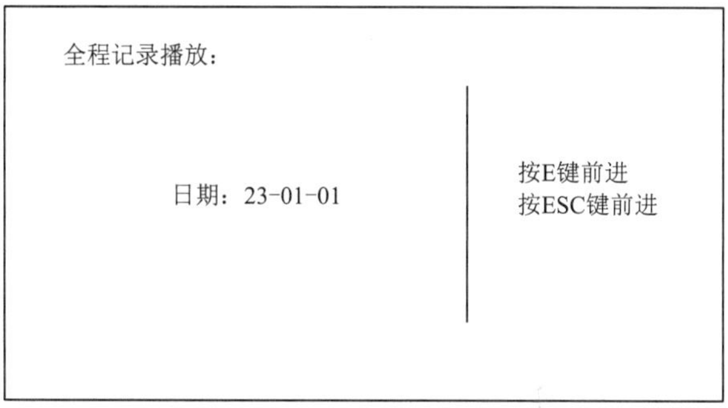

图 4-73　全程记录播放菜单

15. 快捷导出数据

作业完毕后，将随机配备的 U 盘插入仪器后面板的 USB 接口，显示屏的作业信息区将显示“U 盘连接有”，按“USB”键，屏幕显示如图 4-74 所示。仪器在文件导出完成后自动返回主界面。

图 4-74　数据导出界面

16. 电池与充电器

GCT-8C 探伤仪工作电源采用可充电锂电池组供电，电池供电电压范围为 18～26 V，容量 4 400 mAh,正常待机时间 10 h 以上。充电时,电池须从仪器内取出,通过随机的充电器进行充电,电池在完全放电状态充电时间不超过 8 h(图 4-75)。

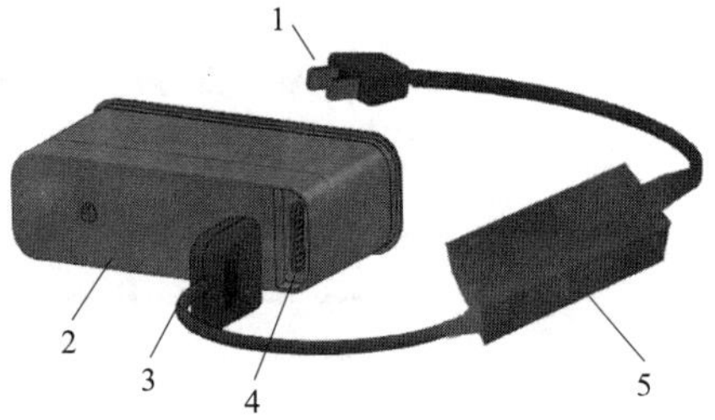

1—交流电源插头;2—电池;3—充电插头;4—充电插座;5—充电器探伤仪充电器
(是随仪器配带的专用设备,请勿使用其他充电器对电池进行充电)。

图 4-75　充电器示意

探伤仪充电器性能指标:输入电压:AC 180～260 V;电网频率:50 Hz;输出电压:DC 26 V;输出电流:1 000 mA。

17. 推手

推手用于辅助探伤仪在陆地和钢轨上推行,推手上装有可旋转角度挂钩,用于悬挂水壶和油漆桶等。操作者可以根据推行的舒适度调整推手的高度,松开推手紧固丝,将推手升降至适宜高度,然后拧紧推手紧固丝。挂钩可以左右旋转 45°,向上抬起挂钩,使定位丝对准定位槽,放下挂钩即可。

18. 主机俯仰

主机下方的俯仰结构可以用于调整主机仰角和水平转角,方便执机人观察屏幕。调整仰角方法:松开俯仰紧固螺母,将仪器升至合适的仰角后拧紧。

调整水平转角方法:松开水平旋转紧固螺母,将仪器转至便于观察的角度后拧紧(图 4-76)。

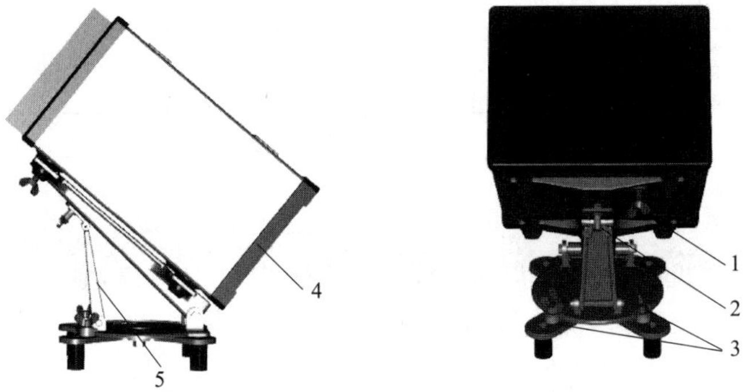

1—主机固定丝;2—俯仰紧固丝;3—水平旋转紧固丝;4—主机后框;5—俯仰横梁。

图 4-76　主机俯仰示意

19. 探头架

探头架是用于固定探头和保证探头与钢轨探测面可靠接触的重要部件。前探头架装有水刷,可清扫轨面灰尘并使洒水均匀。

探头架调节丝杆用于调整探头的左右位置,作业时应将探头调至轨面中间位置。探头的左右位置对探伤灵敏度影响比较大,使用中应经常检查,探头偏离轨面中心位置应控制在 2 mm以内,否则 0°探头易接收到颚部回波造成误报警,影响探伤效果(图 4-77)。

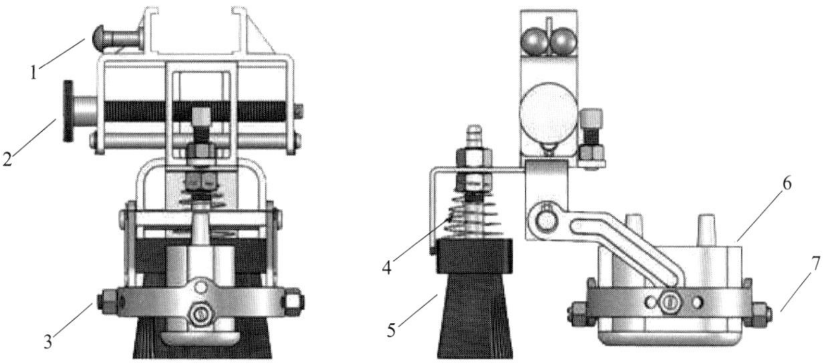

1—探头架顶丝；2—探头架调节丝杆；3—探头环顶丝；4—水刷滑道；5—水刷；6—探头；7—探头顶丝。

图 4-77　探头架示意

20. 探头更换

更换探头时，应保证探头晶片方向正确，确保沿探头两个顶丝轴方向有 0.2～0.5 mm 间隙，以保证探头转动灵活，并且与探测面可靠接触，最后应将探头线装入相应探头线卡中。

三、通用超声探伤仪性能简介

通用超声探伤仪的种类繁多，目前主要有模拟型探伤仪和数字型探伤仪两大类，不同型号探伤仪的调节方法和功能各有差异，现以常见数字通用探伤仪为例进行介绍。

（一）CTS-9002 型数字通用探伤仪

CTS-9002 型数字探伤仪为掌上型全数字化仪器，由于重量轻，显示屏大，功能全，它适用于工务系统的钢轨焊缝和轨道车车轴探伤，图 4-78 为该仪器的面板图，仪器面板上各按键、旋钮的名称和作用见表 4-10。

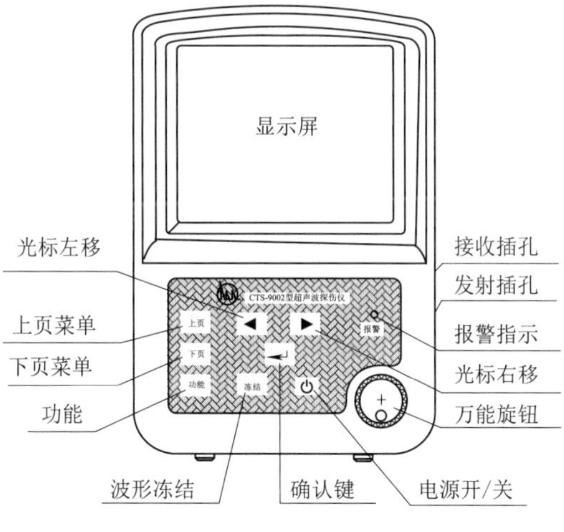

图 4-78　CTS-9002 型探伤仪面板

表 4-10　仪器面板上各按键、旋钮的作用

序号	按键、旋钮	名称	作用
1	◁ ▷	光标移动键	所有菜单的所有项都响应这一对键

续上表

序号	按键、旋钮	名称	作用
2	上页	上页键	除第一个菜单外，都响应本键。即在目前菜单情况下，按该键后，进入上一级菜单。若连续按该键，总能回到第一个菜单
3	下页	下页键	如有同级别菜单时，按该键，进入下一页
4	↵	回车键	对某一参数设定完毕或功能选择后进行确认并执行
5	⏻	电源开关键	在电源未接通时，按该键接通电源；在电源接通情况下，按该键则关电源
6	功能	功能键	在探伤情况下，响应本键，可选择各种辅助功能(包括DAC、包络、峰值、扩展、存储、打印、通信等功能)，并用【↵】键确认和执行
7	冻结	冻结键	在探伤时按该键对波形进行冻结，便于进行波形存储、回放、打印等操作
8	◎	万能旋钮	用于快速对光标所指定的参数进行设置

注：以上各键和旋钮在任一菜单下面都有所响应的操作提示符号，不列入提示的按键或旋钮均不响应，凡列入提示的均会有相应的动作。

(二)CTS-2020型数字通用探伤仪

CTS-2020型数字通用探伤仪，适合于大锻件、粗晶材料、焊缝等探伤；彩色TFT液晶显示屏快速的响应时间，确保快速扫查回波显示无遗；配以DAC、大容量存储器和USB接口等新技术、新功能，使CTS-2020成为一台小巧轻便、性能卓越的超声探伤仪，图4-79为该仪器的面板。

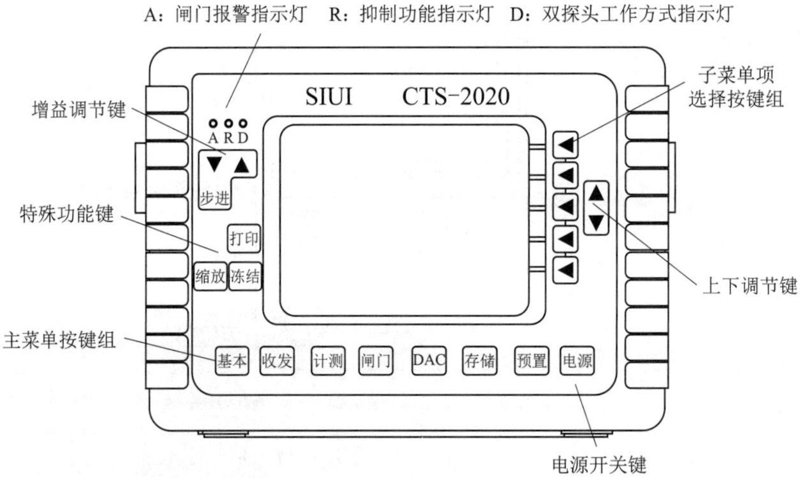

图4-79　CTS-2020型探伤仪面板

仪器面板下方从左到右分别是基本、收发、计测、闸门、DAC、存储、预置，每个主菜单包括若干项子菜单。根据需要进行相应的选择，当某一个主菜单被选择时，屏幕右方将显示(图4-80)与该主菜单相关的子菜单内容(表4-11)。

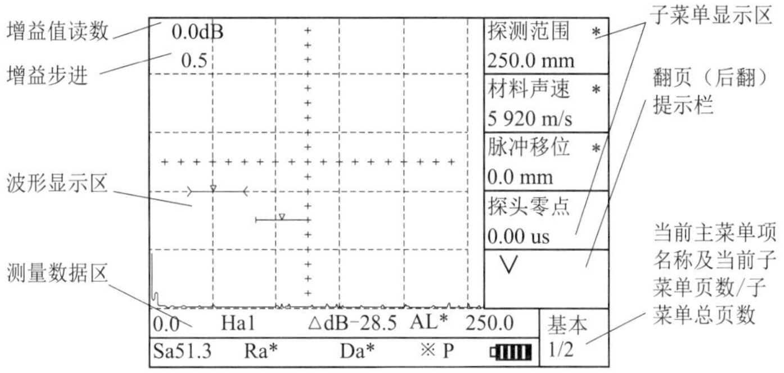

图 4-80　CTS-2020 型探伤仪主画面

表 4-11　主菜单与子菜单汇总

主菜单	页码 1	页码 2	页码 3	页码 4
基本	探测范围 *	∧		
	材料声速 *	参照物 1		
	脉冲移位 *	参照物 2		
	探头零点	校正		
	∨	a 闸门起位 *		
收发	发射强度	∧	∧	
	阻尼	工作频率	增益微调	
	双探头	检波方式	自动增益	
	重复频率	抑制		
	∨	∨		
计测	角度 *	∧	∧	
	K 值 *	孔径	显示选择	
	角度测量	前沿长度 X	峰值记忆	
	反射孔深度	工件厚度 *	测试点选择	
	∨	∨		
闸门	a 闸门方式	∧		
	a 闸门起位 *	b 闸门方式		
	a 闸门宽度 *	b 闸门起位 *		
	a 闸门电平	b 闸门宽度 *		
	∨	b 闸门电平		
DAC	DAC 曲线	∧	∧	
	DAC 回波	判废线	DAC 修正	
	a 闸门起位 *	定量线	增益校正	
	DAC 帮助	评定线	曲线选择	
	∨	∨		

续上表

主菜单	页码 1	页码 2	页码 3	页码 4
存储	存储号	∧	∧	
	调出	测试信息	删除所有	
	存入	预览	转存 U 盘	
	删除	目录	转存选项	
	∨	∨		
预置	区域	∧	∧	∧
	波形填充	波形颜色	日期	语言
	报警器	背景颜色	时间	单位
	打印格式	字符颜色	LCD 亮度	自动波高
	∨	∨	∨	回出厂状态

一个主菜单下包含若干子菜单页,其中“∨”符号表示可以进行向下翻页操作,“∧”是向上翻页。

仪器面板右边有 5 个◀按键指向 5 个子菜单项(包括翻页键),选取后子菜单会显示“◀”提示符,其中出现“*”号提示的表示此菜单项处于微调状态。

仪器面板右方有向上和向下两个调节键▲和▼,用于改变已被选取的子菜单项的值或功能。

仪器面板左方共排列 6 个功能键,包括:增益调节键▼▲、步进、打印、缩放和冻结。一个功能按键代表一项功能(表 4-12),按下其中一个按键就会执行相应功能。

表 4-12 特殊功能键作用

按键名	功　能
步进	转换增益调节的档级大小
打印	打印图片或报告,记录参考点(制作 DAC 曲线时)
缩放	放大/缩小屏幕上的波形显示区域
冻结	冻结波形显示
电源	电源开/关

四、双轨探伤仪

RT18-D 双轨式钢轨超声波探伤仪是一种新式的探伤设备,采用锂电池驱动,分拆式结构设计,任意模块只需两人抬动,检测速度达 15 km/h。设备采用轮式探头,两轨共 18 个通道的数据以 B 扫描的形式显示到军工级笔记本电脑上。轮式探头的非接触性确保了在曲线地段和轨面磨损程度较高的轨道的良好的耦合性,能有效地检测出钢轨头部核伤、轨腰螺孔裂纹及轨底横向裂纹等,并配以警报自动放大弹出窗口,方便操作员对钢轨进行实时检测(图 4-81)。

图 4-81 RT18-D 型双轨式钢轨超声波探伤仪

(一)原理图及总成

双轨式探伤仪主要包括驱动系统、对中系统、电气控制系统和探伤系统等四个子系统。

(1)驱动系统

驱动系统包括车架、驱动桥和从动桥等部件,主要实现双轨式探伤仪在被检钢轨上的走行功能,并为伺服系统、探伤系统和电气控制系统提供搭载平台和驱动力。

(2)对中系统

对中子系统包括导向轮、导向梨、对中伺服机构和喷淋耦合机构等,主要用于调整探伤子系统的超声波探轮相对于钢轨顶面的位置,保证探轮与轨面对中耦合良好,确保超声波的无损传播。

(3)电气控制系统

电气控制系统将控制器、电源、驱动电机及操作台连接,实现钢轨探伤系统的走行、对中伺服和喷淋耦合控制,并与其他系统集成。

(4)探伤系统

探伤系统包括超声波探轮、多通道高速超声波信号采集卡和伤损数据分析软件,其采用高速采集设备对信号进行采样,通过软件对采集后的数据进行分析处理,对钢轨探伤进行一定的预判。

双轨式钢轨超声波探伤仪(图 4-82)采用车架、驱动桥和从动桥可拆装的方式,方便操作人员搬运;车架尺寸 1 800 mm×1 110 mm×750 mm。驱动系统和对中系统的控制台、探伤系统的数据军用笔记本放在前挡板平台上。在前座椅中间下方放置电池为小车和千兆网主机提供动力源。电池内部装了过滤器不会使电池对信号产生干扰。耦合液喷淋机构的水箱组集成在后排座椅下方,分别为两侧的喷嘴提供耦合液。对中系统的对中结构位于车架的两侧(图 4-83)。驱动系统的传动轴通过驱动桥和从动桥在钢轨上行走。

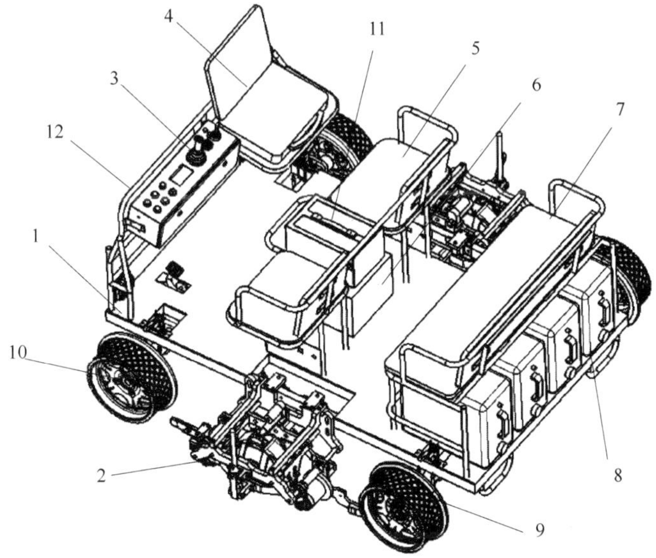

1—车架;2—对中机构;3—控制台;4—军用笔记本;5—前座椅;6—电池;7—后座椅;8—水箱;9—驱动桥;10—从动桥;11—千兆网主机箱;12—前挡板。

图 4-82 双轨式钢轨超声波探伤仪总成图

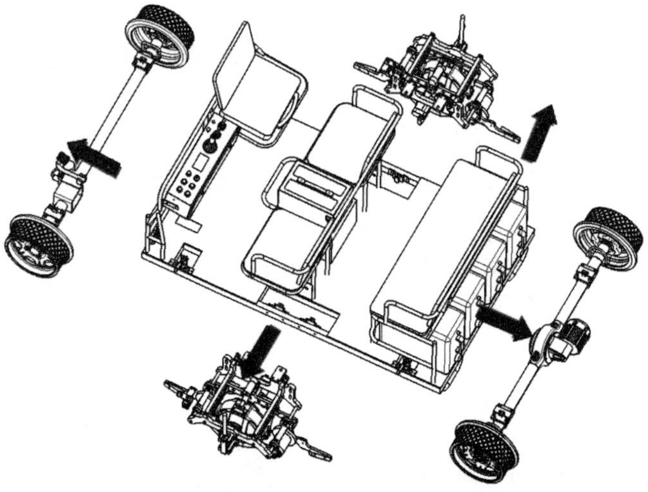

图 4-83　双轨式钢轨超声波探伤仪拆解示意

(二)驱动系统

1. 驱动、从动桥

驱动桥[图 4-84(a)]为驱动系统中走行轮的总成图,两端为铝合金轮毂和 PU 耐磨材料,中间为桥壳与一体式差速电机组合而成。轮毂上的 PU 耐磨材料具有绝缘、高承载、高动态负荷、耐磨、低噪声和轻质的特点,差速电机高负荷,低噪声,特别是车子过弯道提供转向差速。图 4-84(b)踏板刹车固定在从动桥上,一体式刹车制动方便,不用二次安装,方便快捷,编码器固定在从动桥半轴上,前桥转动是采集数据。

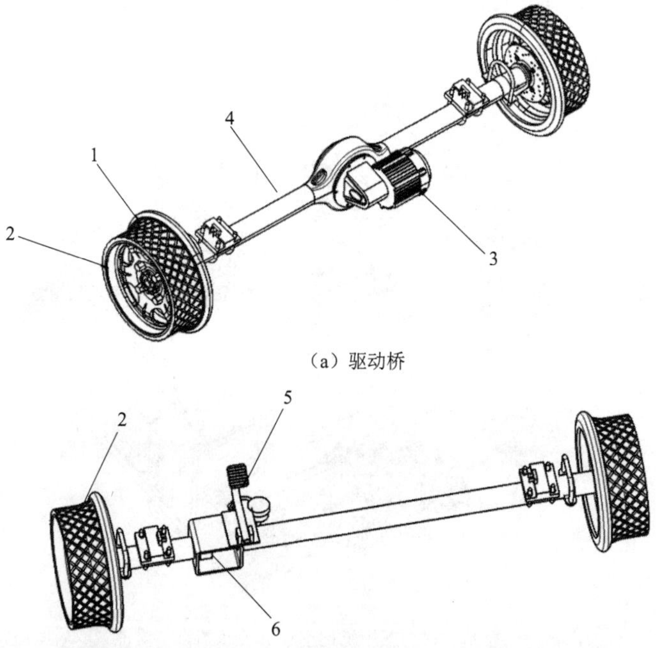

1—PU 耐磨材料;2—轮毂;3—差速电机;4—桥壳;5—踏板刹车;6—编码器。

图 4-84　驱动、从动桥

2. 车架

钛合金车架图 4-85 所示。整体车架具有足够的强度和刚性，同时采用钛合金材料，重量较轻，搬运方便，不用拼装的车架不易生产变形，可以快速轻松的上下道。

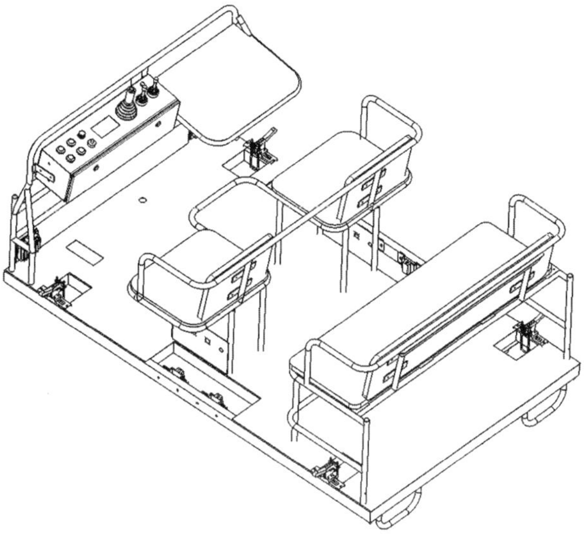

图 4-85　钛合金车架

(三)对中系统

对中系统的对中机构总成图如图 4-86 所示。探轮被安装在对中机构的水轮帽上，水轮帽通过螺栓结构固定于角度调整模块上，角度调整模块通过角度调节电机固定在水平调整块上，导向轮通过导向轮支架连接在主框架上，紧贴轨道的工作面，保证超声波探轮能够时刻在钢轨的中心线上运行。

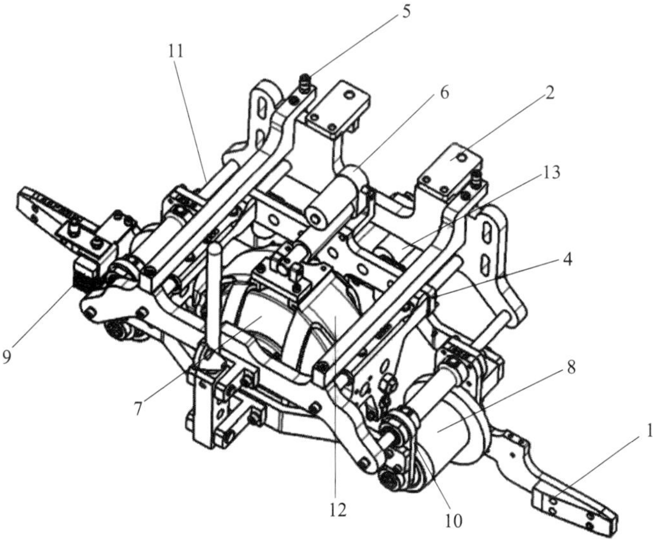

1—导向梨；2—固定块；3—角度调整块 ；4—水平调整块；5—高度调节模块；6—角度调节电机；
7—探轮；8—导向轮；9—水刷；10—导向轮固定板；11—对中弹簧；12—水轮帽；13—水平调节电机。

图 4-86　对中机构总成图示

导向犁安装在了导向轮支架上,随着导向轮沿轨道横向移动,防止对中结构在过道岔有害空间时发生脱轨、掉落等情况的发生。

固定块与车架连接,通过 2 个手拧螺栓实现锁紧;对中机构能保证超声波探轮的调节控制,水平位置调节电推杆能够调节水平调节模块,使超声波探轮独立于导向轮在轴向左右移动,并通过弹簧的预警作用,使导向轮对钢轨侧面有一定的压紧力;通过高度调整模块,可以手动对超声波探轮进行上下调整;通过角度调节电机的伸缩,改变探轮与轨面的角度。通过水轮可以清除轨道上的碎石和其他杂物,防止轮皮被异物划破。

(四)电气控制系统

图 4-87 为电气控制系统总成图。控制台主要负责整车的电气控制及监控,包括:小车行进控制、对中机构调整机构控制、水泵、喇叭控制、电池电量监视及小车行进速度监视。

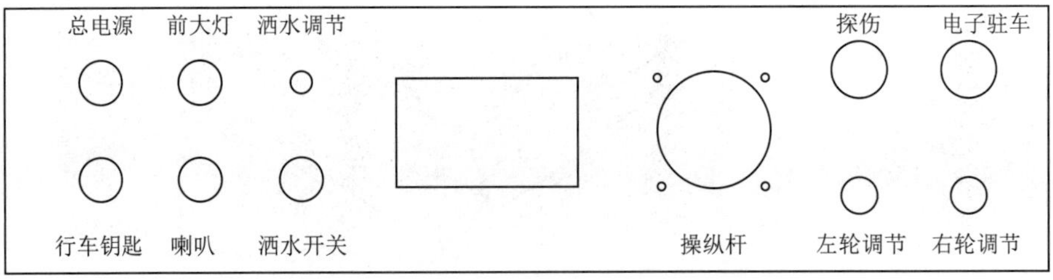

(a) 布局图

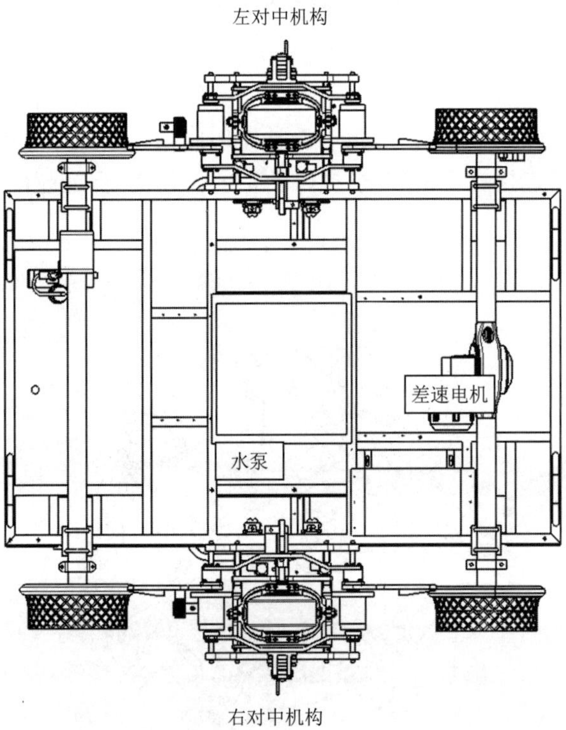

(b) 结构图

图 4-87　电气控制系统总成图示

(五)RT18-D 软件系统

RT18-D 双轨钢轨超声波探伤仪是最新的双轨自走行钢轨超声波探伤设备。它能在探伤小车的自行走过程中，检测钢轨头部、腰部和轨底的各种缺陷和裂纹。该系统有 A 扫和 B 扫两种模式，B 扫是实际检测时使用的扫描模式。B 扫描以编码器驱动，连续采集并记录相应信息。编码器每 2.89 mm 产生一个脉冲，探伤小车根据脉冲信号，实时采集左右两轨上的探头信号。RT18 探伤主菜单如图 4-88 所示。

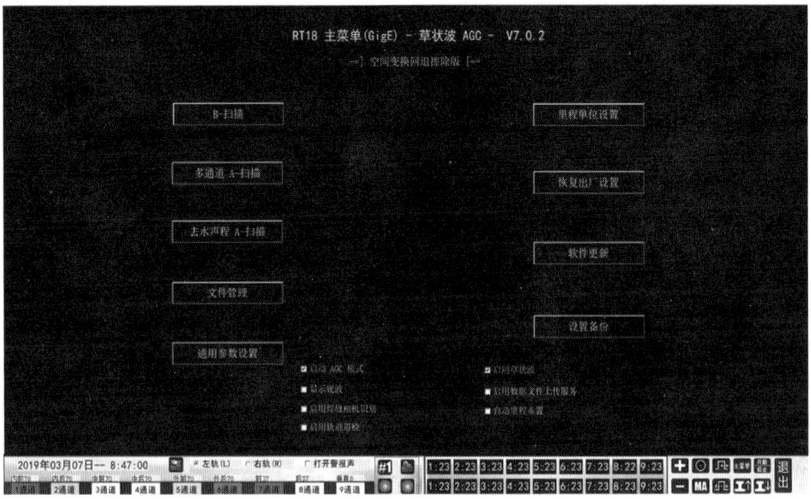

图 4-88　RT18 探伤主菜单

五、钢轨探伤车

钢轨探伤车(图 4-89)属自带动力，能同时对两股钢轨进行探测，并能分析、处理和记录探测结果的大型探伤设备，其结构复杂，功能齐全，集超声、电子、微机信息处理于一体。

图 4-89　钢轨探伤车

现将 GTC-4 型钢轨探伤车的结构、原理、功能和探伤图形识别简介如下：

(一)结构简介

1. 车体组成

探伤车外型类似于重型轨道车，通常由两节车组成，车内有四个功能区，一是机车动力和驾驶区；二是探伤作业区；三是维修作业区，内有检修设备；四是生活区，内有炊事用具和卧室。

探伤车内有成套的超声波探伤设备；车底部有探伤车(图 4-90)，它由起吊装置、垂直锁紧装置、牵引装置、加压装置、走行轮、车轮架、轮探头和气动、液压、供水系统等组成，后走行轮上装有测速的发电机组，测定速度、计算里程和作采样依据；探伤车的起落及轮探头位置调整均由操作者按动操作台上的“按钮”来实现；车下装有摄像头，操作台上装有专用监视屏幕，监视探伤车的工作状态。

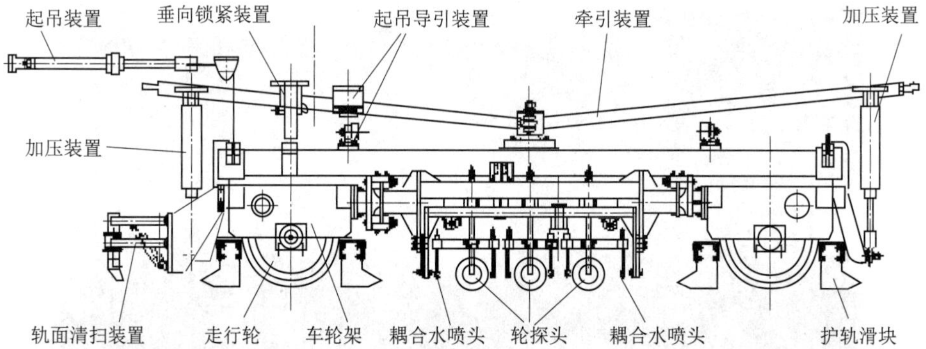

图 4-90 探伤车

2. 探伤主要设备

探伤主要设备示意如图 4-91 所示。

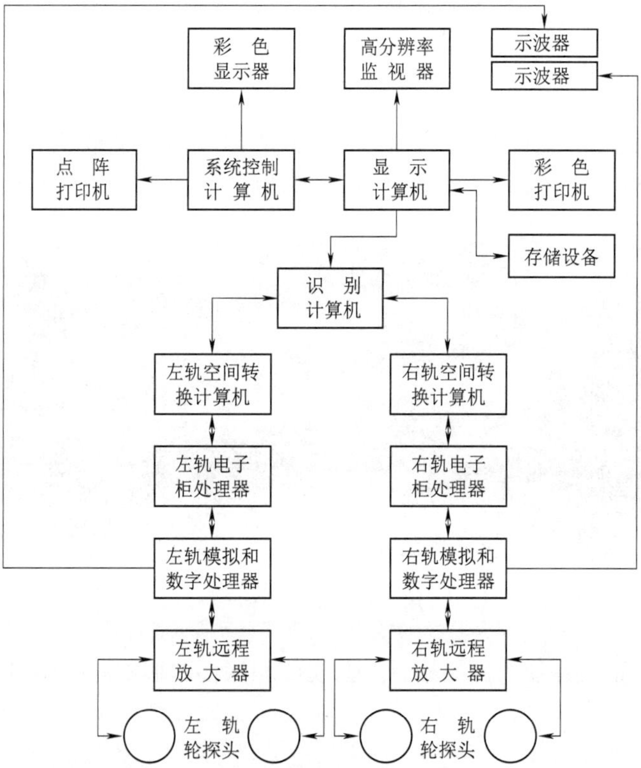

图 4-91 探伤主要设备示意

3. 轮探头

轮探头(图 4-92)外面是透声树脂材料制成的轮胎状柔性探测包，包内充满水和乙二醇混合的透声液，轮轴上装有固定探头芯，探伤时外轮胎随探伤车的运动而转动，但晶片固定，保持声波的发射和接收。

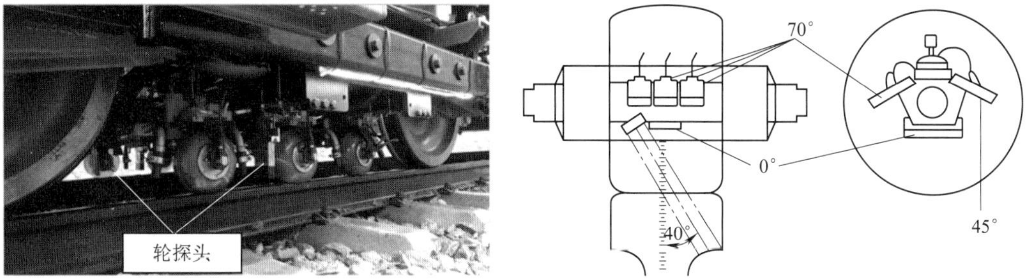

图 4-92　轮探头结构示意

轮探头实际上是个组合探头，内含四种不同角度的六组晶片：

(1)0°晶片主要探测轨头至轨腰间的水平裂纹，同时，以底波作为轮探头对中的信息，用以控制探头位置的依据。

(2)45°晶片用于对螺栓孔裂纹、焊接接头和轨腰条状夹杂以及特殊取向的横向裂纹检测。

(3)70°晶片共有三块矩形晶片，各自独立，并排放置，声束方向相同，用一次波探测，声束覆盖整个轨头截面，主要探测轨头核伤和横向裂纹。

(4)40°晶片声束方向与钢轨纵向垂直，以折射角为 40°指向轨头内(外)侧，主要检测轨头纵向劈裂。

上述四种晶片工作频率除 0°为 3.5 MHz 外，其余均为 2.25 MHz。

探伤车下的四个轮探头结构完全一样，以钢轨为单位分成两个独立单元，左右两股轨上的轮探头无任何联系。每股钢轨两个轮探头，按相反方向安装(图 4-93)。探伤时同股轨上的两个轮探头不完全独立，判伤需要借助两个轮探头的信息来确定，若某股钢轨有一个轮探头工作不正常，则该股钢轨就不能进行探伤。

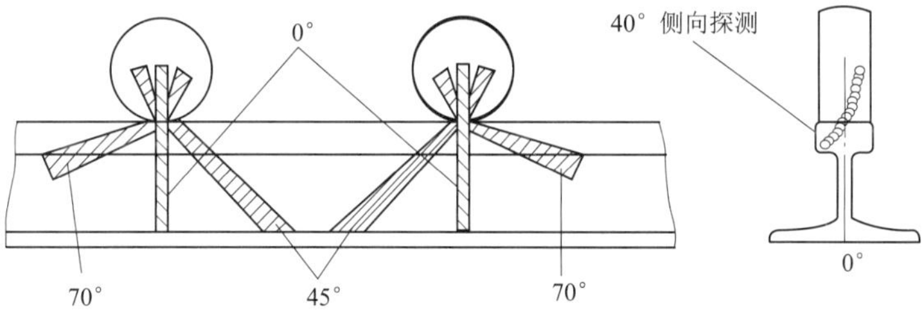

图 4-93　轮探头声束方向示意

(二)探伤信息处理

钢轨探伤车的探伤信息处理由 Frontier 检测系统计算机及电子系统完成。这个系统包括两大部分，一是嵌入系统部分，二是操作员屏显部分。

(三)探伤资料识读和伤损复核

掌握钢轨探伤车 B 型显示图形的识别，对探伤结果的复核和伤损钢轨的监视工作很有帮助。在识读探伤图形前要了解探伤车 B 型显示图中各种图形和符号的意义，掌握正常伤损图形，分析非缺陷图形类型。在复核中根据探伤车 B 型的显示信息，有针对性的检查对应部位，及时处理有危害的伤损钢轨。

1. 部分图形符号的意义

探伤车 B 形显示图中常见的图标有两种(表 4-13),一种是由系统识别器输入图标,另一种是由操作员输入的图标。

表 4-13　部分图标的表示意义

系统识别输入图标				操作员输入图标			
图标	表示意义	图标	表示意义	图标	表示意义	图标	表示意义
	正常螺孔		核伤在轨头外侧和中部		对中不良		绝缘接头
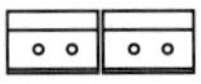	正常接头		轨头水平劈裂		导线孔		信号机
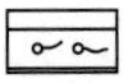	螺孔裂纹		轨头垂直劈裂		桥梁		隧道
	核伤在轨头内侧		轨颚水平裂纹		道岔	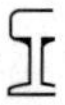	铝热焊接头
	核伤在轨头中部	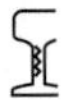	轨腰裂纹		波浪磨耗		轨头偏磨
	核伤在轨头外侧	LER	0°探头失波		头部损伤	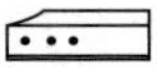	轨端破损
	核伤在轨头内侧和中部				机车擦伤		

一般有缝线路接头无伤损情况下显示如图 4-94 所示,为了区别各探头回波,在探伤图形右上角分别由透明栅格式颜色块表示各探头回波,掌握探头的表示颜色,对分析探伤结果很有帮助,正常螺孔显示"",两边斜线是 45°探头的回波显示,中间的横线由两种颜色表示,它分别表示来自前后轮 0°探头的回波,"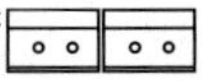"图标表示正常接头,在识读伤损图形时,要利用伤损显示颜色来判断探头声束方向,根据伤损形成和发展规律,综合分析伤损存在的可能性。

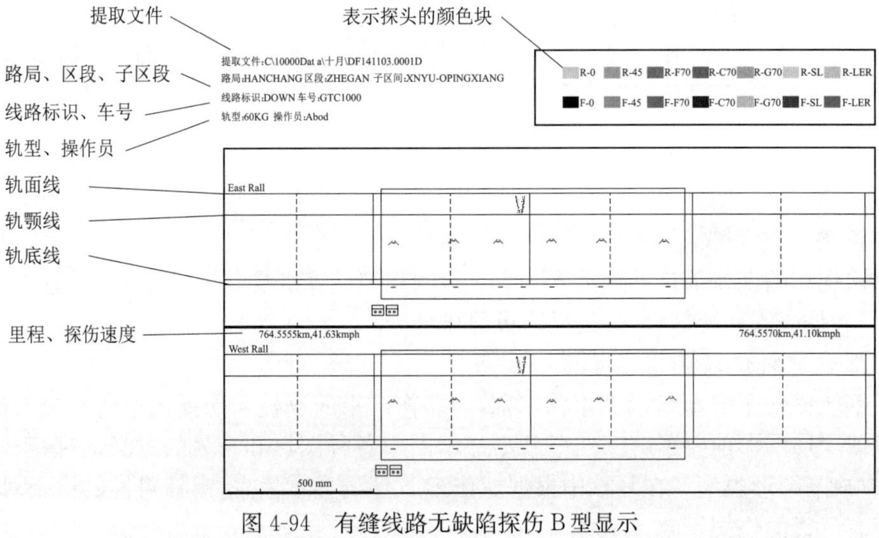

图 4-94　有缝线路无缺陷探伤 B 型显示

2. 伤损显示图形的识别

(1)核伤显示图形

在 B 型显示图中，核伤在轨头的水平位置可根据系统识别输入图标来判断(图 4-95)，伤损距轨面的垂直位置，可根据图中伤损显示距离轨面线的距离来判断，如果伤损显示图靠近轨颚线，则说明核伤离轨颚较近，核伤的垂直高度可根据 B 型显示的点数多少来确定，但判定精度不是很高，因图中点数与探伤灵敏度调节、伤损取向、位置、形状、表面状态等因素有关。

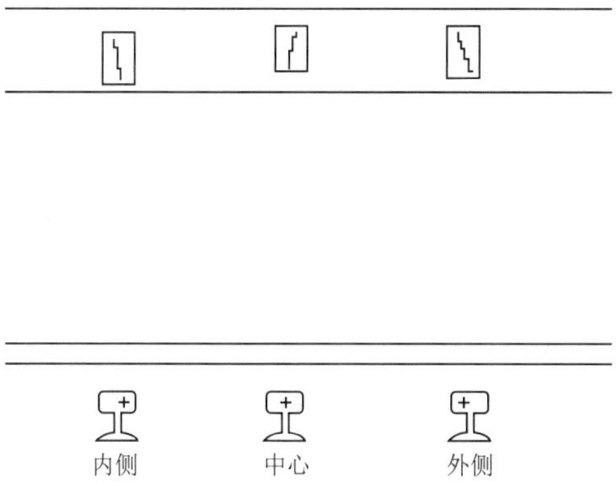

图 4-95　轨头核伤 B 型显示

(2)螺孔裂纹显示图形

螺孔裂纹的图形识别，与 70°探头的核伤相比，判定难度相对要容易一些，裂纹显示图很直观(图 4-96)，螺孔向上裂纹显示于螺孔图形一侧，与螺孔图相似的高度上；螺孔向下裂纹显示与螺孔图形一侧下方位置；螺孔水平裂纹图与螺孔向下裂纹图不同，由于 45°探头的水平裂纹回波是裂纹与螺孔柱面形成的角反射，因此伤损图形比向下裂纹更高一些，当裂纹较长时还会有 0°探头的回波显示。螺孔裂纹长度与显示的点数一般具显示点数越多裂纹越长的关系，但遇有取向不良的螺孔裂纹显示点数与实际长度对应关系不成比例。

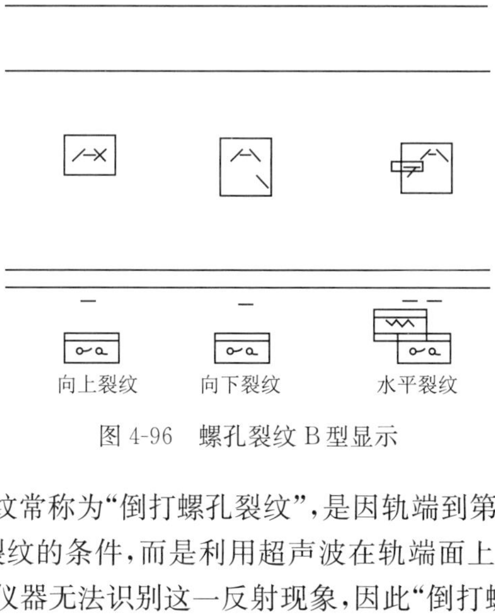

图 4-96　螺孔裂纹 B 型显示

第一孔朝轨端向下裂纹常称为“倒打螺孔裂纹”，是因轨端到第一螺孔间的水平距离不能满足 45°探头直接扫查到裂纹的条件，而是利用超声波在轨端面上的反射特性来检查这一特殊裂纹[图 4-97(a)]，由于仪器无法识别这一反射现象，因此“倒打螺孔裂纹”回波往往显示在接头另一则的螺孔上[图 4-97(b)]，在识别第一孔裂纹时要注意。

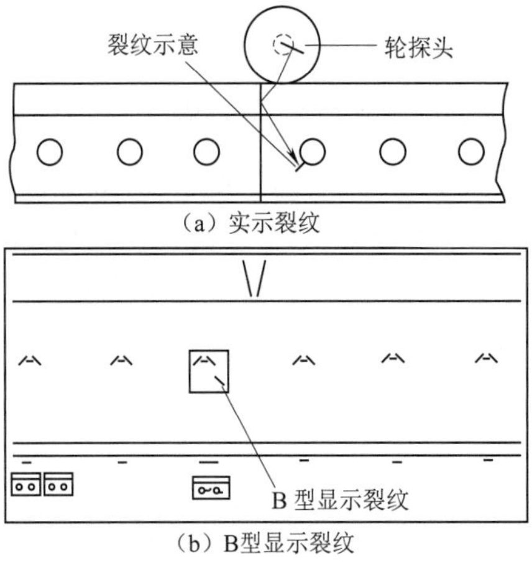

图 4-97　倒打螺孔裂纹 B 型显示和实际裂纹示意

(3)水平裂纹显示图形

从图标显示和伤损 B 型显示图中都可以判断出伤损存在的大至位置(图 4-98)。

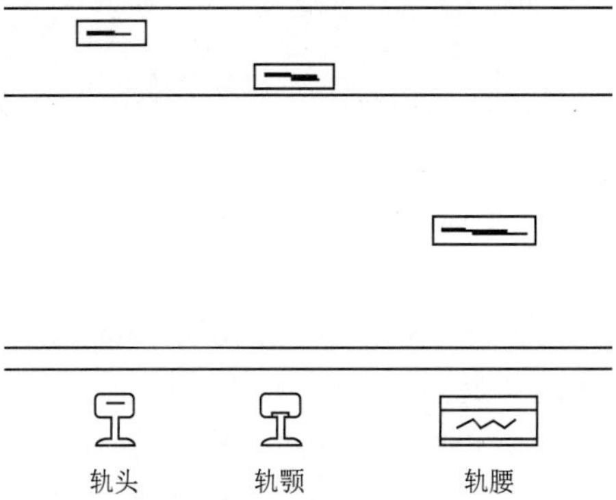

图 4-98　水平裂纹 B 形显示

(4)纵向裂纹显示图形

由于纵向裂纹会造成垂直入射轨底的超声波损失,影响轨底面回波显示,因此,纵向裂纹可根据 0°探头的显示情况来判定。在 B 型显示图轨底线旁有一连续的失底波信号和显示“LER”文字(图 4-99),同时,0°探头无伤损回波显示或轨头或轨腰有不规则的回波显示,这些都是纵向裂纹的显示特点。如果在显示失波信号和“LER”文字的同时显示 0°探头“表面”连续回波显示,这一般为表面擦伤或剥离引起,但要注的是造成 0°探头失波原因很多,在判定上要慎重。

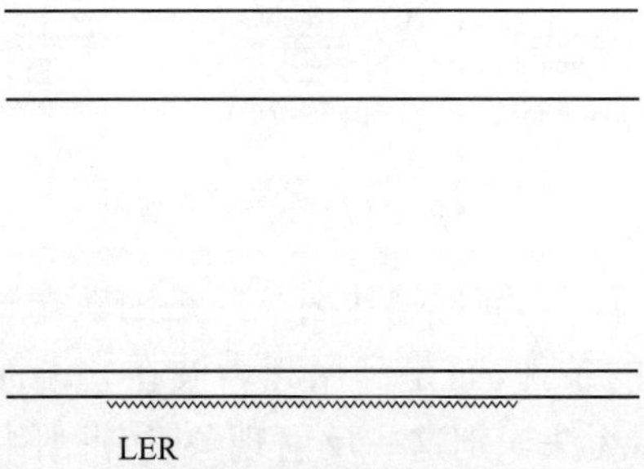

图 4-99　纵向裂纹 B 形显示

3. 非缺陷探伤图形的识别

由于超声波在传播过程中遇到异质屏显产生折射和反射作用，在探伤图形中经常会出现非缺陷的异常显示，有些显示几乎与伤损图形相似，正确判定探伤图可减少无效的复核，提高判伤的准确性。

(1)非核伤图形的显示

遇表面大面积剥离，0°探头表面水平裂纹和“LER”探头失波显示的情况下，发现核伤的可能性比较小，因表面剥离后，造成超声波无法入射钢轨内部，这种情况下，70°探头要探出剥离层下的核伤是困难，核伤显示图形有可能来自剥离层中的多次反射引起(图 4-100)。

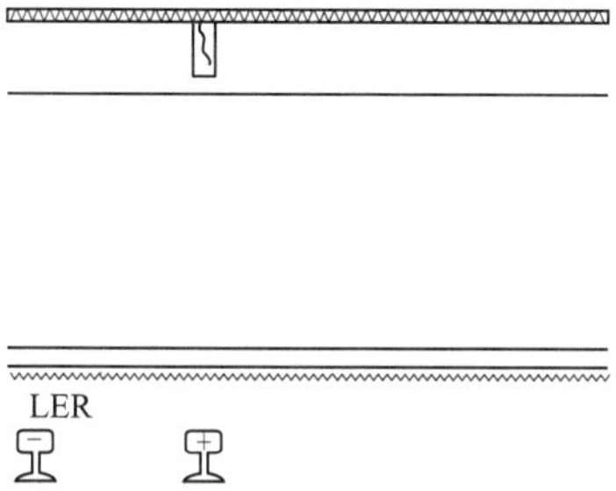

图 4-100 非核伤显示图形

(2)非螺孔裂纹图形显示

由于螺孔裂纹从螺孔周边上产生，它与螺孔的相对位置不会差距过大，因此一般螺孔裂纹显示于螺孔图形附近，如遇伤损图形与螺孔显示图间距过大、伤损显示点扭曲、不连续，这就有可能是轨腰上的凹型标志产生的非螺孔裂纹图形(图 4-101)。

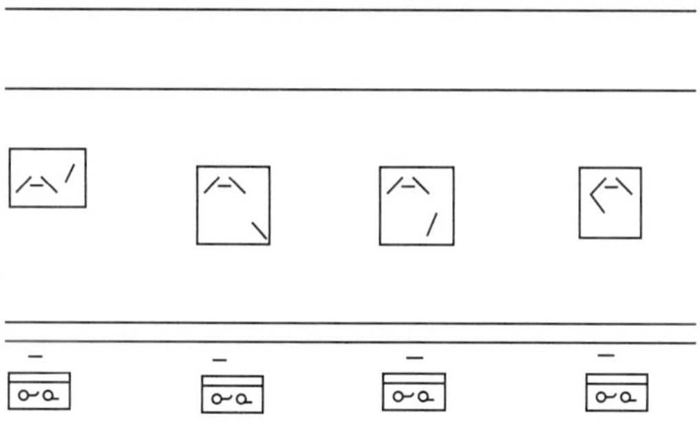

图 4-101 非螺孔裂纹显示图形

案例分析

某年 11 月 12 日，某某工务段管辖线路区段，在万吨重载通道包西线铁路上行某段线路发生红光带，经检查是由于在该线的某长大桥梁中段上股钢轨有一接触焊缝垂直断裂造成红光带，折断原因是接触焊轨底中央发展有一半圆形轨底横向裂纹(裂纹宽度为 31 mm，高度为 20 mm)，造成断轨。中断影响列车行车时间 3 h 以上，间接造成了一定的经济损失。

(一)探伤管理漏洞分析

(1)该线路钢轨探伤周期为年通过总重为 8 遍/年，冬季为 45 d 一周期，按照规定周期进行探伤,但未按照要求缩短冬季探伤周期。

(2)该段对焊缝探伤管理不到位,不能按规章要求按照进度完成焊缝探伤任务。在工务部下发的《关于工务系统冬前设备整治及防寒过冬工作安排的通知》中明确要求对万吨通道冬季要加密探伤,但在段下发的冬季防断措施中,未将包西线万吨通道纳入重点地段补强加密探伤,工务部在冬前专项检查中也发现并指出周期不合理的问题,段仍没有引起高度重视。

(3)该工务段探伤专业管理人员对探伤车间日常检查指导不够,没能按照防寒过冬工作的要求在入冬前对车间防断工作进行深入检查指导,未能及时发现纠偏车间回放工作存在的问题,给断轨的发生埋下隐患。

(二)事故教训

1. 探伤数据回放人员业务水平不高且工作不认真

该段探伤车间双轨探伤仪数据回放作业人员业务水平不高,对钢轨伤损波形和焊缝焊筋轮廓波辨识不清,造成焊缝伤损未能及时发现,造成断轨。发生断轨后,自认为是误判,其实是没有认真回放,甚至没有发现此处波形异常。暴露出段对探伤工作不够重视,特别是没有将回放工作作为探伤工作的重中之重来进行重点关注。

2. 段各级管理人员安全风险意识淡化

段、车间各级管理人员思想麻痹,认为依靠现有的探伤人员、检查方法和手段,就能够有效的预防断轨的发生,对钢轨防断工作盲目乐观。段领导对探伤工作重视不够,近几年探伤队伍建设滞后,人员及技术水平与生产实际需求不匹配。

3. 职工培训缺乏针对性

没有针对钢轨特殊部位伤损对探伤人员进行强化培训,日常培训内容多是一般性和正常伤波判别,尤其是对数据回放人员的日常培训重视程度不够,关键岗位日常管控不严,导致回放人员对钢轨特殊部位伤损的研判和识别能力不足

(三)整改措施

1. 加强对探伤数据回放人员的管理

数据回放人员选任应严格按照回放员“必须具备Ⅰ级无损检测资质:且独立执机 3 年以上”的基本要求,全面梳理回放人员,对资质不符合要求或不适合从事回放工作的人员应及时进行调整。下一步要选取责任心强,业务突出的技术人员担任数据回放工作,从专业管理上加强对数据回放工作的检查指导,发现问题及时纠偏考核,段主管探伤人员要加强对车间探伤数据回放人员的培训学习、指导,并组建“探伤专家回放组”发挥其作用,进行疑难波形的数据回放工作和对探伤数据回放人员进行帮促和指导。

2. 合理安排探伤周期

结合冬季季节特点和管内设备实际,深入研究分析,严格落实工务部下发《关于工务系统冬前设备整治及防寒过冬工作安排的通知》的要求,合理制定冬季加密探伤周期,特别是通过总重接近 10 亿 t 区段,针对性制定钢轨防断控制措施并盯控落实,有效防止断轨的发生。并于 11 月 5 日前报工务部探伤检测室。

3. 强化专业技能培训

各单位要认真吸取本次事故教训,聘请无损检测(钢轨探伤)专家有针对性地对双轨探伤仪回放人员进行专项培训,充分发挥大师工作室、首席技师等专家的作用,对回放人员进行专业培训和指导,有效地提高回放人员的整体专业技能水平,进一步提高探伤队伍素质。

4. 加强数据分析管理

全面梳理核实管内厂焊焊缝台账，对上线十年及通过总重超过 7 亿 t 厂焊缝探伤数据进行重点分析，特别是要通过周期对比、同比等方式发现数据异常，对数据分析中有疑似回波的焊缝组织专家逐处进行现场复核，并将分析复核结果于 11 月 20 日前报工务部探伤检测室。同时对重点地段和重点回波数据建立台账并进行深入分析，防止探伤漏探和误判，避免再次发现类似断轨。

思政案例：身边的榜样力量——钢轨守护者柴永强：无损检测工匠的 27 年坚守

柴永强是包头工务段包东探伤车间包探二工区班长，从事铁路线路维修工作 5 年，钢轨探伤工作 22 年，是一名铁路工匠，也是技能大师工作室负责人。1995 年考入呼和浩特铁路司机学校，学习铁道工程专业。1998 年毕业后扎根包头工务段西斗铺养路工区，5 年巡道生涯中，徒步检查线路超 5 000 km，发现裂纹夹板 50 余块、重伤钢轨 5 根，避免多起重大事故。2004 年转岗钢轨探伤，潜心钻研超声波检测技术，年均徒步检测钢轨 500 余千米，27 年累计检测 13 820 km，发现重伤轨件 155 处，实现零漏检。

面对重载铁路钢轨伤损加剧的挑战，柴永强主导 15 项技术革新。研制《便携式通用复核型数字钢轨探伤仪》获国家发明专利，提升检测效率 30%；首创《可动心轨辙叉探伤工艺》，检出 ϕ4 mm 隐蔽核伤，累计发现 10 起重伤轨件；《铝热焊缝月牙形伤损检测法》填补行业空白；开发《轨底裂纹动态监控系统》，实现轨底伤损发展长期追踪。解决探轮膜破损，实现损耗率降低 73%，年节省维修费 1.5 万元；研究的合金钢辙叉探伤工艺发现 5 组重伤轨件，避免高速重载铁路线路列车脱轨风险。

先后获“呼铁局技能状元”“全路技术能手”“集团公司先进生产工作者”“火车头劳模创新工作室”等 10 余项荣誉；带领团队获 6 项省部级科技进步奖，5 项技术纳入铁路行业标准。

创立“师徒制”培养模式，带出高级技师 15 人、工班长 12 人，累计培训 3 880 课时；编写《无损检测员（钢轨探伤）》专业教材，指导选手获全国探伤竞赛第六名；发表 8 篇核心论文，推动可动心轨探伤等技术创新全国推广。

“失之毫厘，谬以千里”是柴永强的职业信条。他建立伤损判定 1 mm 误差标准，焊缝缺陷检测精度达 ϕ4 mm 当量，27 年护航 10 万多列车安全通行。从草原腹地到华北平原，他用超声波的“眼睛”为 2.8 万 km 钢轨把脉问诊，以工匠精神诠释：“安全没有 99 分，只有 100 分。”随着铁路线路的里程数量增加、万吨重载列车的开行、载用量的增长、运行列车密度越来越大、铁路输送越来越繁重，承载列车运行的铁轨受到的动荷载作用越来越大，给钢轨造成的危害也越来越严重，所以，探伤任务也越来越重，责任也越来越大。在实际的钢轨探伤任务完成方面，面临着新探伤设备的更新、新轨道设备的更新，以及临时的紧急检测任务工期紧的压力。在钢轨探伤的日子里，经历了无数的挑战与磨砺，每一步都凝聚着汗水与坚持。但正是这些挑战，锻炼了他的意志，提升了他的技能。学会了在困难中寻找机遇，在挑战中寻求突破。面对困难，他从不轻言放弃，而是耐心地寻找解决方案，直到问题迎刃而解。正是因为对铁路线路的坚守，他有幸成为一名铁路工匠，真正踏上了这条充满挑战与荣耀的道路。工匠不仅仅需要熟练的操作技术手法，更需具备对伤损精准检测的极致追求。每一次的挫折，都让他更加坚定，更加执着地追求着他的梦想——成为一名铁路工匠。这种坚韧不拔的精神,让他在工匠的道路上越走越远。那一刻,他深深地感受到了作为一名铁路工匠的骄傲与自豪。

思考:在数字化探伤设备普及的今天,传统手工检查的价值何在?柴永强的徒步巡道经历,对你理解“基础不牢,地动山摇”有何启示?假设你是探伤班长,面对临时增加的万吨列车探伤任务与现有设备能力不足的矛盾,如何借鉴柴永强的经验做出决策?

知识拓展

钢轨探伤领域近年来在检测设备和方法上取得了显著进展,结合智能化、自动化和高精度技术,提升了缺陷检测的效率和准确性。以下是当前最新的设备和方法:

一、新型检测设备

1. 相控阵超声检测(PAUT)

采用多阵元探头,可动态调整声束角度和聚焦深度,检测复杂缺陷(如斜裂纹、轨头核伤)。

优势:覆盖范围大、成像直观,适用于焊缝和轨腰缺陷检测。

2. 电磁超声检测(EMAT)

无需耦合剂,通过电磁感应生成超声波,适合高速、非接触式检测(如钢轨表面裂纹)。

应用:常用于高速铁路动态检测。

3. 激光超声检测

利用激光激发和接收超声波,实现远距离、高精度检测,尤其适用于恶劣环境。

4. 导波检测

低频超声波沿钢轨长距离传播,可快速筛查长范围缺陷,但需结合其他技术定位。

5. 多通道涡流检测

针对表面和近表面缺陷(如滚动接触疲劳裂纹),灵敏度高,常与超声互补使用。

6. 三维激光扫描与光学检测

通过三维成像重建钢轨表面形貌,识别磨耗、压溃等缺陷,常用于轨头轮廓分析。

7. 机器人化检测系统

搭载多种传感器(超声、涡流、视觉)的爬行机器人或无人机,实现自动化巡检,如铁路巡检机器人(如通用电气的铁路巡检)。

二、智能检测方法

1. 人工智能(AI)与机器学习

通过深度学习(如卷积神经网络 CNN)分析超声或图像数据,减少人工误判,提高缺陷识别率。

案例:英国国家铁路公司利用 AI 分析探伤数据,准确率超 90%。

2. 大数据与云计算

整合历史检测数据,预测钢轨劣化趋势,支持预防性维护。

3. 实时动态检测系统

车载式探伤:如高速综合检测列车(如中国 CRH-380BJ),在运行中实时采集数据。

轨旁固定监测:在关键路段安装传感器,实时监控钢轨状态。

4. 全聚焦成像(TFM)

基于全矩阵捕获(FMC)数据,合成高分辨率缺陷图像,提升微小缺陷检出能力。

三、未来趋势

多模态融合:结合超声、涡流、光学等多种技术,提高综合检测能力。

5G与物联网(IoT):实现检测数据实时传输与远程诊断。

数字孪生:构建钢轨数字模型,模拟缺陷发展过程。

自主机器人:进一步开发适应复杂地形的智能检测机器人。

四、挑战与应对

高速与重载铁路:需更高灵敏度的设备应对动态载荷下的微小缺陷。

数据处理:AI算法需持续优化以减少误报。

成本控制:新技术需平衡性能与经济效益。

这些创新技术正在推动钢轨探伤从“定期检测”向“状态预测”转变,显著提升铁路安全性和运维效率。

复习思考题

1. 由于钢轨与车轮接触产生的竖向力可能造成的钢轨伤损有哪些?
2. 轮轨接触的横向水平力可能造成钢轨的伤损有哪些?
3. 常见的钢轨伤损的分类包括哪五部分?
4. 简述钢轨核伤产生的原因。
5. 轨面鱼鳞状剥离裂纹产生的原因及发展规律是什么?
6. 简述钢轨接头螺孔裂纹产生的原因。
7. 简述钢轨纵向水平和垂直裂纹产生的原因。
8. 钢轨轨底裂纹的形成原因有哪几种?
9. 手工检查的一般方法有哪些?
10. 简述“看”的要领。
11. 不同轨型使用小锤的质量各是多少?
12. 简述小锤敲打的方法和注意事项。
13. 手工检查钢轨的范围是哪里?
14. 道岔的手工检查是哪些范围?
15. 岔心部位主要会出现哪种裂纹?
16. 翼轨部位发生哪种伤损的概率较大?
17. 岔后引轨接头螺孔裂纹发生率甚高的原因是什么?
18. 高锰钢整铸辙叉辙叉心宽40 mm断面处,辙叉心垂直磨耗(不含翼轨加高部分),50 kg/m及以下钢轨,在正线、到发线、其他站线轻伤标准是什么?
19. 无损检测的特点有哪些?
20. 常见的无损检测方式包括哪五种?
21. 简要说明超声波探伤的原理和特点。

22. 简要说明射线探伤的原理和特点。
23. 简要说明涡流探伤的原理和特点。
24. 试述模拟式超声波探伤仪的工作原理。
25. 试述数字式超声波探伤仪与模拟式超声波探伤仪的异同。
26. 钢轨超声波探伤仪的主要有哪几个探测通道?
27. 简单介绍0°、37°、70°探头的作用。
28. 简述双轨仪的构件组成。
29. 钢轨探伤车检测功能有哪些?
30. 钢轨探伤车轮探头内含哪几种角度晶片? 作用功能如何?
31. 简述钢轨探伤车探伤工作原理。
32. 填写完成钢轨探伤车B形显示图中部分图形符号的意义。

系统识别输入图标				操作员输入图标			
图标	表示意义	图标	表示意义	图标	表示意义	图标	表示意义

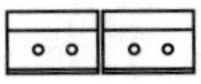							
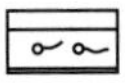							

		LER					

参 考 文 献

[1] 中国铁路总公司. 普速铁路线路修理规则:TG/GW 102—2019[S]. 北京:中国铁道出版社有限公司,2019.

[2] 中国国家铁路集团有限公司. 普速铁路工务安全规则:TG/GW 101—2023[S]. 北京:中国铁道出版社有限公司,2023.

[3] 中国铁路总公司. 铁路技术管理规程(普速铁路部分):TG/01A—2017[S]. 北京:中国铁道出版社,2017.

[4] 李斌. 铁路轨道[M]. 2 版. 北京:中国铁道出版社有限公司,2023.

[5] 铁道部工务局. 线路业务[M]. 北京:中国铁道出版社,2000.

[6] 铁道部工务局. 工务技术简明手册[M]. 北京:中国铁道出版社,1998.

[7] 北京铁路局. 钢轨探伤工[M]. 北京:中国铁道出版社,2013.

[8] 彭昭云. 动态检测数据分析及应用[M]. 北京:中国铁道出版社,2015.

[9] 铁道部. 铁路路基大维修规则(铁运〔2008〕96 号)[S]. 北京:中国铁道出版社,2012.

[10] 中国铁路总公司. 普速铁路桥隧建筑物维修规则:TG/GW 103—2018[S]. 北京:中国铁道出版社,2018.

[11] 刘建华. 道岔结构与养护维修[M]. 北京:中国铁道出版社,2016.

[12] 黄淑森. 路基病害与整治[M]. 北京:中国铁道出版社,2005.

[13] 呼铁局劳卫处. 铁路线路工[M]. 北京:中国铁道出版社,2015.

[14] 兰州铁路局工务处. 单项作业流程[M]. 北京:中国铁道出版社,2010.

[15] 北京铁路局工务处. 线路维修简明技术手册[M]. 北京:中国铁道出版社,1991.

附　　录

附录 A　线路检查记录簿

<table>
<tr><td colspan="30">正线　　km 至　　km　　站线　　股道　　曲线半径　　m　　超高　　mm　　顺坡率</td></tr>
<tr><td rowspan="3">检查日期</td><td rowspan="3">检查项目</td><td colspan="28">钢轨编号</td></tr>
<tr><td colspan="4">1</td><td colspan="4">2</td><td colspan="4">3</td><td colspan="4">4</td><td colspan="4">5</td><td colspan="4">6</td><td colspan="4">7</td></tr>
<tr><td>接头</td><td></td><td>中间</td><td></td><td>接头</td><td></td><td>中间</td><td></td><td>接头</td><td></td><td>中间</td><td></td><td>接头</td><td></td><td>中间</td><td></td><td>接头</td><td></td><td>中间</td><td></td><td>接头</td><td></td><td>中间</td><td></td><td>接头</td><td></td><td>中间</td><td></td></tr>
<tr><td rowspan="4"></td><td>轨距</td><td></td><td></td><td></td><td></td><td></td><td></td><td></td><td></td><td></td><td></td><td></td><td></td><td></td><td></td><td></td><td></td><td></td><td></td><td></td><td></td><td></td><td></td><td></td><td></td><td></td><td></td><td></td><td></td></tr>
<tr><td>水平、三角坑</td><td></td><td></td><td></td><td></td><td></td><td></td><td></td><td></td><td></td><td></td><td></td><td></td><td></td><td></td><td></td><td></td><td></td><td></td><td></td><td></td><td></td><td></td><td></td><td></td><td></td><td></td><td></td><td></td></tr>
<tr><td>轨向高低及其他</td><td colspan="28"></td></tr>
<tr><td>临时补修日期及内容</td><td colspan="28"></td></tr>
</table>

附录B 道岔检查记录簿

固定型单开道岔检查记录簿

检查日期： 月 日 站名： 道岔编号： 检查人：

检查项目	道岔前		转辙部分					导曲部分					
	距岔首 10 m	距岔首 5 m	前顺坡终点	尖轨尖端处	尖轨中	尖轨跟端		直线			导曲线		
						直	曲	前	中	后	前	中	后
轨距													
水平													
轨向、高低及其他													

结构检查	尖轨相错量	尖轨密贴		框架尺寸					第一拉杆动程		斥离尖轨与基本轨最小距离		限位器间隙			
													直		曲	
		直	曲	1	2	3	4	5	直	曲	直	曲	前	后	前	后

结构检查	尖轨与基本轨间顶铁间隙										护轨轮缘槽宽				
	直					曲					直				
	1	2	3	4	5	1	2	3	4	5	前开	前缓	平直	后缓	后开

结构检查	尖轨顶面与基本轨顶面降低“—”或升高“+”										护轨轮缘槽宽				
	直					曲					曲				
											前开	前缓	平直	后缓	后开

注：需要检查的部位填写实测数值或偏差值，不需要检查或无法检查的部位打“\”。

固定型单开道岔检查记录簿

型号： 图号： 护轨类型：□H 型 □槽型 □间隔铁型

辙叉部分														辙叉后直股		辙叉后曲股	
叉心前		叉心中		查照间隔		护背距离		护轨间隔		翼轨间隔		叉心后		距岔后5米	距岔后10米	距岔后5米	距岔后10米
直	曲	直	曲	直	曲	直	曲	直	曲	直	曲	直	曲				
		×	×					×	×	×	×						

护轨平直段磨耗		基本轨磨耗		辙叉磨耗			尖轨磨耗		支距			
直	曲	直	曲	翼	心	翼	直	曲	点号	偏差	点号	偏差

尖轨轨底与辊轮间隙															
直						曲									
1	2	3	4	5	6	1	2	3	4	5	6				
尖轨轨底与滑床台间隙															
直						曲									
1	2	3	4	5	6	1	2	3	4	5	6				

可动心轨单开道岔检查记录簿

检查日期：　月　日　　　　　　　站名：

检查项目	道岔前		转辙部分								导曲部分									
									尖轨跟端		直线					导曲线				
	距岔首10 m	距岔首5 m	前顺坡终点	尖轨尖端处	尖轨中前部	尖轨中	尖轨中后部	尖轨最后一个牵引点	直	曲	前	中前	中	中后	后	前	中前	中	中后	后
轨距																				
水平																				
轨向、高低及其他																				

结构检查	尖轨相错量	尖轨密贴		第一拉杆动程		斥离尖轨与基本轨最小距离		第一位限位器间隙				第二位限位器间隙			
								直		曲		直		曲	
		直	曲	直	曲	直	曲	前	后	前	后	前	后	前	后

结构检查	尖轨与基本轨间顶铁间隙						框架尺寸			护轨轮缘槽宽				
	直									直				
	1	2	3	4	5	6	1	2	3	前开	前缓	平直	后缓	后开
	曲						框架尺寸			曲				
	1	2	3	4	5	6	4	5	6	前开	前缓	平直	后缓	后开

结构检查	尖轨顶面与基本轨顶面降低“—”或升高“＋”值									
	直					曲				

注：需要检查的部位填写实测数值或偏差值，不需要检查或无法检查的部位打“\”。

可动心轨单开道岔检查记录簿

道岔编号：　　　　　　　　　　　　　　　　检查人：

辙叉部分																		辙叉后直股		辙叉后曲股	
叉心前		叉心中		查照间隔		护背距离		护轨间隔		翼轨间隔		叉心中后		弹性可弯中后部		叉心后		距岔后5 m	距岔后10 m	距岔后5 m	距岔后10 m
直	曲	直	曲	直	曲	直	曲	直	曲	直	曲	直	曲	直	曲	直	曲				
		×	×	×	×	×	×	×	×	×	×										

可动心顶面与翼轨顶面降低“—”或升高“+”值									
直					曲				

护轨平直段磨耗		基本轨磨耗		辙叉磨耗			支距			
直	曲	直	曲	翼	心	翼	点号	偏差	点号	偏差

尖轨轨底与辊轮间隙													
直							曲						
1	2	3	4	5	6	7	1	2	3	4	5	6	7

尖轨轨底与滑床台间隙													
直							曲						
1	2	3	4	5	6	7	1	2	3	4	5	6	7

可动心轨尖端与翼轨间隙		短心轨与叉跟尖轨尖端间隙		尖轨、可动心轨、叉跟磨耗	
直	曲	直	曲	直	曲

交分道岔检查记录簿

站名：　　　　　　　　　　　　　　道岔编号：　　　　　　　　　　　　　　检查人：

部位项目		前锐角辙叉						前双转辙器					钝角辙叉					
		叉后端	叉心中	查照间隔	护背距离	护轨间隔	翼轨间隔	顺坡终点	尖轨尖	尖轨中	尖轨跟		可动心		短中轴	导曲线中	曲中外矢	曲中内矢
											直股	曲股	跟端	中间				
外甲股	轨距																	
	水平		×	×	×	×	×			×			×	×			×	×
乙股	轨距														×			
	水平		×	×	×	×	×			×			×	×	×		×	×
其他及临时补修日期																		

结构检查	护轨轮缘槽宽									
	甲股前锐角					甲股后锐角				
	前开	前缓	平直	后缓	后开	前开	前缓	平直	后缓	后开

注：需要检查的部位填写实测数值或偏差值，不需要检查或无法检查的部位打“\”。

交分道岔检查记录簿

型号：　　　　　　　　　　　　　　图号：　　　　　　　　　　　　　　检查日期：

钝角辙叉		后双转辙器					后锐角辙叉						支距			
可动心		尖轨跟		尖轨中	尖轨尖	顺坡终点	叉心中	查照间隔	护背距离	护轨间隔	翼轨间隔	叉后端	点号	偏差	点号	偏差
中间	跟端	直股	曲股													
				×			×	×	×	×	×					
				×			×	×	×	×	×					

护轨轮缘槽宽									
乙股前锐角					乙股后锐角				
前开	前缓	平直	后缓	后开	前开	前缓	平直	后缓	后开

菱形道岔检查记录簿

站名：　　　　道岔编号：　　　　检查人：

部位项目		前锐角撤叉							钝角撤叉			
									前半部			
		叉后端	叉心中	查照间隔	护背距离	护轨间隔	翼轨间隔	叉前端	叉前端	叉心中	查照间隔	护背距离
甲股	轨距											
	水平		×	×	×	×	×			×	×	×
乙股	轨距											
	水平		×	×	×	×	×			×	×	×
其他及临时补修日期												

结构检查	护轨轮缘槽宽									
	甲股前锐角					甲股后锐角				
	前开	前缓	平直	后缓	后开	前开	前缓	平直	后缓	后开

注：需要检查的部位填写实测数值或偏差值，不需要检查或无法检查的部位打“\”。

菱形道岔检查记录簿

型号：　　　　图号：　　　　检查日期：

钝角撤叉				后锐角撤叉							记事
后半部											
叉心中	查照间隔	护背距离	叉后端	叉前端	叉心中	查照间隔	护背距离	护轨间隔	翼轨间隔	叉后端	
×	×	×			×	×	×	×	×		
×	×	×			×	×	×	×	×		

护轨轮缘槽宽									
乙股前锐角					乙股后锐角				
前开	前缓	平直	后缓	后开	前开	前缓	平直	后缓	后开

附录C 曲线检查记录簿

曲线编号： 曲线位置： 线别： 曲线半径： 曲线全长：

始端缓和曲线全长： 终端缓和曲线全长： 圆曲线设计正矢：

测点	1	2	3	4	5	6	7	8	9	10	11	12	13	14	15	16	17	18	19	20
计划正矢																				
现场正矢																				
拨道量																				
拔后正矢																				
记事										消灭人： 月 日										

附录 D　无缝线路位移观测记录簿

<table>
<tr><td colspan="31">轨条编号：　　　　锁定轨温：　　℃</td></tr>
<tr><td rowspan="3">检查日期</td><td rowspan="3">检查时间</td><td rowspan="3">气温</td><td rowspan="3">轨温</td><td colspan="13">左股/mm</td><td colspan="13">右股/mm</td><td rowspan="3">原因分析</td></tr>
<tr><td colspan="2" rowspan="2">始端轨缝</td><td colspan="9">各观测点位移量</td><td colspan="2" rowspan="2">终端轨缝</td><td colspan="2" rowspan="2">始端轨缝</td><td colspan="9">各观测点位移量</td><td colspan="2" rowspan="2">终端轨缝</td></tr>
<tr><td>1</td><td>2</td><td>3</td><td>4</td><td>5</td><td>6</td><td>7</td><td></td><td></td><td>1</td><td>2</td><td>3</td><td>4</td><td>5</td><td>6</td><td>7</td><td></td><td></td></tr>
<tr><td></td><td></td><td></td><td></td><td></td><td></td><td></td><td></td><td></td><td></td><td></td><td></td><td></td><td></td><td></td><td></td><td></td><td></td><td></td><td></td><td></td><td></td><td></td><td></td><td></td><td></td><td></td><td></td><td></td><td></td><td></td></tr>
<tr><td></td><td></td><td></td><td></td><td></td><td></td><td></td><td></td><td></td><td></td><td></td><td></td><td></td><td></td><td></td><td></td><td></td><td></td><td></td><td></td><td></td><td></td><td></td><td></td><td></td><td></td><td></td><td></td><td></td><td></td><td></td></tr>
<tr><td></td><td></td><td></td><td></td><td></td><td></td><td></td><td></td><td></td><td></td><td></td><td></td><td></td><td></td><td></td><td></td><td></td><td></td><td></td><td></td><td></td><td></td><td></td><td></td><td></td><td></td><td></td><td></td><td></td><td></td><td></td></tr>
<tr><td></td><td></td><td></td><td></td><td></td><td></td><td></td><td></td><td></td><td></td><td></td><td></td><td></td><td></td><td></td><td></td><td></td><td></td><td></td><td></td><td></td><td></td><td></td><td></td><td></td><td></td><td></td><td></td><td></td><td></td><td></td></tr>
</table>

附录E 负责人日志

班组名称：		作业日期：	施工负责人姓名：	
作业人数： 作业内容：		天窗时间： 作业范围：	天窗类别： 点内，点外	

序号	作业流程项目	完成情况	备注
1	召开点名会，布置施工作业任务，进行技术交底和安全预想		
2	安排驻站联络员提前 40 min 到车站驻站		
3	清点机具、材料、防护用品、信号、标志等出库数量，填写料具清单		
4	携带施工计划及施工负责人日志		
5	到达现场后，与驻站联络员联系给点时间，与现场防护员共同清点上道机具、防护用品，填写机具，防护用品清点单		
6	封锁点前不准作业人员上道		
7	封锁命令下达后，确认作业项目、内容及地点与计划是否相符		
8	通知防护员到岗、设置防护，确认防护已设好，通知作业人员上道作业，并告知驻站联络员		
9	作业人员必须跨线时，要与驻站联控确认无车的情况下，统指挥跨越，且执行“眼看、手比、口呼”制度		
10	施工结束后，进行工作质量回检，并通知作业人员携带机具下道		
11	确认人员机具下道、质量合格，通知现场防护员撤除防护		
12	滑认作业标、信号牌、短路线及标志等均已如数推除，通知驻站联络员销记		
13	清点下道机具、材料及防护用品等数量无误，指挥人员携带机具安全撤高，出网后关闭网门		
填表说明：完成打“√”，未完成打“×”。填表人：			

附录F　添乘机车报告单

时　间		姓　名		职　务	
司机签认	（盖章为准）	机车号		车　次	
区　段		开车点		到达点	
检查内容	检查项点	具体问题			
晃车地点	便携式添乘仪报警□ 体感一般晃车□ 体感严重晃车□				
线桥标志	公里标□ 百米标□ 曲线标□ 坡度标□ 桥涵标□ 位移观测桩□				
轨料情况	线下备轨□ 线下旧轨□ 待换长轨□				
外观及杂草	(是□/否□)道床外观不良 (有□/无□)路肩杂草				
现场作业	(是□/否□)下道避车 (是□/否□)列队迎车				
限高架	(有□/无□)破损				
网围栏	(有□/无□)破损、倾倒 (有□/无□)人畜异物进入				
排水沟	(有□/无□)杂草、异物 (是□/否□)堵塞、排水不畅				
路外环境	(有□/无□)彩钢房 (有□/无□)挖沙、取土 (有□/无□)机械作业 (有□/无□)烧荒、灌溉				
其他问题					

注：1. 添乘时按表中要求的项点进行检查、勾选。

2. 各项点检查出的问题填写至“具体里程及情况”栏内，添乘仪报表粘贴至对应栏内。

附录G　设备病害通知及整修单

检查时间：　　　　　　　　　　　　检查地点：　　　　　　　　　　　第　　　号

通知时间：	车间：	接收人：

病害内容：

检查人：

病害整修结果：

整修时间：整修人：

注：1. 各级检查人员检查后及时将发现的病害填入本单，并传至相关车间。
2. 车间检测分析工区及时将检查人、病害内容录入系统，车间纳入计划整修。
3. 整修后及时反馈安全生产调度指挥中心。

附录 H　巡检记录簿

道岔巡检记录簿

车站名：　　　　道岔编号：　　　　钢轨类型、辙叉号数：

道岔图号：　　　　检查日期：　　　　检查人：

巡检位置	巡检项目	检查标准	问题描述，无问题时打√，无此项检查内容时打\
尖轨	尖轨工作面伤损	无伤损、无掉块	
辙叉心	辙叉心伤损	无裂纹、无掉块，未达到辙叉轻伤或重伤标准	
	可动心轨工作面伤损	无伤损、无掉块	
护轨	护轨开口段是否有车辆接触痕迹	开口段 150 mm 范围内不应有接触痕迹	
	护轨垫板折损	无折损、无裂纹	
	护轨螺栓	齐全、无松动	
联结零件	各部螺栓、连杆、顶铁和间隔铁	无松动、损坏、变形或作用不良	
	滑床板损坏、变形	无损坏、变形	
	轨撑损坏、松动	无损坏、松动	
岔枕	伤损情况	岔枕伤损未达到严重伤损和失效标准	
	位置偏斜	岔枕间距符合设计图要求	
	木枕伤损	木枕伤损未达到失效标准	
道床	缺砟情况	道床饱满、均匀	
	翻浆冒泥	无翻浆冒泥	
	脏污及外观	道床清洁、外观整齐	
标志标记	标志缺少破损	标志齐全	
	字迹不清及错误	标志、标记正确	
	观测桩情况	位移观测桩齐全有效	
其他问题			

线路巡检记录簿

线名(车站名)：　　行别(股道)：　　起止里程：　km　m至　km　m

检查日期：　　检查人：

巡检位置	巡检项目	检查标准	问题描述,无问题时打√,无此项检查内容时打\
钢轨	表面伤损	轨端或轨顶面掉块、顶面擦伤、钢轨低头、波浪形磨耗的长度和深度是否达到轻伤或重伤标准;表面裂纹、钢轨变形、锈蚀是否达到重伤标准	
	接头顶面或内侧错牙	$v>120$ km/h,不大于1 mm;$v\leqslant120$ km/h,不大于2 mm	
	工作边或轨端肥边	$v>120$ km/h,不大于1 mm;$v\leqslant120$ km/h,不大于2 mm	
	硬弯	$v>120$ km/h,不大于0.3 mm;$v\leqslant120$ km/h,不大于0.5 mm	
	母材轨顶面凹陷或接头马鞍形磨耗	$v>120$ km/h,不大于0.3 mm;$v\leqslant120$ km/h,不大于0.5 mm	
	铝热焊缝位置	距轨枕边缘位置,$v>160$ km/h,不小于100 mm;$v\leqslant160$ km/h,不小于40 mm	
联结零件	螺旋道钉	螺旋道钉无折断、浮起,螺帽或螺杆丝扣无损坏和严重锈蚀	
	垫圈	无缺少、损坏或作用不良	
	弹条	无缺少、损坏或不能保持应有扣压力	
	扣板、轨距挡板	无严重磨损、锈蚀,扣板、轨距挡板前后离缝不超2 mm	
	橡胶垫板压溃或变形	两侧压宽合计:厚度为7 mm的超过15 mm,厚度为10 mm的超过20 mm	
	调高垫板	垫在橡胶垫板和轨枕顶面之间,厚度不超2层10 mm	
	接头夹板	夹板无折断,螺栓孔无裂纹	
	接头螺栓	螺栓无松动、无折断、变形、严重锈蚀、丝扣损坏,杆径磨耗不超3 mm;垫圈无折断或失去弹性。	
	绝缘胶粘接头	轨缝不小于6 mm;接头拉开不超2 mm	
	普通接头轨缝	无连续3个以上瞎缝或大于构造轨缝	
	异型夹板	正线、客车径路无异型夹板	
	轨道加强设备	数量齐全、作用良好	
轨枕	伤损情况	轨枕伤损未达到严重伤损和失效标准	
	位置偏斜	枕木间距满足配置标准	
	木枕伤损	木枕伤损未达到失效标准	
有砟道床	缺砟情况	道床饱满、均匀	
	翻浆冒泥	无翻浆冒泥	
	脏污及外观	道床清洁、外观整齐	

线路巡检记录簿

线名(车站名)：　　行别(股道)：　　起止里程：　km　m至　km　m

检查日期：　　检查人：

巡检位置	巡检项目	检查标准	问题描述，无问题时打√，无此项检查内容时打\
无砟道床	裂纹宽度	记录裂纹宽度，是否达到Ⅰ、Ⅱ、Ⅲ级伤损	
	掉块、缺损	记录掉块、缺损尺寸	
标志标记	标志缺少破损	标志齐全	
	字迹不清及错误	标志、标记正确	
	位移观测桩	位移观测桩齐全有效	
封闭设施	防护栅栏情况	无破损、无倾倒、状态良好	
道口	铺面	平整、稳固，钢轨头部外侧 50 mm 范围内，铺面应低于轨面 5 mm；铺面范围内不得存在普通钢轨接头	
	护轨轮缘槽	宽度直线上 70～100 mm，曲线内股 90～100 mm；深度 45～60 mm	
	护轨开口段	两端做成喇叭口，距护轨端 300 mm 处弯向线路中心，其终端距钢轨工作边为 150～180 mm	
	护桩、鸣笛标	齐全有效	
桥上护轨	护轨与基本轨距离	护轨与基本轨头部间净距 500 mm，容许误差 +10 mm、−5 mm	
	护轨顶面	护轨顶面高出基本轨顶面不超 5 mm，也不应低于 25 mm	
	直轨部分	护轨伸出挡砟墙外不小于 5 m	
	弯轨部分	弯轨部分不小于 1.9 m	
	梭头	梭头尖端超出台尾不小于 2 m，顶部斜面不陡于 1∶1，尖端悬出轨枕长度不大于 5 mm	
	护轨接头	接头安装 4 个螺栓，每端安装 2 个，螺母安装在线路中心一侧	
	护轨联结零件	齐全有效，扭矩达标	
调节器	调节器位置	不应设在平曲线和竖曲线地段	
	尖轨、基本轨	基本轨始端、尖轨尖端至最近梁缝边的距离不小于 2 m	
	接续线钻孔位置	接续线钻孔位置应避开基本轨伸缩范围	
	联结零件	齐全、无松动	
外部环境等其他问题			

附录Ⅰ 纵距率表

表Ⅰ.1 圆曲线始、终点纵距率表

始点或终点的位置		测点 2 及测点 3 的纵距率		始点或终点的位置		测点 2 及测点 3 的纵距率	
甲	乙	测点 2	测点 3	甲	乙	测点 2	测点 3
0.00	1.00	0.500 0	1.000 0	0.35	0.65	0.211 3	0.938 8
0.01	0.99	0.490 1	1.000 0	0.36	0.64	0.204 8	0.935 2
0.02	0.98	0.480 2	0.999 8	0.37	0.63	0.198 5	0.931 6
0.03	0.97	0.470 5	0.999 6	0.38	0.62	0.192 2	0.927 8
0.04	0.96	0.460 8	0.999 2	0.39	0.61	0.186 1	0.924 0
0.05	0.95	0.451 3	0.998 8	0.40	0.60	0.180 0	0.920 0
0.06	0.94	0.441 8	0.998 2	0.41	0.59	0.174 1	0.916 0
0.07	0.93	0.432 5	0.997 6	0.42	0.58	0.168 2	0.911 8
0.08	0.92	0.423 2	0.996 8	0.43	0.57	0.162 5	0.907 6
0.09	0.91	0.414 1	0.996 0	0.44	0.56	0.156 8	0.903 2
0.10	0.90	0.405 0	0.995 0	0.45	0.55	0.151 3	0.898 8
0.11	0.89	0.396 1	0.994 0	0.46	0.54	0.145 8	0.894 2
0.12	0.88	0.387 2	0.992 8	0.47	0.53	0.140 5	0.889 6
0.13	0.87	0.378 5	0.991 6	0.48	0.52	0.135 2	0.884 8
0.14	0.86	0.369 8	0.990 2	0.49	0.51	0.130 1	0.880 0
0.15	0.85	0.361 3	0.988 8	0.50	0.50	0.125 0	0.875 0
0.16	0.84	0.352 8	0.987 2	0.51	0.49	0.120 1	0.870 0
0.17	0.83	0.344 5	0.985 6	0.52	0.48	0.115 2	0.864 8
0.18	0.82	0.336 2	0.983 8	0.53	0.47	0.110 5	0.859 6
0.19	0.81	0.328 1	0.982 0	0.54	0.46	0.105 8	0.854 2
0.20	0.80	0.320 0	0.980 0	0.55	0.45	0.101 3	0.848 8
0.21	0.79	0.312 1	0.978 0	0.56	0.44	0.096 8	0.843 2
0.22	0.78	0.304 2	0.975 8	0.57	0.43	0.092 5	0.837 6
0.23	0.77	0.296 5	0.973 6	0.58	0.42	0.088 2	0.831 8
0.24	0.76	0.288 8	0.971 2	0.59	0.41	0.084 1	0.826 0
0.25	0.75	0.281 3	0.968 8	0.60	0.40	0.080 0	0.820 0
0.26	0.74	0.273 8	0.966 2	0.61	0.39	0.076 1	0.814 0
0.27	0.73	0.266 5	0.963 6	0.62	0.38	0.072 2	0.807 8
0.28	0.72	0.259 2	0.960 8	0.63	0.37	0.068 5	0.801 6
0.29	0.71	0.252 1	0.958 0	0.64	0.36	0.064 8	0.795 2
0.30	0.70	0.245 0	0.955 0	0.65	0.35	0.061 3	0.788 8
0.31	0.69	0.238 1	0.952 0	0.66	0.34	0.057 8	0.782 2
0.32	0.68	0.231 2	0.948 8	0.67	0.33	0.054 5	0.775 6
0.33	0.67	0.224 5	0.945 6	0.68	0.32	0.051 2	0.768 8
0.34	0.66	0.217 8	0.942 2	0.69	0.31	0.048 1	0.762 0

续上表

始点或终点的位置		测点 2 及测点 3 的纵距率		始点或终点的位置		测点 2 及测点 3 的纵距率	
甲	乙	测点 2	测点 3	甲	乙	测点 2	测点 3
0.70	0.30	0.045 0	0.755 0	0.86	0.14	0.009 8	0.630 2
0.71	0.29	0.042 1	0.748 0	0.87	0.13	0.008 5	0.621 6
0.72	0.28	0.039 2	0.740 8	0.88	0.12	0.007 2	0.612 8
0.73	0.27	0.036 5	0.733 6	0.89	0.11	0.006 1	0.604 0
0.74	0.26	0.033 8	0.726 2	0.90	0.10	0.005 0	0.595 0
0.75	0.25	0.031 3	0.718 8	0.91	0.90	0.004 1	0.586 0
0.76	0.24	0.028 8	0.711 2	0.92	0.80	0.003 2	0.576 8
0.77	0.23	0.026 5	0.703 6	0.93	0.70	0.002 5	0.567 6
0.78	0.22	0.024 2	0.695 8	0.94	0.60	0.001 8	0.558 2
0.79	0.21	0.022 1	0.688 0	0.95	0.50	0.001 3	0.548 8
0.80	0.20	0.020 0	0.680 0	0.96	0.40	0.000 8	0.539 2
0.81	0.19	0.018 1	0.672 0	0.97	0.30	0.000 5	0.529 6
0.82	0.18	0.016 2	0.663 8	0.98	0.20	0.000 2	0.519 8
0.83	0.17	0.014 5	0.655 6	0.99	0.10	0.000 1	0.510 0
0.84	0.16	0.012 8	0.647 2	1.00	0.00	0.000 0	0.500 0
0.85	0.15	0.011 3	0.638 8				

表 I.2　缓和曲线始、终点纵距率表

始点或终点的位置		测点 2、3 测点 5、6　纵距率		始点或终点的位置		测点 2、3 测点 5、6　纵距率	
甲	乙	测点 2	测点 3	甲	乙	测点 2	测点 3
丁	丙	测点 6	测点 5	丁	丙	测点 6	测点 5
0.00	1.00	0.166 7	1.000 0	0.16	0.84	0.098 8	0.840 7
0.01	0.99	0.161 7	0.990 0	0.17	0.83	0.095 3	0.830 8
0.02	0.98	0.156 9	0.980 0	0.18	0.82	0.091 9	0.821 0
0.03	0.97	0.152 1	0.970 0	0.19	0.81	0.088 6	0.811 1
0.04	0.96	0.147 5	0.960 0	0.20	0.80	0.085 3	0.801 3
0.05	0.95	0.142 9	0.950 0	0.21	0.79	0.082 2	0.791 5
0.06	0.94	0.138 4	0.940 0	0.22	0.78	0.079 1	0.781 8
0.07	0.93	0.134 1	0.930 1	0.23	0.77	0.076 1	0.772 0
0.08	0.92	0.129 8	0.920 1	0.24	0.76	0.073 2	0.762 3
0.09	0.91	0.125 6	0.910 1	0.25	0.75	0.070 3	0.752 6
0.10	0.90	0.121 5	0.900 2	0.26	0.74	0.067 5	0.742 9
0.11	0.89	0.117 5	0.890 2	0.27	0.73	0.064 8	0.733 3
0.12	0.88	0.113 6	0.880 3	0.28	0.72	0.062 2	0.723 7
0.13	0.87	0.109 8	0.870 4	0.29	0.71	0.059 7	0.714 1
0.14	0.86	0.106 0	0.860 5	0.30	0.70	0.057 2	0.704 5
0.15	0.85	0.102 4	0.850 6	0.31	0.69	0.054 8	0.695 0

续上表

始点或终点的位置		测点 2、3 测点 5、6 纵距率		始点或终点的位置		测点 2、3 测点 5、6 纵距率	
甲	乙	测点 2	测点 3	甲	乙	测点 2	测点 3
丁	丙	测点 6	测点 5	丁	丙	测点 6	测点 5
0.32	0.68	0.052 4	0.685 5	0.67	0.33	0.006 0	0.380 1
0.33	0.67	0.050 1	0.676 0	0.68	0.32	0.005 5	0.372 4
0.34	0.66	0.049 7	0.666 5	0.69	0.31	0.005 0	0.364 8
0.35	0.65	0.045 8	0.657 1	0.70	0.30	0.004 5	0.357 2
0.36	0.64	0.043 7	0.647 8	0.71	0.29	0.004 1	0.349 7
0.37	0.63	0.041 7	0.638 4	0.72	0.28	0.003 7	0.342 2
0.38	0.62	0.039 7	0.629 1	0.73	0.27	0.003 3	0.334 8
0.39	0.61	0.037 8	0.619 9	0.74	0.26	0.002 9	0.327 5
0.40	0.60	0.036 0	0.610 7	0.75	0.25	0.002 6	0.320 3
0.41	0.59	0.034 2	0.601 5	0.76	0.24	0.002 3	0.313 2
0.42	0.58	0.032 5	0.592 3	0.77	0.23	0.002 0	0.306 1
0.43	0.57	0.030 9	0.583 3	0.78	0.22	0.001 8	0.299 1
0.44	0.56	0.029 3	0.574 2	0.79	0.21	0.001 5	0.292 2
0.45	0.55	0.027 7	0.565 2	0.80	0.20	0.001 3	0.285 3
0.46	0.54	0.026 2	0.556 2	0.81	0.19	0.001 1	0.278 6
0.47	0.53	0.024 8	0.547 3	0.82	0.18	0.001 0	0.271 9
0.48	0.52	0.023 4	0.538 4	0.83	0.17	0.000 8	0.265 3
0.49	0.51	0.022 1	0.529 6	0.84	0.16	0.000 7	0.258 8
0.50	0.50	0.020 8	0.520 8	0.85	0.15	0.000 6	0.252 4
0.51	0.49	0.019 6	0.512 1	0.86	0.14	0.000 5	0.246 0
0.52	0.48	0.018 4	0.503 4	0.87	0.13	0.000 4	0.239 8
0.53	0.47	0.017 3	0.494 8	0.88	0.12	0.000 3	0.233 6
0.54	0.46	0.016 2	0.486 2	0.89	0.11	0.000 2	0.227 5
0.55	0.45	0.015 2	0.477 7	0.90	0.10	0.000 2	0.221 5
0.56	0.44	0.014 2	0.469 3	0.91	0.90	0.000 1	0.215 6
0.57	0.43	0.013 3	0.460 9	0.92	0.80	0.000 1	0.209 8
0.58	0.42	0.012 3	0.452 5	0.93	0.70	0.000 1	0.204 1
0.59	0.41	0.011 5	0.444 2	0.94	0.60	0.000 0	0.198 4
0.60	0.40	0.010 7	0.436 0	0.95	0.50	0.000 0	0.192 9
0.61	0.39	0.009 9	0.427 8	0.96	0.40	0.000 0	0.187 5
0.62	0.38	0.009 1	0.419 7	0.97	0.30	0.000 0	0.182 1
0.63	0.37	0.008 4	0.411 7	0.98	0.20	0.000 0	0.176 9
0.64	0.36	0.007 8	0.403 7	0.99	0.10	0.000 0	0.171 7
0.65	0.35	0.007 1	0.395 8	1.00	0.00	0.000 0	0.166 7
0.66	0.34	0.006 6	0.387 9				